# 重点单位消防安全管理标准化手册

李瑛琦　主　编

中国建材工业出版社
北　京

图书在版编目（CIP）数据

重点单位消防安全管理标准化手册/李瑛琦主编
. --北京：中国建材工业出版社，2023.12
ISBN 978-7-5160-3672-3

Ⅰ.①重… Ⅱ.①李… Ⅲ.①消防－安全管理－标准化－中国－手册 Ⅳ.①D631.6-62

中国国家版本馆CIP数据核字（2023）第130327号

**重点单位消防安全管理标准化手册**
ZHONGDIAN DANWEI XIAOFANG ANQUAN GUANLI BIAOZHUNHUA SHOUCE
李瑛琦　主　编

出版发行：中国建材工业出版社
地　　址：北京市海淀区三里河路11号
邮　　编：100831
经　　销：全国各地新华书店
印　　刷：北京印刷集团有限责任公司
开　　本：787mm×1092mm　1/16
印　　张：16.5
字　　数：360千字
版　　次：2023年12月第1版
印　　次：2023年12月第1次
定　　价：79.00元

本社网址：www.jccbs.com，微信公众号：zgjcgycbs
请选用正版图书，采购、销售盗版图书属违法行为
版权专有，盗版必究。本社法律顾问：北京天驰君泰律师事务所，张杰律师
举报信箱：zhangjie@tiantailaw.com　举报电话：(010)57811389
本书如有印装质量问题，由我社市场营销部负责调换，联系电话：(010)57811387

# 《重点单位消防安全管理标准化手册》编委会

主　编　李瑛琦

编　委　陈　栋　冯忠强　胡小亮　纪荣宇
　　　　李　炅　李彦斌　刘爱英　刘凇辰
　　　　卢跃文　宋雪涛　孙文博　孙阳阳
　　　　肖博文　张　博　邹　婕

# 前　言

党的十九大报告强调，统筹发展和安全，增强忧患意识，做到居安思危。坚持底线思维，积极推进应急管理体系和能力现代化。

《全国安全生产专项整治三年行动计划》（以下简称《三年计划》）重点任务中提出了明确的要求："持续推进企业安全生产标准化建设。各类企业要按照《企业安全生产标准化基本规范》（GB/T 33000—2016）和行业专业标准化评定标准的要求自主建设，从目标职责、制度化管理、教育培训、现场管理、安全风险管控、隐患排查治理、应急管理和持续改进等8个方面，建立与企业日常安全管理相适应、以安全生产标准化为重点的企业自主安全生产管理体系。"

大力开展安全生产标准化规范建设的目的是"突出企业安全生产工作的日常化、显性化，建立自我约束、持续改进的内生机制，实现安全生产现场管理、操作行为、设备设施和作业环境的规范化"以及"全面提升本质安全水平"。《三年计划》把形成"自我约束、持续改进的内生机制"作为第一项重点任务的落脚点。

"机制"在管理学中最显著的特征是一个趋向目标的"自适应"和"自组织"的系统。面对发现的隐患和突然出现的异常或突发事件，一个能自动自发、快速响应和有效处置的机制才是本质安全的可靠保障。从这个角度看，《中华人民共和国消防法》要求的"完好有效"应该理解为平时完好、应急有效。

完好有效是目标，风险防控与隐患排查治理永远在路上。消防工作的实效体现在"当下时态"接受检查的静态系统，更体现在"三个时态"下"持续改进"的动态体系。这意味着管理体系必须是"硬件"（设施、器材、参数）和"软件"（人员、管理、指标）有机结合，并能处于时刻准备着的"伺服状态"，这体现在以下几方面：

"平时"——责任分解、教育培训、排查整改、积沙成塔（全员参与、积微行而筑主体责任之塔），练中习得、预案演练要求人防与技防结合、常备不懈、用之能战。

"应急"——关口前移、快速反应、各负其责、化塔为沙（防微杜渐、消隐患而化显患事故之塔），应急处置、减灾救援要求人员与设施联动、反应敏捷、战之能胜。

不同于一般社会单位"零伤害"和"保护人民生命和财产安全"的消防安全目标，对于博物馆，其馆藏文物承载着人类凝固的文化、智慧的结晶与传统的记忆，不可再生，不容毁失。每座博物馆的管理者都是在替全人类守护着共同的精神财富，肩负着厚重的历史责任，不可疏忽、不容懈怠。

"火灾是危害文物安全的主要风险"[《文物局 应急部关于进一步加强文物消防安全工作的指导意见》（文物督发〔2019〕19号）]。博物馆消防安全工作必须以关口前移、防微杜渐为核心，落实的基础在"隐患排查治理"。《三年计划》中要求："企业要建立健全以风险辨识管控为基础的隐患排查治理制度……明确和细化隐患排查的事项、内容和频次，并将责任逐一分解落实，推动全员参与自主排查隐患，尤其要强化对存在重大风险的场所、环节、部位的隐患排查。"

隐患是指在生产经营活动中存在的可能导致生产安全事故发生的物的危险状态、人的不安全行为和管理上的缺陷。因此，关于博物馆的隐患排查治理应该做如下解读：

隐患，明确细化——关键是从管理与技术措施着手，隐患排查清单要细化，并发放、宣传贯彻、落实、检查、考核要到岗；

责任，分解落实——关键是从目标与制度流程着手，目标分解列表指标化，并签署责任书、辅导、跟踪、奖惩要到人；

排查，全员自主——关键是从能力与安全意识着手，安全文化建设长期化，并形成针对不同岗位、部位，特别是涉及文物安全的隐患排查指导书，开展多种形式的教育培训活动，重能力提升，重意识培养，教育要到心。

"重点就是把企业法定代表人、实际控制人推到第一线，让他们亲自抓部署、亲自抓落实，向高标准看齐，向零事故、零伤害努力，做到真查、真改、真落实"（国新办《三年计划》新闻发布会）。《三年计划》从宏观和微观两个方面对如何落实提出了要求。在宏观方面：

"2020年，打造行业标杆示范单位"——立标；

"2021年，全面推广典型经验做法"——立表；

"2022年，有效落实行业标准化管理"——对标对表。

在微观方面，要求"加强动态分级管理，落实风险防控措施，实现可防可控，2021年年底前各类企业建立完善的安全风险防控体系……规范分级分类排查治理标准，明确'查什么怎么查''做什么怎么做'，2021年年底前建立企业'一张网'信息化管理系统，做到自查自改自报，实现动态分析、全过程记录和评价，防止漏管失控"。

"查什么做什么"——建立标准化管理规范；

"怎么查怎么做"——配套执行手册指导；

"'一张网'信息化管理系统"——配套"一张网"落细落小推执行。

《国家文物局关于推进文物火灾隐患整治和消防能力提升三年行动 加强安全生产工作的通知》（文物督函〔2022〕282号）对监管部门提出了"全覆盖、零容忍、严执法、重实效"的要求。这是给博物馆消防安全管理标准化工作加了一道"紧箍咒"。从博物馆管理组织的角度，应该把"严执法"换成"严执行"，就是每个博物馆人思想上不能放松。

安全管理学认为，事故发生的"根本原因"在于组织的安全管理体系缺陷，而"根源原因"在于组织安全文化缺失。为实现博物馆消防安全万无一失的目标，就要以人为管理之本，抓管理体系，最终落实到每个博物馆人的安全意识和安全文化上。"安全决定于意识""态度决定行为"。通过"系统抓、抓系统"，力求"落小落细"，逐渐在博物馆行业内形成消防安全"全覆盖、严执行、零容忍、重实效"的行为准则与安全文化，它才是建立博物馆消防安全工作"自我约束、持续改进的内生机制"的根本保障。

本书旨在助力博物馆遵循"保护文物、以人为本，居安思危、关口前移、全员有责、系统管理"的原则，逐级分解和落实博物馆消防安全主体责任。以火灾与消防相关风险分级管控和隐患排查治理为基础，以消防安全责任制为主线，营造"全覆盖、严执行、零容忍、重实效"的消防安全文化氛围，建立健全博物馆消防安全管理标准化体系，落实全员责任，预防和减少火灾、消防事故，持续改进消防安全工作，全面提升博物馆消防安全管理水平，确保文物、人员及馆舍安全，保障展览等公众活动的有序进行。

　　本书由李瑛琦主编。第一部分1范围至5.4.5安全疏散、避难逃生与救援管理，由陈栋编写；第一部分5.4.6施工现场管理至附录B（资料性）博物馆安全文化建设要求，由冯忠强编写；第一部分附录C（规范性）博物馆消防安全教育培训要求至附录E（规范性）博物馆布、撤展消防安全要求，由胡小亮编写；第一部分附录F（规范性）博物馆电气火灾隐患排查要求至附录I（规范性）博物馆志愿消防队与微型消防站管理要求，由纪荣宇编写；第一部分附录J（规范性）博物馆应急管理要求至参考文献，由李炅编写；第二部分1发布令至8重点单位组织机构管理制度，由李彦斌编写；第二部分9消防安全投入保障制度至14消防教育培训制度，由刘爱英编写；第二部分15特殊作业管理制度至18消防设施管理制度，由刘淞辰编写；第二部分19安全疏散、避险逃生与救援管理制度至23安全用电管理制度，由卢跃文编写；第二部分23.6安全日常用电隐患排查治理至24易燃易爆危险物品管理制度，由宋雪涛编写；第二部分25专（兼）职消防队与微型消防站管理制度至辅助阅读内容一、基础理论问答，由孙文博编写；第二部分辅助阅读内容二、体能训练至19徒手背式救人操作，由孙阳阳编写；第二部分20徒手抱式救人操作至30变更管理制度，由肖博文编写；第二部分31信息记录、通报和报送管理制度至33应急管理制度，由张博编写；第二部分34事故管理制度至附录C故障类型和影响分析（FMEA）由邹婕编写。

　　时间仓促，水平有限，期待本书能在行业同仁的批评指正中，日臻完善。

古建东

2021年3月23日

# 目　录

**第一部分　博物馆消防安全管理标准化示范文件** …………………………………… 1

　　说　明 …………………………………………………………………………………… 1

　　博物馆消防安全管理标准化文件 ……………………………………………………… 1

　　　附录A　（规范性）博物馆各级人员消防安全职责 ………………………………… 26

　　　附录B　（资料性）博物馆安全文化建设要求 ……………………………………… 31

　　　附录C　（规范性）博物馆消防安全教育培训要求 ………………………………… 35

　　　附录D　（规范性）博物馆重点部位管理要求 ……………………………………… 44

　　　附录E　（规范性）博物馆布、撤展消防安全要求 ………………………………… 47

　　　附录F　（规范性）博物馆电气火灾隐患排查要求 ………………………………… 51

　　　附录G　（规范性）博物馆易燃易爆危险物品管理要求 …………………………… 61

　　　附录H　（规范性）博物馆大型活动消防管理要求 ………………………………… 63

　　　附示I　（规范性）博物馆志愿消防队与微型消防站管理要求 …………………… 65

　　　附录J　（规范性）博物馆应急管理要求 …………………………………………… 68

　　参考文献 ………………………………………………………………………………… 86

**第二部分　重点单位安全管理标准化实施手册** ………………………………………… 89

　　　附录A　重点单位场所安全风险初步筛查标准 ……………………………………… 250

　　　附录B　重点单位行业领域风险等级评定指引（示例） …………………………… 251

　　　附录C　故障类型和影响分析（FMEA） ……………………………………………… 252

# 第一部分 博物馆消防安全管理标准化示范文件

## 说 明

本文件按照《标准化工作导则 第1部分：标准化文件的结构和起草规则》（GB/T 1.1—2020）的规定起草。

本文件是根据《国务院安全生产委员会关于印发〈全国安全生产专项整治三年行动计划〉的通知》（安委〔2020〕3号）、《国家文物局关于推进文物火灾隐患整治和消防能力提升三年行动 加强安全生产工作的通知》（文物督函〔2022〕282号）和《企业安全生产标准化基本规范》（GB/T 33000—2016）等文件，由中国国家博物馆会同有关单位共同编制而成。

本文件制订过程中，编制组以国家现行法律、法规为基础，深入调研全国博物馆行业消防安全管理的特点与难点等情况，认真总结了国、内外火灾和消防相关事故的教训，凝聚了国家博物馆数十年的消防安全保卫活动的经验并结合调研全国几十家有代表性的大中小型博物馆的实践经验，参考了国、内外相关标准规范，吸收了先进的科研成果，广泛征求了消防科研、监理、施工、产品制造、消防监督等各有关单位的意见，最后经审查定稿。

本文件共分5章和10个附录，主要内容有：博物馆消防安全管理标准化体系建立、保持与评定的原则和一般要求，以及目标职责、制度化管理、教育培训、现场管理、风险管控及隐患排查治理、应急管理、事故管理和持续改进等8个体系要素的核心要求。

本文件全文为推荐性条款。

本文件由国家文物局负责解释和日常管理工作。

在本文件执行过程中，希望各博物馆结合实践认真总结经验，积累资料，随时将有关意见和建议反馈给中国国家博物馆（地址：北京市东长安街16号），以供今后修订时参考。

本文件由××××提出。

本文件由××××归口。

本文件起草单位：

本文件主要起草人：

## 博物馆消防安全管理标准化文件

### 1 范围

本文件规定了博物馆消防安全管理标准化体系建立、保持与评定的原则和一般要求，以及目标职责、制度化管理、教育培训、现场管理、风险管控及隐患排查治理、应急管理、事故管理和持续改进 8 个体系要素的核心要求。

本文件适用于博物馆行业开展消防安全管理标准化的建设工作，制修订消防安全管理标准化标准、评定标准，以及对消防安全管理标准化工作的咨询、服务、评审、科研、管理和规划等。其他相关单位等可参照执行。

## 2　规范性引用文件

下列文件中的内容通过文中的规范性引用而构成本文件必不可少的条款。其中，注日期的引用文件，仅该日期对应的版本适用于本文件；不注日期的引用文件，其最新版本（包括所有的修改单）适用于本文件。

| | |
|---|---|
| GB 50303 | 建筑电气工程施工质量验收规范 |
| JGJ 46 | 施工现场临时用电安全技术规范 |
| GB/T 51313 | 电动汽车分散充电设施工程技术标准 |
| GB 25506 | 消防控制室通用技术要求 |
| GB 25201 | 建筑消防设施的维护管理 |
| GB 20128 | 惰性气体灭火剂 |
| GB 18614 | 七氟丙烷（HFC227ea）灭火剂 |
| GB 25971 | 六氟丙烷（HFC236fa）灭火剂 |
| GB 4065 | 二氟一氯一溴甲烷灭火剂 |
| GB 6051 | 三氟一溴甲烷灭火剂（1301 灭火剂） |
| GB 4396 | 二氧化碳灭火剂 |
| GB/T 12135 | 气瓶检验机构技术条件 |
| GB 50720 | 建设工程施工现场消防安全技术规范 |
| GB 50016 | 建筑设计防火规范 |
| GB 2894 | 安全标志及其使用导则 |
| GB 13495.1 | 消防安全标志 第 1 部分：标志 |
| GB 35181 | 重大火灾隐患判定方法 |
| GB 50140 | 建筑灭火器配置设计规范 |
| GB 50222 | 建筑内部装修设计防火规范 |
| GB 50354 | 建筑内部装修防火施工及验收规范 |
| GB 50054 | 低压配电设计规范 |
| GB 50055 | 通用用电设备配电设计规范 |
| GB 6944 | 危险货物分类和品名编号 |
| GB 12268 | 危险货物品名表 |
| GB 50057 | 建筑物防雷设计规范 |
| GB 50257 | 电气装置安装工程 爆炸和火灾危险环境电气装置施工及验收规范 |
| XF 654 | 人员密集场所消防安全管理 |
| XF 621 | 消防员个人防护装备配备标准 |
| GB/T 51410 | 建筑防火封堵应用技术标准 |

| | |
|---|---|
| GB/T 13075 | 钢质焊接气瓶定期检验与评定 |
| GB/T 13004 | 钢质无缝气瓶定期检验与评定 |
| TSG R0006 | 气瓶安全技术监察规程 |
| XF 1203 | 气体灭火系统灭火剂充装规定 |
| GB 20286 | 公共场所阻燃制品及组件燃烧性能要求和标识 |
| GB 17945 | 消防应急照明和疏散指示系统 |
| GB 50370 | 气体灭火系统设计规范 |
| GB 50116 | 火灾自动报警系统设计规范 |
| XF 503 | 建筑消防设施检测技术规程 |
| GB 29837 | 火灾探测报警产品的维修保养与报废 |
| GB 50084 | 自动喷水灭火系统设计规范 |
| GB 50261 | 自动喷水灭火系统施工及验收规范 |
| GB 50974 | 消防给水及消火栓系统技术规范 |
| GB 50219 | 水喷雾灭火系统技术规范 |
| GB 50898 | 细水雾灭火系统技术规范 |
| GB 50263 | 气体灭火系统施工及验收规范 |
| GB 50338 | 固定消防炮灭火系统设计规范 |
| GB 50498 | 固定消防炮灭火系统施工及验收规范 |
| GB 25204 | 自动跟踪定位射流灭火系统 |
| GB 51309 | 消防应急照明和疏散指示系统技术标准 |
| GB 51251 | 建筑防烟排烟系统技术标准 |
| GB 50877 | 防火卷帘、防火门、防火窗施工及验收规范 |
| GB 50193 | 二氧化碳灭火系统设计规范 |
| GB 14287.1 | 电气火灾监控系统 第1部分：电气火灾监控设备 |
| GB 14287.2 | 电气火灾监控系统 第2部分：剩余电流式电气火灾监控探测器 |
| GB 14287.3 | 电气火灾监控系统 第3部分：测温式电气火灾监控探测器 |
| GB 50444 | 建筑灭火器配置验收及检查规范 |
| CECS 233 | 厨房设备灭火装置技术规程 |
| CJJ 94 | 城镇燃气室内工程施工与质量验收规范 |
| CJ/T 197 | 燃气用具连接用不锈钢波纹软管 |
| DG/TJ 08—2251 | 上海市消防设施物联网系统技术标准 |
| GA 27 | 文物系统博物馆风险等级和安全防护级别的规定 |

文物建筑电气防火导则（试行）

# 3 术语和定义

下列术语和定义适用于本文件。

3.1 消防安全绩效 fire safety performance

根据消防安全目标，在防火、降低火灾损失和消防投入等消防工作方面取得的可测量结果。

**3.2 博物馆主要负责人** the museum's chief curator

对博物馆日常活动有最高决策权的实际控制人。

**3.3 相关方** related party

博物馆内外与馆舍消防安全绩效有关或受其影响的个人或组织，如主办方、参展方、服务方、供应商等。

**3.4 参展方** exhibitors

通过租、借展示空间向参观者展示自己的设计、表达、产品、技术和服务等活动的个人或组织。

**3.5 承包商** contractor

在博物馆控制的范围内按照双方的协定向博物馆提供服务的个人或组织。

**3.6 变更管理** management of change

对机构、人员、管理、流程、技术、设备设施、工作环境等永久性或暂时性的变化进行有计划的控制，以避免或减轻对消防安全的影响。

**3.7 博物馆火灾风险** museum fire risk

火灾事件的不确定性对博物馆在文物等展品、人员、馆舍的安全等方面的消防安全目标造成的影响。

**3.8 博物馆消防相关风险** museum fire-related risks

因人在防火、降低火灾损失等方面的消防行为（如误操作等）或因消防设备、设施、器材等的非预期状态（如消防管道漏水、气体灭火系统误喷、警报误响、误切断非消防电源等）发生的不确定性，对博物馆的文物等展品、人员及馆舍安全等方面的消防安全目标造成的影响。

**3.9 持续改进** continuous improvement

为了实现对整体消防安全绩效的改进，根据单位的消防安全目标，不断对消防安全管理工作进行强化的过程。

**3.10 特装展具** special devices

博物馆用于展览的下列结构、设备和装置的总称：内部设置照明灯具、音响、闭路电视、放映机等电气设备的展柜、展台、展墙等和用于陈列展览的电动图表、模型、沙盘、布景箱和装在壁板上的灯光箱、电子显示图表箱、电动模型等。

# 4 一般要求

**4.1 原则**

博物馆消防安全管理标准化应遵循"保护文物、以人为本，居安思危、关口前移，全员有责、系统管理"的原则，以逐级分解和落实博物馆消防安全主体责任为核心。以火灾及消防相关风险分级管控和隐患排查治理为基础，营造"全覆盖、严执行、零容忍、重实效"的消防安全文化氛围，建立健全博物馆消防安全管理标准化体系，预防和减少火灾与消防相关事故的发生，持续改进消防安全工作，全面提升博物馆的消防安全管理能力，确保文物、人员及馆舍安全，维护展览等公众活动的有序进行。

**4.2 建立和保持**

博物馆应将消防安全管理标准化工作充分融入日常管理活动的全过程中，采用"策划（plan）、实施（do）、检查（check）、处理（act）"的"PDCA"动态循环模式，按照本文件，结合自身特点，自主建立并保持消防安全管理标准化体系。通过自我检查、自我纠正和自我完善，构建消防安全内生机制，持续提升博物馆消防安全绩效。

### 4.3 自评和评审

博物馆应逐步建立并不断完善"一张网"信息化管理系统，通过对消防安全管理标准化体系运行中，人的不安全行为、物的不安全状态和管理的缺陷等情况，做到自查、自改、自报，实现动态更新、分析、评价和对关键过程的记录。博物馆也可委托评审单位进行评估。

## 5 核心要求

### 5.1 目标职责

#### 5.1.1 目标管理

博物馆应根据自身消防安全实际情况，制定文件化的总体和年度消防安全目标，并纳入单位总体管理目标。明确目标的制定、分解、宣传贯彻、辅导、实施、检查、考核等环节要求，并按照各部门在日常管理活动中所承担的职能，将目标分解为指标，落实到科、室、岗位、人员。

博物馆应结合对消防安全目标实施绩效的评估和考核情况，及时调整体系文件，集中考核周期不应超过半年。

#### 5.1.2 机构和职责

##### 5.1.2.1 机构设置

博物馆应落实消防安全组织领导机构，成立消防安全委员会。国家一级博物馆应设置消防安全归口管理机构，其他博物馆应配备相应的专职或兼职消防安全管理人员和专业技术人员。博物馆应建立健全从管理机构到基层科室的管理网络。

消防安全归口管理机构（部门）、专职或兼职消防安全管理人员宜作为博物馆各部门消防安全工作的引导者、辅导者和协调者。基层科室应指定一名熟悉本科室业务规程和消防工作的从业人员兼任安全员（网格员），明确职责和权限等消防安全工作内容，并协助本部门负责人建立并保持与消防安全归口管理机构的协同工作机制。

##### 5.1.2.2 人员配置

博物馆消防管理人员应按附录C"博物馆消防安全教育培训要求"的规定参加消防安全培训并通过考核。国家一级博物馆的消防安全管理人员与专业技术人员的总和不应低于单位从业人员总人数的4%，且取得工程类中级以上专业技术职称的人数不应少于25%且不少于2人。

##### 5.1.2.3 主要负责人、管理层与全员职责

博物馆应建立健全单位消防安全责任制，明确主要负责人应全面负责消防安全工作。消防安全管理人对消防安全责任人负责，负责组织实施本单位的消防安全管理工作。未确定消防安全管理人的博物馆，消防安全管理工作由消防安全责任人负责实施。

博物馆是消防安全重点单位的，应持续完善重点单位消防档案，建立与相关政府监管部门的联系机制，及时反映博物馆的消防安全工作情况。消防安全重点单位的消防安全责任人、消防安全管理人应根据相关要求报知政府监管部门。

博物馆消防安全责任人按以下原则确定：

国有博物馆使用单位的第一负责人、国有博物馆的法人代表是消防安全责任人。

非国有博物馆的唯一所有人、多个所有人的文物建筑所有业主、非国有博物馆的法人代表，是消防安全责任人。

博物馆各职能部门负责人应在各自职责范围内，依据博物馆有关规章制度对本部门的消防安全负责，落实"一岗双责"。

所有岗位从业人员应遵守消防安全责任制的规定，履行附录A"博物馆各级人员消防安全职责"的要求，并根据岗位消防安全目标责任分解，签署消防安全责任书。博物馆应适时对各岗位人员职责的适宜性、履职情况进行定期评估和监督考核。

博物馆应为全员参与消防安全工作创造必要的条件，建立约束激励机制，鼓励各级从业人员积极建言献策，营造全员自上而下重视消防安全、履行消防职责的良好氛围，不断改进和提升消防安全管理水平。

### 5.1.3 消防安全投入

博物馆应建立消防安全投入保障制度，按照有关规定提取和使用消防安全费用，并建立使用台账。

博物馆应按照有关规定，为从业人员缴纳相关保险费用。博物馆应投保安全生产责任保险等，并主动配合保险机构开展事故预防技术服务工作。

### 5.1.4 安全文化建设

博物馆应开展安全文化建设，由消防安全责任人组织制定推动本单位安全文化建设的长期规划和阶段性计划，并在实施中不断完善。

博物馆开展安全文化建设可参照附录B"博物馆安全文化建设要求"，并应充分考虑自身内部和外部的文化特征，确立本单位的安全理念及行为准则，教育、引导全体职员的安全态度和安全行为。通过全员参与安全承诺、行为规范、行为激励、信息传播与沟通、自主学习与改进、安全骨干的选拔与培养、审核与评估等过程，实现在法律和政府监管要求之上的安全自我约束，推进博物馆安全水平的持续提升。

### 5.1.5 信息化建设

博物馆在传统的火灾自动报警和控制系统功能的基础上，结合物联网等信息技术提高博物馆的重要消防状况的监控效率，如负载电流、剩余电流、线缆温度等电气火灾参数，室内消火栓和自动喷水灭火系统最不利处的动水压力和静水压力，消防水箱和消防水池水位、防排烟系统、重要阀门启闭状态参数等；利用智能视频检索与博物馆闭路监控系统，及时发现博物馆安全出口和疏散通道异常、人员可疑行为、消防控制室值班人员缺岗情况等。博物馆将未及时处理的火灾报警信息和异常情况以紧急呼叫形式分级推送给博物馆消防安全相关责任人，并保留电子记录。

博物馆宜充分运用大数据、云计算、区块链、室内定位等技术，依托室内电子地图、建筑信息模型（BIM）、手机应用软件（App）等信息系统，逐步编绘各类消防信息"一张图"，实现汇总、统计、分析和辅助决策等消防管理"一张网"，如消防风险一张网分析、隐患排查一张网管控、消防设施一张网运维、教育培训一张网考评、应急预案一张网管理、档案资料一张网索引、自改自评一张网呈报、大型活动一张网决策等，不断提高博物馆消防安全现代化管理水平。

5.2 制度化管理

5.2.1 法规标准识别

博物馆建立消防安全法律法规、标准规范的管理制度，明确政府监管部门，确定获取的渠道和方式，及时识别和获取适用、有效的法律法规、标准规范，建立消防安全法律法规、标准规范清单和文本数据库。

博物馆将适用的消防安全法律法规、标准规范的相关要求，结合单位消防安全管理方针、目标和原则等，及时转化为本单位的规章制度、操作规程等，并根据各部门的实际情况，细化为能够指导各岗位实际工作的岗位责任书、实施手册和作业指导书等文件，并及时传达给相关从业人员，确保消防安全相关要求落实到位。

5.2.2 规章制度文件

博物馆应建立健全涵盖本示范文件全部 8 个要素的消防安全制度，并征求工会及从业人员意见和建议，规范消防安全管理标准化工作。

博物馆应确保从业人员及时获取有效的制度文本，包括但不限于以下内容：

目标管理。

消防安全责任制。

消防安全承诺。

消防安全投入。

消防安全信息化。

文件、记录和消防档案管理。

消防设备设施管理。

火灾风险辨识、隐患排查治理。

消防相关风险辨识、隐患排查治理。

消防安全教育培训。

重点部位管理。

特殊人员、特殊作业管理。

消防安全工作例会等活动管理。

专、兼职消防队管理。

施工现场管理。

布、撤展管理。

大型活动管理。

易燃易爆危险物品管理。

安全用火、用电管理。

警示标志管理。

预测预警管理。

消防安全奖惩管理。

相关方消防安全管理。

变更管理。

个人防护装备管理。

应急管理。

事故管理。

志愿消防队与微型消防站管理。

#### 5.2.3 文件管理

博物馆按照有关规定，结合本单位具体情况，编制齐全、适用的岗位消防安全工作规程，发放到相关岗位人员，并严格执行。博物馆确保从业人员充分参与岗位相关工作规程的编制和修订工作。

#### 5.2.4 消防档案

博物馆应建立消防档案管理制度，包括消防安全基本情况、消防安全管理情况和对其主要过程与结果的记录，建立电子档案，并按照有关规定，同时保持纸质消防档案。消防档案应支持查询和检索，便于自身管理使用和政府监管部门调取检查。

博物馆消防档案管理制度应明确消防安全规章制度、工作规程、记录指南等的编制、评审、发布、使用、修订、作废、销毁，以及文件和记录管理的职责、程序和要求。

博物馆消防档案的内容信息应翔实、准确，附有必要的图纸、图表，能够全面反映消防工作的基本情况。消防档案应由专人统一管理，按档案管理要求装订成册、分类归档，并根据情况变化及时更新完善。博物馆消防档案应包括但不限于以下几项。

##### 5.2.4.1 消防安全基本情况

博物馆的消防安全基本概况。

建筑消防设计审查、消防验收和特殊消防设计文件及采用的相关技术措施等材料。

投入使用或者开业前消防安全检查的相关资料。

博物馆消防安全相关图纸、文件和重要记录等资料。

消防设施和器材配置情况。

明确与相关方消防安全责任归属的协议书等。

消防安全重点部位及特殊作业动态分级和分类管理情况。

消防相关设施、器材和装备等的采购合同、技术文件等原始资料。

消防产品、防火材料等的合格证明材料。

消防系统自动联动控制逻辑和手动应急启动流程说明。

博物馆消防安全方针、原则与目标体系。

消防安全管理组织机构。

逐级岗位消防安全责任制。

消防安全责任书。

消防安全管理制度和消防安全工作规程。

专职消防队、志愿消防队、微型消防站等自防自救力量及其消防装备配备情况。

消防安全管理人、消防设施维护管理人员、焊工、电工、控制室值班人员、易燃易爆危险物品操作人员等特殊岗位人员的基本情况、持证情况。

博物馆各类应急预案（包括总预案、分预案和专项预案）及其历次修订版本。

##### 5.2.4.2 消防安全管理情况

消防安全例会记录。

文物部门、住房和城乡建设部门、消防救援机构等政府监管部门发放的各种法律文书及各类文件、通知等。

定期消防检查记录、自动消防设施全面排查测试报告、维修保养记录以及委托检测和维修保养的合同。

岗位火灾隐患、重大火灾隐患、消防相关隐患排查及整改情况记录。

消防控制室值班记录。

有关燃气、电气（包括防雷、防静电）和烟道清洗等管理记录。

易燃易爆危险物品和场所防火防爆管理记录。

施工现场，特殊作业，大型活动，布、撤展等管理记录。

消防宣传教育、培训和岗位实操等活动记录（包括活动的计划、材料以及培训的时间、参加人员、内容、成绩、培训试卷等）。

各类应急预案的演练记录（包括演练的时间、地点、内容、参加部门、人员、见证资料和演练总结等）。

火灾和消防相关事故情况与"四不放过"的落实记录。

消防安全工作考评和奖惩制度。

灭火器档案（包括配置类型、数量、设置位置、检查维修单位、更换药剂的时间等有关情况）。

其他重要消防活动记录。

**5.2.5 评估与修订**

博物馆应根据管理体系运行的情况适时评估消防安全法律法规、标准规范、规章制度文件的适宜性和执行效果，并依据评估的结果和程序及时修订相关文件，每年全面集中的评估不应少于一次。

**5.3 教育培训**

**5.3.1 教育培训管理**

博物馆应建立健全以不断强化各级从业人员消防安全习惯和意识为核心的消防安全教育培训制度，组织制定、实施年度消防安全培训计划。根据基层科室的实际情况明确各部门岗位的培训大纲、内容、周期、时长和考核要求等，且不应低于附录C"博物馆消防安全教育培训要求"的规定。

博物馆应将馆舍内或相关行业单位发现的典型消防安全事故隐患和发生的火灾事故、消防相关事故案例及分析、报告等视为宝贵的资源，作为博物馆消防安全教育培训的重要内容。

博物馆应定期通过培训效果考核、实际能力验证、自我申请、应急处置行为评估和调查表等方式，有针对性地识别各岗位消防安全教育培训需求。博物馆应根据识别结果及时调整消防安全培训计划，并保障必要的资源。

博物馆应如实记录全体从业人员的消防安全教育和培训情况，并纳入博物馆消防档案和从业人员个人消防安全教育培训档案。博物馆应根据记录档案，有针对性地定期复训、考核和评估，不断提高培训实效。

**5.3.2 人员教育培训**

**5.3.2.1 一般原则**

博物馆将全员消防教育培训融入消防安全管理标准化全过程中，坚持消防安全理论和博物馆的具体实践相结合，坚持培训与考评相结合，坚持以实效为导向的原则，创新并统筹安排多种形式的消防安全教育培训，并利用日常化的专项、分预案演练进行实践培训、实战检验、评估与改进。

**5.3.2.2 一般人员**

博物馆的主要负责人、消防安全管理人应参加消防安全教育培训，并具备与博物馆消防安全管理工作相适应的知识与能力。

全体从业人员应积极接受博物馆组织的各类消防安全教育培训活动，并掌握本岗位必备的消防安全技能、火灾和消防相关风险的辨识和处置方法，了解事故现场应急处置措施，不断提高消防安全意识，熟悉相关的法律法规、规章制度、工作规程和典型事故案例等。

博物馆对新上岗的从业人员进行"单位、部门、科室"三级培训教育，保证其具备本岗位所必备的消防安全知识和技能后，方能安排上岗。

博物馆的消防安全培训还应涉及从业人员在非工作场所必要的消防安全知识和技能。

法律法规有准入要求的岗位，应按照有关规定取得相应职业资格，持证上岗。

**5.3.2.3 特殊人员**

博物馆应建立特殊人员管理制度，明确岗位达标的内容和要求。

从事特种作业、特种设备作业、消防设施操作、应急救援等工作的特殊人员应按照有关规定，取得相应职业资格，并按规定参加复训或复审。上岗前，博物馆还应按附录C"博物馆消防安全教育培训要求"，组织上述特殊人员进行岗位培训，考核合格后方可安排其从事博物馆的特种作业、特种设备作业、消防设施操作、应急救援等特殊工作。

**5.3.2.4 外部人员教育培训**

博物馆应对可能进入博物馆的相关方如服务方、施工方的作业人员和主办方、参展方的相关人员及实习生等提出消防安全教育培训的要求并监督培训效果。

博物馆应在明显部位进行消防宣传与提示，可利用展板、专栏、手机推送、广播、闭路电视、网络、电子显示屏等形式对公众进行文物消防警示教育活动，增强公众火灾风险防范意识。

博物馆应根据具体情况，对来访者等进行必要的消防安全告知或提示。

**5.3.3 教育培训要求**

博物馆应依据相关消防法规标准和附录C"博物馆消防安全教育培训要求"，针对从消防安全责任人、管理人到各级各部门人员的岗位特点，从消防安全基本知识与意识、岗位消防技能训练和博物馆消防安全管理标准化要求三个方面，组织全员开展线上、线下、集中或"碎片化"培训、岗前岗后一分钟、以案说法或机会教育等多种形式的消防安全教育培训与考评。

**5.4 现场管理**

**5.4.1 特殊作业管理**

博物馆应建立特殊作业管理制度，对危险性较大的特殊作业活动，实行作业许可制度，履行作业许可审批手续并严格监督管理。作业许可应包含对人员、设备设施的审核，火灾和消防相关风险分析、文物展品风险分析、应急处置等内容。博物馆宜利用闭路电视监控系统、多媒体或移动通信等技术手段对特殊作业全过程实施全过程监管。

博物馆的下列作业应纳入消防安全特殊作业管理：

（1）容易发生火灾的作业，主要有临时用电作业、动火作业、动燃气作业、涉及易燃易爆危险物品的作业等。

（2）发生事故对文物或公众有重大影响的消防相关作业，主要有特种作业、特种设备作业、文物周边作业等。

**5.4.1.1 临电作业**

博物馆临电作业管理应符合GB 50303、JGJ 46、GB 13955的规定，并通过组织相关方技术交底、案例教育、岗前安全培训和日常巡检、检查等方式，加强下列临时用电安全措施的管理。

1）配电箱或开关箱

总配电箱中应在电源隔离开关的负荷侧装设漏电保护器，并灵敏可靠。

分配电箱与开关箱距离不大于30m，固定开关箱应按"一机一闸一漏一箱"的原则设置，漏电保护装置在设备负荷侧，灵敏可靠，距离设备不应大于3m。

固定配电箱、开关箱高度应距地1.4~1.6m，移动配电箱、开关箱安装高度应距地0.8~1.6m。

配电箱应在箱底进出线，并应加绝缘护套，采用固定线夹成束固定在箱体结构上。箱内无杂物，并应具备门、锁、防触电标识及防雨措施。保护零线端子、工作零线端子齐全完好。箱门与箱体之间应采用软铜线电气连接可靠。

箱内断路器用途标识明确，带电导体不应外露，箱门内应有本箱体的配电系统图。

2）接地或接零保护系统

工作接地、重复接地应牢固可靠。系统保护零线重复接地不应少于三处。定期检测重复接地电阻，阻值不应大于10Ω。

3）配电线路

配电线路绝缘层不应存在老化、破损和断裂现象，与交通线路交叉的电源线应符合有关架设标准，除一、二级建筑外，博物馆保护范围内电气线路不应架空敷设。穿过通道的线路应配有相应强度的过线桥保护。

4）照明灯具

现场照明回路应设置漏电保护器，动作灵敏可靠。

普通灯具金属外壳和金属支架应做保护接地。室内220V灯具安装高度应大于2.5m，低于2.5m的应使用安全电压供电。

手持照明灯具应使用电压36V（含）以下照明，电源线应采用橡套电缆线，手柄及外防护罩应完好无损。

低压安全变压器应放置在专用配电箱内。碘钨灯照明应采用密闭式防雨灯具，架杆手持部位应采取绝缘措施，电源线应采用橡套电缆线，并应装设漏电保护器。

**5.4.1.2 动火、动燃气作业**

动燃气作业应符合CJJ 94的规定，特种作业、特种设备作业管理应符合相关规定，并通过组织相关方进行作业前技术交底、案例教育和日常巡检、检查等方式，加强下列动火安全管理。

（1）博物馆内严禁吸烟、烧香、使用明火或燃放焰火等。严禁在开放时间进行动火作业。

（2）电气焊等明火作业前，实施动火的部门和人员应按照相关制度办理动火审批手续，清除周边可燃物，配置2具灭火级别不小于3A的灭火器；落实现场监护人和安全措施，在确认无火灾、爆炸危险后方可动火施工，并在建筑主要出入口和作业现场醒目位置张贴公示。

（3）设有自动消防设施的，应确保自动消防设施处于正常状态。

（4）工作区周边8m以内不应存放物品，且应采取防火幕布、金属板、石棉板等与相邻可燃物隔开。

（5）若焊接、烘烤的部位紧邻或穿越墙体、吊顶等建筑分隔结构，应在分隔结构的另一侧采取相应的防火措施。

（6）作业期间应有专人值守，作业完成后应现场复查，确保无遗留隐患后值守人员方可离开。

（7）博物馆内涉及易燃易爆危险物品的作业应符合附录G"博物馆易燃易爆危险物品管理要求"。

#### 5.4.2 重点部位管理

##### 5.4.2.1 重点部位的确定

博物馆的下列部位应确定为消防安全重点部位：

（1）容易发生火灾的部位，主要有用火及用燃气部位、食物烹饪烘烤区、电气设备管线密集部位、火灾负荷较大的展台、锅炉房、制冷机房、车库、电动（汽）车充电位。

（2）一旦发生火灾可能造成重大伤亡的部位，主要有大型活动时的人员密集区域和疏散瓶颈区域。

（3）发生事故对文物有重大影响的部位，主要有藏品库区、文物修复室。

（4）对消防安全有重要保障作用的部位，主要有控制室、变压器室、配电间、消防水泵房、柴油发电机房。

（5）经性能化设计等特殊消防设计的部位。

（6）对消防安全有重要影响的其他部位。

##### 5.4.2.2 重点部位的管理

博物馆建立重点部位管理制度，明确消防安全管理的责任部门和责任人，设置明显的防火标志，标明"消防安全重点部位"、防火责任人和联系方式等。博物馆制定和完善包括用火、大功率或密集用电、用燃气、用可燃液体、涉及易燃易爆危险物品等相关的管理规程、事故应急处置操作程序，落实特殊防控措施，纳入隐患排查、防火巡查、检查的重点管理对象。

博物馆对消防安全重点部位的管理应符合附录D"博物馆重点部位管理要求"和GB 50016、XF 654等相关法规标准的规定。

#### 5.4.3 消防控制室管理

博物馆应建立消防控制室和消防设施管理制度，应明确管理归口部门、管理人员及其工作职责，规范消防控制室管理及消防设施设备器材的巡查、检查、检测、维修、保养、报废、更新、建档等工作，确保消防设施完好有效，并处于正常运行状态。

消防控制室管理应保证24h专人值班，每班不少于2人，并符合GB 25506、GB 25201的规定，确保当值人员处于应急准备状态，并应符合下列规定：

（1）禁止对消防控制室报警控制设备的喇叭、蜂鸣器等声光警报器件进行遮蔽、隔离、断线或旁路等处理，确保警报器件处于正常工作状态。

（2）禁止将消防控制室的消防电话、消防应急广播、消防记录打印机等设备挪作他用。消防图形显示装置中专用于报警显示的计算机，严禁安装无关软件。

（3）消防控制室内应配备有关消防设备用房、电气设备室（井）、通往屋顶和地下室等部位和消防设施的锁具钥匙，防火卷帘控制箱（盒）钥匙，消防电源、控制箱（柜）、开关等专用钥匙，接合器、室外消火栓等消防设施专用开启工具等，并应分类标识；应配备小型灭火器、防毒面具、消防帽、简单破拆工具、灭火毯、手提消防电话、手持扩音器、充电手电筒、对讲机等消防专用装备、器材。

（4）博物馆的消防控制室应张贴内、外部应急力量联系清单，关键岗位联系人还应备份热线，并建立与属地应急救援机构、专家库、周边单位专（兼）职消防队、微型消防站、主办方、参展方、协作方、服务方等之间的双向信息联络沟通机制，确保紧急情况下信息畅通与及时响应。设有多个消防控制室的博物馆，各消防控制室之间应建立可靠、快捷的信息传达联络机制。

（5）消防控制室应存放博物馆的总平面布局图、建筑消防设施平面布置图、建筑消防设施系统图，同时存放一套符合本文件的消防档案。消防控制室相关人员应充分熟悉上述资料，并具备但不限于以下能力：

熟练掌握全部自动报警的显示信息与实际位置的对应关系，并熟悉各种快速到位的途径；

熟练掌握消防系统自动联动逻辑关系、启动条件与流程，熟练掌握联动控制器总线及专线手动启停按钮与现场消防设备的对应关系和应急手动启动操作流程；

熟悉博物馆内各系统各级消防给水控制阀门、室外消火栓、接合器的位置及其对应区域；

博物馆应急管理分级方法和相应的应急准备、应急处置流程与职责；

掌握内、外部信息联络和消防广播方式，熟悉不同情景下的沟通流程和表述方式。

### 5.4.4 消防设施管理

博物馆的各类消防设施除应符合相关国家及行业标准的要求外，还应分别符合以下要求：

博物馆消防设施的设计与设置应符合GB 50016，维护管理应符合GB 25201，系统排查应符合XF 503的要求。

博物馆应依据本文件，协调系统设备生产厂家做好培训与交底，并组织相关设备生产厂家、工程保修单位、消防设施维保单位等相关方，针对消防设施维修保养过程中可能出现的、博物馆不可接受的消防相关事故风险的全部内容进行梳理，形成消防设施作业安全规程，并以此作为附件，与相关方签订消防作业安全责任书，明确各方责任与后果承担方式，博物馆应据此实施有效监督并在实践中不断完善。

博物馆宜协调消防设施生产厂家、工程保修单位、消防设施维保单位等相关方，通过投保安责险的方式，分担或化解因处置不确定性火灾风险导致的气体灭火系统误喷放等消防相关损失，推动博物馆消防体系的本质安全。

#### 5.4.4.1 消防供配电设施

柴油发电机房内的柴油发电机应定期维护保养，每月至少试验启动一次，确保应急情况下能够正常使用。

博物馆应加强发电机、应急电源和各类消防设备用蓄电池的下列日常检查与维保工作：

设置蓄电池的场所应保持干燥、通风，避免阳光直射。

每季度检查火灾自动报警系统的备用电源蓄电池，不应有变形、鼓胀现象。

每季度通过模拟启动发电机、投入应急电源和消防电源主备电切换等测试方法，记录并跟踪观测蓄电池在标准负载工况下的持续工作时间，检查备用蓄电池电量，不正常时应更换同规格备用蓄电池。

按设备说明书提供的方法、周期对蓄电池进行充放电等日常维保工作。

每季度检查电池极柱和接线头，连接应可靠，外观应有金属光泽。及时清除电池极柱周围出现的糊状物，并涂抹凡士林等保护剂以减缓氧化过程。

及时更换超过规定使用年限的或没有达到报废年限，但出现表面明显变形、锈蚀、漏液和电量不合格的蓄电池。

#### 5.4.4.2 火灾自动报警系统

博物馆在选择火灾自动报警系统时，应综合评价包含控制器和图文显示装置的二次编程等维护工作对生产厂家的依赖程度、探测器清洗或直接更新的技术经济方案比选、回路扩展能力和通信协议对大数据平台的友好性在内的主要技术和商务特性。

博物馆的藏品库区、档案室和信息机房等重点部位应设置吸气式感烟火灾探测器。博物馆在选择吸气式感烟火灾探测器时，应综合评价包含使用寿命和过滤器的维护与更新在内的主要技术和商务特性。

博物馆的气体灭火防护区应设置高灵敏度的火灾探测器，设计吸气式感烟探测器时应选择高灵敏型吸气式感烟探测器，并严格限制采样管长度、单个采样孔的保护面积和采样孔间距等参数，一个探测单元的采样管总长不应超过200m，采样孔总数不应超过100个；单管长度不应超过100m，单管上的采样孔数量不应超过25个，在单独房间内设置采样孔时，不应少于2个，并应保证最不利点采样孔的灵敏度不低于0.8%obs/m。采样孔孔径与孔间距应按确认的设计软件或方法设计，孔径最小不应小于2.5mm，最大不应超过5.0mm，并应考虑采样孔位置与探测器的距离和安装高度等因素，尽可能将探测器一路采样管的报警区域限制在一个目视区域内，以便报警信息的位置确认。

对于因装修、布展等需要，按设计要求永久或临时改变报警或控制设备的位置、名称、类型、联动逻辑关系等，博物馆应及时变更火灾自动报警系统、图文显示装置的内容和相应图纸资料档案等，确保与实际情况一致。

博物馆内的防爆场所使用的催化燃烧式可燃气体探测器，应委托专门机构根据产品使用说明书要求的周期且不超过一年标定一次，标定应采用经计量认证并与被检测气体相匹配的标准样气。

每季度应检查一次控制器内部和现场端子箱等的端子线标，应清晰且易于辨认。

**5.4.4.3 消防应急广播系统**

博物馆应设置可直接通过按键选择广播区域的应急广播分区控制装置，消防控制室应明确广播条件和相应内容。

博物馆应在应急广播系统内预先录制中文（包括方言）和英文等自动广播内容。

文物修复室、藏品库区等涉及文物的有人工作的重要部位宜设置可与博物馆内公众场所区分播放的消防分区广播。

**5.4.4.4 消防给水及消火栓系统**

博物馆的消防稳压泵组的主、备泵应具备自动交替运行功能，稳压泵的启、停应由压力开关控制，启、停压力设定值应符合设计文件要求。

博物馆的消防水箱、消防水池应设置水位传感器和信号远传装置。消防水泵的进水总管、试验回流管上应设置压力传感器。试验消火栓出口应设置末端动水压力监测装置，其他消防给水分区末端消火栓宜设置压力传感器。消防给水管道上设置的压力传感器应在系统管道上接出支管或利用原有压力表的连接支管，支管的长度不宜大于500mm，并应在压力传感器前设置检修阀门。

全年最低气温低于4℃地区的博物馆宜采用干式室内消火栓系统，采用湿式消火栓系统给水系统时应有可靠的防冻措施。

博物馆应每月检查全部电动机加压泵、柴油机加压泵，并分别通过试验回流装置手动启泵运转1次，连续运行时间不应少于5min，运行5min时的轴承座外表面温度不应超过70℃，温升不应超过35℃，检查泵轴密封，不应出现线状滴漏；每季度应对照设计文件和说明书，分别校核全部消防水泵在零流量、额定流量、1.5倍额定流量工况下的扬程，应满足设计要求。

博物馆全部消防泵组的消防电源和控制装置应处于自动状态，消防控制室应设置能通过手动专线启动每组消防给水泵的按钮，并明确防泵组的手动启动条件。

博物馆应每季度或在大雨过后，检查室外地下消火栓井，及时排除井内积水。应每季度使用专用工具全开全闭两次室外消火栓控制阀门，保持其灵活性，必要时在阀杆施涂润滑油脂。

**5.4.4.5 自动喷水灭火系统**

博物馆应全部采用预作用自动喷水灭火系统，管道坡度不应小于0.4%，且应坡向排水管；当局部区域难以靠重力自流排尽时，应装设带阀门的排水管，使用压缩空气进行管网吹扫。

博物馆的预作用自动喷水灭火系统应设置气压维持装置监测管道的严密性，配水管道的气压值不宜小于0.03MPa，且不宜大于0.05MPa。管网快速排气阀的设置应确保符合最不利配水支管充水时间不大于2min的要求，且应位置合理或采取可靠的措施，防止水渍损害。

博物馆预作用系统使用的空气压缩机应参照说明书按下列要求保养：

(1) 每月排放储气罐中的冷凝水。

(2) 每季度检查、更换空气过滤器，清洁冷却器。

(3) 每季度检查皮带松紧度，如皮带有明显裂纹或失去弹性应更换。

(4) 每季度补充、更换润滑油,并根据使用条件,必要时更换润滑油过滤器。

(5) 博物馆的每组雨淋系统在干管出水口处应设置符合系统设计流量的旁路试验装置,并设置相应的排水措施。消防控制室应设置能通过手动专线启动每个预作用阀组和雨淋阀组的按钮,并应确定明确的手动启动条件。

(6) 博物馆的每组自动跟踪定位射流灭火系统在射水装置入口处应设置符合系统设计流量的旁路试验装置,并设置相应的排水措施。

(7) 博物馆全部自动跟踪定位射流灭火系统的消防电源和控制装置应处于自动状态,消防控制室应设置能通过手动专线启动每套系统的按钮,并明确手动应急启动条件。

(8) 博物馆每个报警阀组控制的最不利配水支管处应设置末端试水动压监测和信号传输装置。

**5.4.4.6 防排烟系统**

博物馆应将防排烟风机和排烟防火阀设置在风机房内,如条件限制必须置于室外或屋面,应采取可靠的防雨、防晒和防尘措施,并加强维护。博物馆应每季度进行一次手动关闭、复位试验,动作应灵敏可靠、关闭严密,并适时清洁、润滑执行机构。

博物馆全部防排烟风机的消防电源和控制装置应处于自动状态,消防控制室应设置能通过手动专线启动每台防排烟风机的按钮,并能连锁启动相应的排烟防火阀和排烟阀等,消防控制室应明确防排烟系统的手动应急启动条件。

**5.4.4.7 气体灭火系统**

博物馆气体灭火系统的全部容器阀驱动装置都应处于能随时启动的准备状态,消防控制室应设置能通过手动专线启动每个防护区气体灭火系统的按钮,并明确手动应急启动条件。

博物馆涉及文物的气体灭火系统防护区应设置专用泄压口,应采用无源泄压口,泄压面积应经过设计计算确定,并符合 GB 50370 的要求。

博物馆宜设置气体灭火系统压力泄漏传感器或灭火剂质量传感器。

文物的布置不宜正对喷头出口射流方向,且喷口距离文物、展品表面不应小于 0.5m。

气体灭火系统在测试、维修前应根据竣工图纸等资料仔细核对防护区、瓶组、启动瓶、选择阀、触发装置、现场控制器和启动按钮、模块等组件的标识与逻辑位置之间的对应关系,防止误操作。

在进行维修保养或检测工作时,不应在开启现场气体灭火控制盘箱(柜)门的情况下,在 0.5m 内使用对讲机、手机等通信器材。在可能造成误动作时,应采取插保险销、止动销或者断开控制线等措施后方可进行;维修保养后应恢复正常,确保系统处于准工作状态。

搬运消防气瓶时,应完整配置瓶帽等瓶阀保护措施(有防护罩的气瓶除外),轻装轻卸,严禁抛、滑、滚、碰、撞、敲击气瓶。

运输消防气瓶时,应防止暴晒,整齐放置。横放时,瓶端朝向一致;立放时,要妥善固定,防止气瓶倾倒。

每次喷放测试或灭火后,应更换同规格的密封膜片及全部密封圈,并按 XF 1203 的规定由合格的充装机构重新充装灭火剂和驱动气体，超过检验有效期的消防气瓶还应委托符合 TSG R0006 规定条件的气瓶检验机构，按 GB/T 13075 或 GB/T 13004 的要求检验，取得合格检验报告后方可再次投入使用。

博物馆内下列消防气瓶每五年检验一次：

（1）盛装符合 GB 20128 的 IG 01、IG 100、IG 55、IG 541 等惰性气体灭火剂的气瓶。

（2）盛装符合 GB 18614、GB 25971 的气瓶。

（3）盛装符合 GB 4065、GB 6051 和盛装全氟己酮灭火剂的气瓶。

博物馆内下列消防气瓶每三年检验一次：

（1）盛装符合 GB 4396 的气瓶。

（2）盛装其他液化气体灭火剂和混合气体灭火剂的气瓶。

（3）承担气瓶定期检验的检验机构，应符合 GB/T 12135 的要求，并取得国家特种设备安全监督管理部门的核准。

#### 5.4.4.8 电气火灾监控系统

博物馆的施工现场，布、撤展和大型活动期间，宜在末端配电箱内控制用电负荷的回路上，增设有线或无线负载电流和测温式探测装置，并能够在消防控制室集中监控。

应根据对博物馆内配电系统的负荷类型、功率、谐波含量、配电线路使用年限与长度等实际情况进行综合分析的结果，确定剩余电流式火灾监控探测器的设置位置与报警参数，以降低误报。

#### 5.4.4.9 厨房设备灭火系统

博物馆厨房内设置的自动灭火系统应处于自动状态，消防控制室应设置能通过手动专线启动每路厨房的燃气切断装置和厨房灭火系统的按钮，并明确手动应急启动条件。

### 5.4.5 安全疏散、避难逃生与救援管理

博物馆应建立安全疏散、避难与救援管理制度，规范个人防护救援装备器材（可参照 XF 621）、安全疏散、避难逃生与救援设施的隐患排查、巡查、检查、维护和建档等工作，确保符合 GB 50016、XF 654 的规定和下列要求：

（1）疏散通道、安全出口应保持畅通，禁止堆放物品、锁闭出口、设置障碍物。不应遮挡、覆盖疏散指示标志。

（2）常用疏散通道、物流通道、安全出口处的疏散门采用常开式防火门时，应确保在发生火灾时门自动关闭并反馈信号。

（3）常闭式防火门应保持常闭，门上应有正确启闭状态的标识，闭门器、顺序器应完好有效。

（4）疏散门、疏散通道及其尽端墙面上不应有镜面反光类材料、误导人员视线等影响人员安全疏散行动的装饰物，疏散通道上空不应悬挂可能遮挡人员视线的物体及其他可燃物，疏散通道侧墙和顶部不应设置影响疏散的凸出装饰物。

（5）安全出口、疏散通道、疏散楼梯间不应通过安装栅栏等障碍物的方式进行人员导流，人员导流分隔区应有在火灾时自动开启的门或可易于打开的栏杆。

（6）展厅、放映厅和电梯厅等入口应设置厅平面疏散指示图，疏散指示图上应标明疏散路线、安全出口、疏散门、人员所在位置和必要的文字说明。

（7）除休息座椅外，有顶棚的步行街上、中庭内、自动扶梯下方严禁设置店铺、摊位、游乐设施，严禁堆放可燃物。

（8）举办展览、演出等活动时，应事先根据场所的疏散能力核定容纳人数，活动期间应对人数进行控制，采取防止超员的措施。

（9）博物馆平时需要控制人员随意出入的安全出口、疏散门或设置门禁系统的疏散门，应保证火灾时能从内部直接向外推开，并应在门上设置"紧急出口"标识和使用提示。可根据实际需要选用以下方法之一或其他等效的方法：设置安全控制与报警逃生门锁系统、设置能远程控制和现场手动开启的电磁门锁装置，且与火灾自动报警系统联动或设置推闩式外开门。

（10）博物馆建筑四周不应违章搭建建筑，不应占用防火间距、消防车道、消防车登高操作场地，禁止在消防车道、消防车登高操作场地设置停车泊位、构筑物、固定隔离桩等障碍物，禁止在消防车道上方、登高操作面设置妨碍消防车作业的架空管线、广告牌、装饰物、树木等障碍物。

（11）博物馆的户外广告牌、外立面装饰不应采用易燃可燃材料制作，不应妨碍人员逃生、排烟和灭火救援，不应改变或破坏建筑立面防火构造。

（12）博物馆外墙上的灭火救援窗、灭火救援破拆口不应被遮挡，室内外的相应位置应有明显的标识。

（13）室外消火栓不应被埋压、圈占，室外消火栓、消防水泵接合器两侧沿道路方向各 3m 范围内不应有影响其正常使用的障碍物或停放机动车辆。

#### 5.4.6 施工现场管理

博物馆应建立施工现场管理制度，明确施工现场消防安全的责任主体，加强日常培训交底、消防安全检查，对施工现场总平面布局、临建设施、安全疏散、临时消防设施、作业防火等施工现场消防安全管理进行总体规划、统一管理，确保施工现场消防安全管理应符合 GB 50720 的规定。

对于使用难燃外墙保温材料且采用与基层墙体、装饰层之间有空腔的建筑外墙外保温系统的博物馆建筑，禁止在其外墙动火用电。博物馆建筑在进行外保温系统施工时，应采取禁止或者限制使用该建筑的有效措施。禁止使用易燃、可燃材料作为博物馆建筑外墙保温材料。禁止在其建筑内及周边禁放区域燃放烟花爆竹；禁止在博物馆外墙周围堆放可燃物。

#### 5.4.7 布、撤展管理

博物馆应建立布、撤展管理制度，规范搭建位置、展台设计、搭建材料、作业人员、消防措施、施工现场等方面的活动，适时通过组织相关方进行技术交底、案例教育、岗前安全培训和日常巡检、检查等方式加强布、撤展管理，并应符合附录 E "博物馆布、撤展消防安全要求"的规定。

#### 5.4.8 大型活动管理

博物馆应建立大型活动管理制度，按规定向有关部门申请安全许可。博物馆应组建保障工作领导小组，按照政府相关部门的统一部署，加强思想教育和能力培训，结合大型活动实际情况制定严密的消防安全工作方案和有针对性的应急预案，提前通过桌面或实战演练暴露短板，有针对性地改进，并应符合附录 H "博物馆大型活动消防管理要求"的规定。

**5.4.9 安全用电管理**

博物馆应建立安全用电管理制度，并根据馆舍内各部位的实际用电情况制定有针对性的安全用电管理方案。方案的制定应建立在系统、全面的电气火灾隐患排查的基础上。木结构、砖木结构博物馆应按照文物督发〔2017〕3号文件的规定组织对文物建筑进行电气火灾隐患排查，其他博物馆应符合附录F"博物馆电气火灾隐患排查要求"，博物馆应按规定维护防雷、避雷设施与接地系统，并每年委托专业机构检测一次。

博物馆针对排查结果制定的安全用电管理方案应包括对配电装置、低压配电线路、用电设备、接地和等电位联结、照明装置的日常使用、巡查、检查、隐患整改等内容，并应符合本文件5.5风险管控及隐患排查治理的要求。

博物馆应针对在电气火灾隐患排查中发现的电缆、导线或接线端子超过允许温升值的隐患（在低负载率时应按满载折算后的温升值判断，方法见附录F"博物馆电气火灾隐患排查要求"），制订专门的整改及防控措施，不能立即整改合格的，博物馆宜在相应回路加装负载电流互感器、温度传感器和有线或无线信号传输装置，进行实时在线监控。

博物馆应实行配电室24小时电工值班制度。设置电气火灾监控系统的博物馆应在电工值班室增设同步报警监测装置，发现问题应及时处理，严格交接班制度，做好值班记录。

博物馆应针对不同部位的用电情况，按附录C"博物馆消防安全教育培训要求"定期组织各部门、科室开展电气防火培训，确保全部从业人员都能掌握本岗位应知应会的电气火灾隐患识别和处理方法或反馈流程。

博物馆应组织相关归口管理部门逐个核准每一房间的最大用电量及准用电器，并公示、建档、巡查。博物馆从业人员在发现破损、焦糊、异响的插座、开关等电气异常情况都有及时反馈的责任。

博物馆内展厅、藏品库区、资料室和可燃物较多的办公室等房间在无人值守时应断电，如因特殊情况需要通电的，应由相关部门批准并加强监测。

配电室、各类竖井、桥架、管道等穿墙或穿楼板的防火封堵应完好严密，并符合GB/T 51410的要求，博物馆应每年组织检查，及时修补或更换缺损、失效的防火封堵材料。

**5.4.10 易燃易爆危险物品管理**

博物馆消防安全责任人应对易燃易爆危险物品的管理负总责，并依据国务院《化学危险物品安全管理条例》、公安部《易燃易爆化学物品消防安全监督管理办法》的要求组织制定严格的易燃易爆危险物品管理制度，坚持宣传贯彻到人、全员参与，确保严格落实执行。

博物馆严禁展出易燃易爆危险物品，确实需要展出时，可用非燃烧物品、非危险物品或模型代替。

博物馆内严禁储存易燃易爆物品。各种油漆、稀释剂等易燃危险物品，施工现场必须使用时，应符合附录G"博物馆易燃易爆危险物品管理要求"的相关规定。

严禁参观人员携带易燃易爆危险物品进入展区。

严禁使用和存放瓶装液化石油气。

机械展品如内燃机车、汽车、拖拉机及各类汽油、柴油发动机等均应在室外展出，油箱内的燃油不应超过一天操作及发动时的用量。若在室内展出，不应操作、维修，油箱内不应存油，蓄电池也应拆除。

博物馆内不应使用易燃易爆危险物品，因科研等实际情况必须使用时，应符合附录G"博物馆易燃易爆危险物品管理要求"的相关规定，使用场所应尽可能设置在博物馆以外，并应符合GB 50016的相关规定。

**5.4.11 专（兼）职消防队与微型消防站管理**

专（兼）职消防队与微型消防站的建设与管理，应以"救早、灭小"和"3分钟到场"为目标，遵循利于执勤备防、安全实用的原则。

专职消防队的建设应结合实际情况，参照相关标准在当地应急救援机构的指导下进行，专职消防队员可由本单位在编工作人员或者合同制人员担任，并应通过有关部门组织的专业培训，符合国家规定的条件。博物馆专职消防队建成后应及时报当地消防救援机构验收，并优先接受应急部门的调度。

博物馆应明确专（兼）职消防队与微型消防站全体队员的岗位职责。制定并落实岗位技能培训和专项训练计划、岗位资格与队伍管理、灭火救援、防火巡查、消防宣传、考核评价等管理制度，提高扑救初起火灾的能力。

博物馆兼职消防队与微型消防站的建设应符合附录Ⅰ"博物馆志愿消防队与微型消防站建设要求"的有关规定。

**5.4.12 相关方管理**

博物馆应建立主办方、服务方、参展方等相关方的消防安全管理制度与合格相关方名录、档案，并将相关方的消防安全纳入博物馆内部管理。

博物馆应通过协作关系促进相关方达到博物馆消防安全管理标准化要求。

博物馆应在当地政府相关部门协调下，确保在博物馆建设控制地带内的周边企事业单位、住宅小区和公众活动场地严禁燃放烟花爆竹、孔明灯等行为，并公示。

**5.4.13 警示标志管理**

博物馆应按照有关规定和场所的火灾风险特点，在有较大危险因素的部位，设置明显的、符合有关规定要求的消防安全警示标志。在有重大隐患的部位，标明治理责任、期限及应急措施。

博物馆应按GB 2894、GB 13495.1定期对警示标志进行检查维护，确保其完好有效。

博物馆应在公共部位的醒目位置设置警示标志，公布举报电话，提示公众对博物馆存在的下列违法行为有投诉、举报的义务：

（1）开放期间锁闭疏散门；
（2）封堵或占用疏散通道或消防车道；
（3）开放期间违规进行电焊、气焊等动火作业或施工；
（4）开放期间违规进行建筑外墙保温工程施工；
（5）疏散指示标志错误或不清晰；
（6）消防车道、消防车登高操作场地、消防车取水口、消防水泵接合器、室外消火栓等消防设施被遮挡或障碍；

（7）其他重大消防安全违法行为。

**5.4.14　其他现场管理**

博物馆内部使用的宣传条幅、广告牌等临时性装饰材料应采用不燃或难燃材料制作。

电动自行车集中存放、充电场所应独立设置在室外，并与其他建筑、安全出口保持足够的安全距离，确需设置在室内时，应满足防火分隔、安全疏散等消防安全要求，并应加强巡查巡防或采取安排专人值守、加装自动断电、视频监控等措施。

设有建筑外墙外保温系统的博物馆，应在主入口及周边相关醒目位置，设置提示性和警示性标志，标示外墙保温材料的燃烧性能、防火要求。建筑外墙外保温系统不燃保护层出现破损、开裂或脱落等情况的，应及时修复。

**5.5　风险管控及隐患排查治理**

**5.5.1　风险、隐患的辨识与评估**

博物馆应建立火灾和消防相关风险、隐患的辨识与评估管理制度。明确消防归口主管部门和各职能部门的管理职责，组织本单位全体从业人员对火灾和消防相关风险、隐患进行全面、系统的辨识与评估。规定辨识与评估的范围、时限、频次、准则和工作程序等。

博物馆应选择合适的火灾和消防相关风险、隐患评估方法，定期评估所辨识的火灾和消防相关风险源和隐患。在评估时，至少应从展品文物受损、人员伤害、不良公众及社会影响和财产损失等方面的可能性和严重程度进行分析。

火灾和消防相关风险、隐患的辨识范围应覆盖博物馆的所有部门、科室、岗位的全部活动、全部区域及所涉及的消防相关设施，并针对各自现场的实际情况，考虑正常、异常和紧急三种状态及过去、现在和将来三种时态。

辨识与评估范围应涉及参展方、服务方、供应商等相关方在馆舍内的活动。

博物馆应对相关资料进行统计、分析和分类整理，形成针对具体岗位的风险和隐患清单，发放到各部门、各岗位人员，并适时开展相应的宣传贯彻与培训。

**5.5.2　隐患排查**

博物馆应通过培训和提供及时的、有针对性的辅导与协助，使各部门、科、室人员明确各自岗位职责范围内，火灾和消防相关隐患的排查责任和判断准则，并落实到人。

博物馆开放期间，应至少每2h对开放区域进行一次防火巡查，对重点部位应加强夜间巡查。

消防安全归口部门应在管理和技术两个方面对博物馆风险管控和隐患排查制度的落实情况进行巡查和检查，落实巡查、检查责任人。防火巡查和检查应如实填写纸质或电子化记录，巡查、检查和复查人员应在记录上签署并可追溯。

博物馆应至少每月进行一次防火检查，此外可结合自身特点和管理的需要，采用综合检查、专业检查、季节性检查、节假日检查、日常突击检查等不同方式进行风险及隐患排查。应及时记录排查结果，并对可能存在的重大消防隐患做出认定，建立信息档案。重大火灾隐患的判定方法应符合 GB 35181 的规定。

博物馆消防管理人每季度应对单位消防安全管理制度的落实情况，部门负责人和从业人员的防火意识、消防知识和技能的掌握情况、日常消防巡查情况进行一次检查。博物馆应将监管部门等相关方排查出的隐患统一纳入本单位隐患管理。

博物馆消防归口职能部门每季度应至少组织一次防火检查，重点检查以下内容：

（1）疏散通道、安全出口和消防车通道（消防道路）应畅通，防火间距不应被占用。

（2）消防设施、设备和器材完好有效情况。

（3）消防水源应符合规范要求。

（4）不应有违章用火、用电、用油、用气情况。

（5）电气产品的安装、使用及其线路、管线的敷设应符合消防技术标准和管理规定。

（6）重点部位的消防安全措施情况。

（7）火灾隐患整改和防范措施落实情况。

（8）其他消防安全管理情况。

（9）博物馆应定期组织开展消防联合检查，每季度应至少进行一次建筑消防设施单项检查，每半年应至少进行一次建筑消防设施联动检查。

#### 5.5.3 治理方案和控制措施

博物馆应根据风险评估、隐患排查的结果，制定防控治理方案，选择适合的工程技术措施、管理控制措施、文物展品防护措施、个体防护措施等，对火灾和消防相关风险、隐患进行管控与治理。

博物馆应按照责任分工立即或限期组织整改一般隐患。主要负责人应组织制定并实施重大隐患治理方案。治理方案至少应包括目标和任务、监督与执行的机构和责任人、方法和措施、经费和物资、时限、验收标准与应急预案等方面的要求。

博物馆应针对各岗位消防风险评估结果和所应采取的防控、整改措施或反馈流程告知相关人员，并开展有针对性的线上和线下培训与实操训练。对其中典型的风险和隐患应通过制作电子化或纸质简明提示卡等方式，使从业人员熟练掌握岗位工作环境中存在的常见火灾和消防相关风险及应对措施。

博物馆在管控治理过程中，应采取相应的监控防范措施。隐患排除前或排除过程中可能危及文物、展品安全的，应移至安全区域或采取保护措施，可能危及人员的，设置警戒标志，暂时停止使用该区域。

#### 5.5.4 管控与治理

##### 5.5.4.1 风险的差异化管理

博物馆应根据风险评估结果，结合文物、展品和各区域、部位的日常管理实际情况，确定相应的火灾和消防相关风险等级，实行分级分类、差异化动态管理，制定并落实相应的火灾和消防相关风险防控措施。

博物馆在正常状态下，应将重点部位作为日常高风险管控范围，将施工现场，布、撤展现场和涉及特殊作业的场所纳入动态重点管控范围，并根据实际情况及时按相关程序调整和公示，提高巡查、检查、整改与维保等消防工作的精准管理。

博物馆在应急状态下，应按附录J"博物馆应急管理要求"中表J.1的要求分级与处置，确保应急资源的高效利用。

**5.5.4.2 消防隐患治理**

博物馆对存在的消防隐患，应及时消除。消防安全责任人应为隐患的整改提供组织、场地和资源等保障。博物馆应按附录 A "博物馆各级人员消防安全职责"的要求，落实消防隐患的整改职责，并及时将重要的过程和结果逐级上报至消防安全责任人。

**5.5.4.3 隐患的分类管理**

（1）可立即改正的隐患。发现下列隐患可以立即改正的，应责成有关人员立即改正，并做好记录：

①违章使用、存放、携带易燃易爆危险物品的。

②违章使用具有火灾危险性的电热器具、高热灯具等具有较大火灾危险性的用电器具的。

③违反规定吸烟、乱扔烟头、使用打火机的。

④违章动用明火、进行电（气）焊的。

⑤安全出口、疏散通道上锁、遮挡、占用，影响疏散的。

⑥消防设施、灭火器材被遮挡或挪作他用的。

⑦防火门关闭不严、卷帘门下置物的。

⑧消防设施管理、值班人员或防火巡查人员脱岗的。

⑨违章关闭消防设施、切断消防电源的。

⑩在文物周边进行消防作业未采取可靠防护措施的。

⑪消防作业可能造成跑冒滴漏、误响误喷等不良影响，未采取有效防范措施的。

其他可以应立即改正的行为。

（2）无法立即整改的，可能严重威胁博物馆消防目标的火灾或消防相关隐患，应视为重大消防隐患。发现后应立即采取停止使用危险部位或停止危险行为等，并采取防控措施、制定整改方案：

①疏散通道、安全出口数量不足或者已不具备安全疏散条件的。

②博物馆消防系统严重损坏或不能立即恢复防火灭火功能的。

③开放区域违反本示范文件，使用、储存易燃易爆危险物品的。

④违反 GB 50222 的规定，采用易燃、可燃材料装修装饰，可能导致重大人员伤亡的。

⑤重点部位、特殊作业行为消防管理缺失，没有等效措施替代的。

⑥消防相关风险可能导致文物展品受损或不良社会影响，无法立即消除的。

⑦其他可能严重威胁博物馆消防目标的消防隐患。

（3）可限期改正的火灾隐患。对不能立即改正的火灾隐患，应制定整改方案，明确整改目标、责任人、整改措施、期限、资源和验收标准，并向上级政府监管部门报告。

（4）对于涉及城市规划布局而不能自身解决的和博物馆确无能力解决的重大消防隐患，博物馆应提出解决方案并及时向上级主管单位或者当地人民政府报告。

**5.5.5 验收与评估**

隐患整改完毕，博物馆应按照有关规定对整改情况进行评估、验收。重大隐患整改完成后，博物馆应组织本单位的安全管理人员和有关技术人员进行验收或委托依法设立的为消防安全提供技术、管理服务的机构进行评估。

#### 5.5.6 隐患预防

一般消防隐患治理完成后，相关部门或者人员应根据隐患的原因，制定相应的预防措施，消防归口部门应定期汇总提交消防安全管理人，根据实际情况组织培训并修订相关管理制度和工作规程等文件，建立并完善同类隐患防治的长效机制。

重大消防隐患治理完成后，各级人员应遵循"视隐患如事故"的原则，将重大隐患纳入博物馆的事故管理，形成调查报告，提交消防安全管理人和责任人，并及时组织修订博物馆消防安全管理标准化体系文件，建立并完善类似隐患防治的内生机制。

#### 5.5.7 变更管理

博物馆应制定消防安全动态管理制度。在博物馆制度、流程或工作规程等发生变更后，博物馆应及时组织涉及变更的部门重新进行火灾和消防相关风险隐患的辨识与评估，分析并制定防控措施，涉及消防安全管理标准化体系文件变更的应履行审批及修订程序，并告知和培训相关从业人员。

#### 5.5.8 信息记录、通报和报送

博物馆应及时记录隐患排查治理情况，至少每月进行一次统计分析，适时向从业人员通报隐患排查治理情况。

博物馆应建立隐患自查、自改、自报信息系统，各级管理人员宜通过信息系统对隐患排查的报告、挂账、治理、验收和销账等过程进行电子化管理和统计分析，并按照文物部门和安全监管等主管部门的要求，定期报送隐患排查治理与消防安全标准化建设的情况。

#### 5.5.9 预测预警

博物馆应运用定量或定性的数据分析技术，通过对组织和从业人员在消防安全教育培训与岗位技能、火灾和消防相关风险管控及隐患排查治理、现场管理、应急演练、事故管理等消防安全管理标准化体系要素运行实效的评估情况，建立体现博物馆消防安全状况及发展趋势的预测预警体系。

### 5.6 应急管理

博物馆应建立应急管理制度，坚持火灾风险与消防相关风险并重的应急管理方针，坚持以人为本、保护文物、依法依规、注重实效的应急管理原则。明确组织管理职责、规范应急工作流程、细化综合保障措施、落实岗位处置标准。

博物馆的应急管理应包含应急准备、应急处置和应急评估三个阶段的内容，根据设定灾情的严重程度与涉及文物、公众或场所的危险性，实行分级分类管理，并应符合本附录J"博物馆应急管理要求"的有关规定。

### 5.7 事故管理

#### 5.7.1 报告

博物馆应建立事故报告制度，明确事故内外部报告的责任人、时限、程序和内容等，并教育和指导从业人员严格按照有关规定，报告发生的消防安全事故。

博物馆应妥善保护事故现场以及相关证据。

事故报告后出现新情况的，应及时补报。

#### 5.7.2 调查和处理

博物馆应遵循"四不放过"和"科学严谨、依法依规、实事求是、注重实效"的事

故调查和处理原则，将事故作为宝贵的安全资源，建立事故管理制度。事故调查和处理应包含涉及博物馆方和主办方、参展方、服务方等相关方在博物馆内发现的重大消防隐患和发生的火灾事故、消防相关事故，并应建立分类事故档案和管理台账。

博物馆发生事故后，应及时成立事故调查组，明确职责与权限，开展事故调查。事故调查应查明事故发生的时间、经过、原因、波及范围、人员伤亡、文物受损情况和造成社会影响及直接经济损失等。

事故调查组应根据有关证据、资料，分析事故的直接原因、间接原因、根本原因和认定事故责任，总结教训、提出整改措施和处理建议，编制事故调查报告等。

博物馆应通过开展事故案例警示教育活动，将整改和防范措施落实到相关人员，并按照5.8持续改进的要求，适时修订博物馆消防安全管理标准化体系文件，从根本上防止类似事故再次发生。

博物馆应根据事故等级，积极配合有关人民政府开展事故调查。

### 5.8 持续改进

#### 5.8.1 绩效评定

博物馆应建立消防安全管理标准化体系各要素运行绩效的动态评价和定期自评制度，积极运用物联网、区块链、大数据平台等信息化技术手段，统计分析、动态评价，及时掌握消防安全管理目标、指标的完成情况和博物馆的消防安全软、硬件短板，为验证各项消防安全规章制度文件的适宜性、充分性和有效性提供依据。

博物馆应至少每年对安全生产标准化管理体系的运行情况进行一次集中自评，博物馆主要负责人应全面负责并组织自评工作，自评结果应通报本单位相关部门和从业人员。自评结果应形成正式文件，并与动态评价结果共同作为博物馆各部门年度消防安全绩效考评的重要依据。

博物馆应落实消防安全报告制度，按照相关规定向主管部门定期报告博物馆消防安全情况和向社会公示。

#### 5.8.2 持续改进

博物馆应根据消防安全管理标准化体系各要素运行绩效的动态评价和集中自评的结果与预测预警系统所反映的趋势，客观分析形成短板的根本原因和持续改进的根本动力，及时依据相关程序，修订完善博物馆的相关规章制度文件，提升消防安全绩效。

博物馆应通过常态化地开展安全承诺、行为规范与程序、安全行为激励、安全信息传播与沟通、自主学习与改进、全员安全事务参与等安全文化建设实践，推动博物馆实现消防安全治理体系的自我约束与自我纠偏，建立并强化从根本上消除博物馆消防安全事故隐患的内生机制。

# 附录A （规范性）博物馆各级人员消防安全职责

**A.1 一般要求**

博物馆和主办方、参展方、服务方等相关方都应遵守消防法律、法规、规章（以下简称消防法规），贯彻"预防为主、防消结合"的消防工作方针，履行各自的消防安全职责，保障博物馆的消防安全。

**A.2 各级人员职责**

**A.2.1 博物馆消防安全责任人**

博物馆的主要负责人是消防安全责任人，对本单位的消防安全工作全面负责。消防安全责任人须经消防安全培训，熟悉消防法规，并履行以下职责：

（1）致力于营造博物馆安全文化氛围和消防安全管理标准化体系的建设。

（2）贯彻执行消防法规，掌握本单位的消防安全情况，建立健全消防安全管理组织体系，确定逐级消防安全责任。

（3）组织制定博物馆隐患排查治理制度，批准实施和修订本单位的各项消防安全管理制度规程等文件，并主持消防工作的检查与考核。

（4）统筹安排消防工作与本单位的日常管理活动，批准实施年度消防安全工作计划。

（5）批准实施消防安全工作预算方案，为本单位的消防安全提供必要的经费。

（6）组织消防检查，督促落实重大隐患的整改，及时处理涉及重大隐患的相关问题，建立并完善隐患预防和治理的内生机制。

（7）依法建立专（兼）职消防队或志愿消防队和微型消防站，并配备相应的消防设施和器材。

（8）组织制定符合博物馆实际的灭火和应急总预案，并组织监督总预案准备、实施与评估的实效。

（9）建立消防安全工作例会制度，定期召开消防安全工作例会，研究、部署、落实本单位重要的消防安全工作计划、方案与措施，处理包括大型活动，重要布、撤展，重要现场的管理，消防经费投入和改进消防安全管理标准化制度在内的涉及消防安全的重大问题。

**A.2.2 博物馆消防安全管理人**

消防安全管理人负责组织实施本单位的消防安全管理工作，对消防安全责任人负责。消防安全管理人须经消防安全培训，熟悉消防法律法规，具备与其职责相适应的消防安全知识和管理能力，掌握本单位消防安全工作情况，并应履行下列职责：

（1）致力于博物馆消防安全管理标准化体系的建设和营造安全文化氛围。

（2）拟订年度消防安全工作计划，主持日常消防安全管理工作，及时向消防安全责任人报告博物馆的消防安全状况和涉及消防安全的重大问题。

（3）拟订和适时修订消防安全制度和保障消防安全的各项工作规程文件，检查并督促落实。

（4）拟订消防安全工作的资金投入和组织保障方案。

(5) 组织消防检查，督促落实隐患治理，及时组织处理涉及消防安全的问题，建立并完善隐患预防和治理的长效机制。

(6) 批准对博物馆消防相关设施、器材的巡查、检查、维修保养和全面排查等工作计划，确保其完好有效并处于应急准备状态。

(7) 管理专职消防队或志愿消防队，组织开展日常业务训练和初起火灾扑救。

(8) 组织全员开展多种形式的消防知识与案例分析、实操技能、消防安全管理标准化的宣传教育和培训，增强安全意识、提升消防能力。

(9) 按本示范文件的要求组织博物馆灭火和应急总预案的准备、实施与评估，对分预案和专项预案的重要过程进行监督，并与辖区消防救援机构和周边联防单位建立协作、联动机制。

(10) 确定博物馆消防安全重点部位，组织落实对博物馆消防安全有重大影响的重点部位、特殊作业、大型活动、布撤展、施工现场和易燃易爆危险物品等区域或过程进行严格管理。

(11) 与大型活动主办方建立消防工作协调与沟通机制。大型活动，重要布、撤展前，协调主办方召开消防安全工作会议，建立沟通机制，研究、解决涉及消防安全的重要问题。

(12) 监督检查消防档案的完善工作，定期总结消防安全工作，按博物馆相关规章制度实施考核与奖惩等。

(13) 完成消防安全责任人委托的其他消防安全管理工作。

**A.2.3 博物馆消防安全归口部门负责人**

博物馆消防安全归口部门负责人应参加消防安全培训，熟悉相关消防法规标准，经考核合格，具备与其职责相适应的消防安全知识、技能和管理能力，在消防安全责任人或者消防安全管理人的领导下开展工作，并履行下列职责：

(1) 全面掌握博物馆消防安全情况和博物馆消防相关设施的状况，监督博物馆自动报警、人报警和其他渠道所反映消防信息的及时处置情况。

(2) 对博物馆消防安全有重大影响的重点部位，特殊作业，大型活动，布、撤展，施工现场和易燃易爆危险物品等区域或过程拟订提出针对实际情况的管理方案和技术措施，并适时调整完善。

(3) 拟订消防相关设施、器材、标识的巡查、检查、检测和维修保养等消防工作的全年计划。组织实施消防安全日常管理、消防控制室值班，记录有关消防工作开展情况，完善消防档案等。

(4) 组织博物馆日常防火巡查、检查工作，确保疏散通道、安全出口、消防车道畅通，消防设施、器材等完好有效并处于应急准备状态。

(5) 依据附录C"博物馆消防安全教育培训要求"拟订消防安全教育培训工作计划，协助博物馆各职能部门针对各岗位实际情况，开展风险识别、隐患排查、消防知识与案例分析、实操与训练、消防意识教育与标准化管理等教育培训活动。

(6) 协助博物馆各部门落实岗位的日常风险识别和隐患排查工作，协调有关部门及时整改隐患。组织处理并反馈涉及博物馆消防安全的各类问题，拟订完善博物馆隐患预防和治理体系的方案。

（7）在布、撤展，大型活动和现场施工前，参加相关方召开的消防安全工作会议，向相关方告知场馆消防设施安全状况和博物馆消防安全要求，保持与相关方的工作协调。

（8）在布、撤展，大型活动期间和施工现场，划定巡查人员责任区，检查巡查人员在岗在位情况，汇总所发现的违章违规和消防隐患，及时向上级汇报并与相关方沟通，督促相关方制定消防隐患整改措施，确保及时消除隐患。

（9）组织本单位灭火及应急分预案和专项预案的准备、实施与评估，保持与周围联防单位的协作、联动机制。

（10）定期分析、整理和汇报消防安全管理体系各要素实施的绩效，为评审和改进消防安全管理体系提供依据。

（11）消防安全管理人委托的其他工作。

A.2.4 博物馆各职能部门负责人

博物馆各职能部门负责人是所在部门的消防安全责任人，应参加博物馆组织的消防安全培训，了解博物馆相关规章制度文件的要求，具备与其职责相适应的消防安全知识和管理能力，对本部门责任范围内的消防安全工作负责，并应履行下列职责：

（1）掌握本部门责任区域的消防安全情况，贯彻执行博物馆消防安全管理制度和保障消防安全的工作规程和文件，全面落实本部门责任区域内的消防安全责任。

（2）指定各基层科室安全员（网格员），明确其职责和权限等工作内容，建立与消防安全归口部门的沟通协调机制。

（3）组织本部门人员积极参加博物馆组织的消防风险与隐患辨识、教育培训、预案演练等消防安全事务，确保全员掌握本岗位的火灾危险性和防火、防灾措施，报警、扑救初起火灾，疏散逃生自救等知识与技能。

（4）组织从业人员落实相关消防安全工作规程，遵守安全用电、用火、用气和易燃易爆危险物品管理等规定。

（5）按博物馆要求，组织落实各岗位开展日常消防安全自查工作，发现火灾隐患及时组织整改或向上级主管和消防安全归口部门反馈。

（6）发生火灾或消防相关事故时，组织从业人员按职责分工实施应急预案。

（7）完成上级交办的其他消防安全工作，接受博物馆对本部门消防安全工作的检查和指导。

A.2.5 博物馆消防控制室值班人员

博物馆消防控制室值班人员应按相关规定取得消防设施操作员职业资格证书，通过博物馆组织的消防安全培训与考核，了解博物馆相关法规制度文件的要求，具备与其职责相适应的消防安全知识和技能，并履行下列职责：

（1）遵守博物馆消防控制室的各项管理制度，熟练掌握消防控制室各项管理规程与应急处置程序。

（2）及时确认火警信号，确认后应立即报火警，并实施相应级别的应急预案。

（3）熟练掌握火灾自动报警系统等消防设施的各项功能和操作规程，按照相关规定测试自动消防设施，对发现的隐患或故障，及时记录并通知相关部门排除，不能及时排除的应立即向上级报告。

（4）做好消防控制室的各类信息和值班情况记录。

(5) 消防控制室负责人应对消防控制室的各项管理工作负责，并应全面掌握博物馆火灾自动报警系统和各类消防相关设施的运行状况。

**A.2.6 博物馆防火巡查、检查人员职责**

防火巡查人员应参加消防安全培训，了解博物馆相关规章制度文件的要求，具备与其职责相适应的消防安全知识和技能，应并履行下列职责：

(1) 按照博物馆的管理规定进行防火巡查，并做好记录，发现问题应及时报告，并督促有关人员整改火灾隐患。

(2) 熟悉博物馆消防设施的各项巡查、检查要求和操作规程，按照相关管理制度和操作规程对消防设施进行巡查、检查和记录，确保博物馆消防设施、供电和控制阀门等正常有效并处于应急准备状态。

(3) 发现故障应及时排除，不能及时排除的应向上级报告。

(4) 劝阻和制止违反消防法规和消防安全管理制度的行为。

**A.2.7 基层安全员（网格员）**

基层安全员（网格员）应参加博物馆组织的消防安全培训，了解博物馆相关规章制度文件的要求，并履行下列消防安全职责：

(1) 熟悉本科室业务规程和组织结构，具有较高的安全意识，熟悉本科室各岗位火灾和消防相关风险、常见隐患及处置方法。

(2) 在责任科室范围内协助本部门负责人开展消防安全管理标准化工作。

(3) 保持与消防安全归口部门的沟通协调机制。

**A.2.8 博物馆从业人员消防安全职责**

全体从业人员应积极参加博物馆组织的消防安全培训，了解博物馆相关规章制度文件的要求，并履行下列消防安全职责：

(1) 遵守博物馆消防安全管理制度和工作规程；熟悉本岗位和责任区域涉及的消防相关设施、器材等的位置与基本使用方法，参加单位组织的各项应急预案的准备与演练。

(2) 主动接受单位和部门组织的消防安全教育培训，熟悉本岗位涉及的火灾和消防相关风险与隐患，会报火警、会扑救初起火灾、会自救和组织疏散逃生。

(3) 每日到岗后及下班前应检查本岗位工作场地的用电、用火、用气，涉及的易燃易爆危险物品和消防相关风险源等，发现隐患或异常时，应立即向消防安全归口管理部门报告，能自行排除的可在保证安全的前提下自行排除。

(4) 引导、提示公众遵守博物馆相关消防安全管理制度，严禁携带易燃易爆危险物品进馆，制止吸烟和随意触动消防设施等不利于消防安全的行为。

(5) 在突发事件第一现场的岗位工作人员是形成1min应急处置力量的第一人，发生突发事件后，应立即采取措施并响应相应级别的预案，包括但不限于按控制室要求确认本岗位区域的报警信息、扑救初起火灾、文物防护或消防相关事故应急处理工作、组织现场公众疏散与自救等。

**A.2.9 博物馆微型消防站人员职责**

(1) 站长

组织制定执勤、管理制度，掌握人员和装备情况，组织开展灭火救援业务训练、落实安全措施。

组织开展防火巡查、消防宣传教育。

组织员工熟悉博物馆周边的道路、水源和单位情况以及灭火救援预案，掌握常见火灾及其他灾害事故的种类、特点及处置对策，组织建立微型消防站资料档案。

督促微型消防站队员落实值班备勤制度。

组织指挥初起火灾扑救和应急救援。

（2）值班员

按照分级预案的要求报警和向上级领导、政府监管部门报告火灾情况，及时发出出动信号，并做好记录。

熟悉灭火应急处置程序，接到火情信息后启动预案。

熟练使用和维护通信装备，及时发现故障并报修。

掌握博物馆周边的道路、水源、单位情况，熟记通信用语和有关单位、部门的联系方法。

及时整理灭火与应急救援工作档案。

及时向站长报告工作中的重要情况。

（3）消防员

根据职责分工，完成初起火灾扑救和应急救援任务。

熟悉博物馆周边的道路、水源和基本情况。

保持个人防护装备和负责保养装备完整好用，掌握装备性能和操作使用方法。

负责防火巡查和消防宣传教育。

（4）驾驶员

熟悉博物馆周边的道路、水源、单位情况，熟悉灭火救援预案。

熟练掌握车辆构造及车载固定装备的技术性能和操作使用方法，能够及时排除一般故障。

负责车辆和车载固定灭火救援装备的维护保养，及时补充消防车辆的油、水、电、气和灭火剂。

# 附录 B （资料性）博物馆安全文化建设要求

**B.1 总体要求**

博物馆在安全文化建设过程中，应充分考虑自身内部的和外部的文化特征，引导从业人员的安全态度和安全行为，实现在法律和政府监管要求之上的安全自我约束，通过全员参与实现博物馆安全水平持提升。

**B.2 博物馆安全文化建设基本要素**

**B.2.1 安全承诺**

博物馆应建立包括安全价值观、愿景、使命和目标等在内的安全承诺。安全承诺应包括以下几项：

（1）契合博物馆特点和实际，反映共同安全旨向。
（2）明确安全问题在组织内部拥有最高优先权。
（3）声明所有与博物馆安全有关的重要活动都追求卓越。
（4）含义清晰明了，并被从业人员和相关方所知晓和理解。

博物馆的管理者应对安全承诺作出有形的表率，应让各级管理者和职员切身感受到管理者对安全承诺的实践，领导者应具有以下能力：

（1）提供安全工作的领导力，坚持保守决策，以有形的方式表达对安全的关注。
（2）在安全上真正投入时间和资源。
（3）制定安全发展的战略规划，以推动安全承诺的实施。
（4）接受培训，在与博物馆相关的安全事务上具有必要的能力。
（5）授权组织的各级管理者和从业人员参与安全工作，积极质疑安全问题。
（6）安排对安全实践或实施过程的定期审查。
（7）与相关方进行沟通和合作。

博物馆的各级管理者应对安全承诺的实施起到示范和推进作用，形成严谨的制度化工作方法，营造有益于安全的工作氛围，培育重视安全的工作态度，各级管理者应具有以下能力：

（1）清晰界定安全员岗位安全责任。
（2）确保所有与安全相关的活动均采用了安全的工作方法。
（3）确保从业人员充分理解并胜任所承担的工作。
（4）鼓励和肯定在安全方面的良好态度，注重从差错中学习和获益。
（5）在追求卓越的安全绩效、质疑安全问题方面以身作则。
（6）接受培训，在推进和辅导人员改进安全绩效上具有必要的能力。
（7）保持与相关方的交流合作，促进组织部门之间的沟通与协作。

博物馆的从业人员应充分理解和接受博物馆的安全承诺，并结合岗位工作任务实践以下承诺：

（1）在本职工作上始终采取安全的方法。
（2）对任何与安全相关的工作保持质疑的态度。
（3）对任何安全异常和事件保持警觉并主动报告。

（4）接受培训，在岗位工作中具有改进安全绩效的能力。

（5）与管理者和从业人员进行必要的沟通。

博物馆应将自己的安全承诺传达到相关方。必要时应要求主办方、参展方、服务方等相关方提供相应的安全承诺。

**B.2.2 行为规范与程序**

博物馆内部的行为规范是博物馆安全承诺的具体体现和安全文化建设的基础要求。博物馆应确保拥有能够达到和维持安全绩效的管理系统，建立清晰界定的组织结构和安全职责体系，有效控制从业人员的行为。具体应包括以下几项：

（1）体现博物馆的安全承诺。

（2）明确各级各岗位人员在安全工作中的职责与权限。

（3）细化有关安全的各项规章制度和工作程序。

（4）行为规范的执行者参与规范系统的建立，熟知自己在组织中的安全角色和责任。

（5）由正式文件予以发布。

（6）引导从业人员理解和接受建立行为规范的必要性，知晓由于不遵守规范所引发的潜在不利后果。

（7）通过各级管理者或被授权者观测不利于安全的行为，实施有效监控和缺陷纠正。

（8）广泛听取意见，建立持续改进机制。

程序是行为规范的重要组成部分。博物馆应建立必要的程序，以实现对与安全相关的所有活动进行有效控制，控制的绩效至少应包括火灾和消防相关灾害方面的以下几项内容：

（1）识别并说明主要的风险，简单易懂，便于实际操作。

（2）程序的使用者（必要时包括相关方）参与程序的制定和改进过程，并应清楚理解不遵守程序可导致的潜在不利后果。

（3）由正式文件予以发布。

（4）通过强化培训，向从业人员阐明在程序中给出特殊要求的原因。

（5）对程序的有效执行保持警觉，即使在缺乏资源或时间等压力很大时也不能容忍走捷径和违反程序。

（6）鼓励从业人员对程序的执行保持质疑的安全态度，必要时采取更加保守的行动并寻求帮助。

**B.2.3 安全行为激励**

博物馆在审查和评估自身安全绩效时，除使用事故发生率等消极指标外，还应使用直接认可安全绩效的积极指标。

在任何时间和地点，对各级人员识别的安全缺陷，博物馆应及时处理和反馈，并应受到鼓励。

博物馆宜建立全员安全绩效评估系统，应建立安全绩效与工作业绩相结合的奖励制度。审慎对待个人的差错，应避免过多关注错误本身，而应以吸取经验教训为目的。应仔细权衡惩罚措施，避免因处罚而导致职员隐瞒错误。

博物馆宜在组织内部树立安全榜样或典范，发挥安全行为和安全态度的示范作用。

**B.2.4 安全信息传播与沟通**

博物馆应建立安全信息传播系统，综合利用各种传播途径和方式，提高传播效果。

博物馆应优化安全信息的传播内容，将组织内部有关安全的经验、实践和概念作为传播内容的组成部分。

博物馆应建立良好的安全事项沟通程序，确保博物馆与政府监管机构和相关方、各级管理者与从业人员、从业人员相互之间的沟通。主要包括以下几项：

（1）确认有关安全事项的信息已经发送，并被接受方所接收和理解。

（2）涉及安全事件的沟通信息应真实、开放。

（3）每个从业人员都应认识到沟通对安全的重要性，从他人处获取信息和向他人传递信息。

**B.2.5 自主学习与改进**

博物馆应建立有效的安全学习模式，实现动态发展的学习过程，保证绩效的持续改进。

博物馆应建立正式的岗位适任资格评估和培训系统，确保从业人员充分胜任所承担的工作主要有以下几项：

（1）制定人员聘任和选拔程序，保证每个从业人员具有岗位适任要求的初始条件。

（2）安排必要的培训及定期复训，评估培训效果。

（3）培训内容除有关安全知识和技能外，还应包括对严格遵守安全规范的理解，以及个人安全职责的重要意义和因理解偏差或缺乏严谨而产生失误的后果。

（4）除借助外部培训机构外，应选拔、训练和聘任内部培训教师，使其成为博物馆安全文化建设过程的知识和信息传播者。

博物馆应在与安全相关的任何事件，特别是人员失误或组织错误事件中，汲取经验教训与信息资源，并改进行为规范和程序，获得新的知识和能力。

应鼓励全员关注安全，进行团队协作，利用既有知识和能力，辨识和分析改进的机会，对改进措施提出建议，并在可控条件下授权人员自主改进。

经验教训、改进机会和改进过程的信息宜编写到博物馆内部培训课程或宣传教育活动的内容中，以促进广泛认知。

**B.2.6 安全事务参与**

从业人员都应认识到自己对自身和同事的安全负有主要责任，个人对安全事务的参与是落实这种责任的最佳途径。

博物馆应建立让相关方参与安全事务和改进过程的机制。主要有以下几项：

（1）建立在信任和免责备基础上的微小差错报告机制。

（2）成立安全改进小组，给予必要的授权、辅导和交流。

（3）定期召开有职工代表参加的安全会议，讨论安全绩效和改进行动。

（4）开展岗位风险预见性分析和不安全行为或不安全状态的自查自评活动，博物馆应根据自身的特点和需要确定职工参与的形式。

**B.2.7 审核与评估**

博物馆应定期对自身安全文化的建设情况进行全面审核包括以下几项：

(1) 领导者应定期组织各级管理者评审博物馆安全文化建设过程的有效性和安全绩效结果。

(2) 领导者应根据审核结果确定并落实整改不符合、不安全实践和安全缺陷的优先次序，并识别新的改进机会。

(3) 必要时，应鼓励相关方实施这些优先次序和改进机会，以确保其安全绩效与博物馆协调一致。

在安全文化建设过程中及审核时，应采用有效的安全文化评估方法，关注安全绩效下滑的前兆，并及时控制和改进。

**B.3 推进与保障**

**B.3.1 规划与计划**

博物馆应充分认识安全文化建设的阶段性、复杂性和持续改进性，由消防安全责任人组织制定推动博物馆安全文化建设的长期规划和阶段性计划。规划和计划应在实施过程中不断完善。

**B.3.2 保障条件**

博物馆应充分提供安全文化建设的保障条件，主要包括以下几项：

(1) 明确安全文化建设的领导职能，建立领导机制。

(2) 确定负责推动安全文化建设的组织机构与人员，落实其职能。

(3) 保证必需的建设资金投入。

(4) 配置适用的安全文化信息传播系统。

**B.3.3 推动骨干的选拔和培养**

博物馆宜在管理者和普通职工中选拔和培养一批能够有效推动安全文化发展的骨干。这些骨干扮演职工、团队和各级管理者指导老师的角色，承担辅导和鼓励从业人员向良好的安全态度和行为转变的职责。

# 附录 C （规范性）博物馆消防安全教育培训要求

博物馆消防安全教育培训的目标在于强化博物馆全体从业人员的消防安全习惯和意识，培养一批会消防管理、会操作消防设施器材、会检查整改火灾隐患、会扑救初起火灾和组织人员疏散逃生的消防安全"明白人"。

## C.1 基本要求

博物馆应每年以消防职能相似的部门或科室为单位，组织至少一次的消防安全集中教育培训，且应符合以下要求：

（1）博物馆消防安全责任人，不少于 4 课时。通过培训，熟悉博物馆消防安全相关的法律、法规和规章，熟悉博物馆各项消防安全管理制度；了解博物馆重点部位，重要施工现场，大型活动，大型布、撤展和重要消防相关设施可能存在的主要问题及其治理方案；熟悉博物馆消防力量建设、消防经费保障、检查考评等责任，了解本示范文件附录要求的消防安全基础知识与技能和博物馆消防安全管理标准化要求，提高消防工作的组织和管理能力。

（2）博物馆消防安全管理人，不少于 6 课时。通过培训，熟悉博物馆消防安全相关的法律、法规、规章和各项消防安全管理制度规程文件，熟悉博物馆消防安全保障体系，掌握博物馆重点部位，特殊作业区域，施工现场，大型活动，布、撤展和消防相关设施可能存在的重大隐患等问题及其控制措施与治理方案；熟悉本示范文件附录要求的消防安全基础知识与技能和博物馆消防安全管理标准化要求，提高消防工作的组织管理能力。

（3）博物馆消防安全归口部门负责人，不少于 16 课时，并通过考核。要求掌握博物馆消防安全相关法律、法规、规章、标准和各项消防安全管理制度规程文件；熟悉博物馆消防安全保障体系；掌握重点部位，特殊作业区域，施工现场，大型活动，布、撤展和消防相关设施可能存在消防安全隐患等问题及其管控措施；掌握本示范文件附录规定的知识与职业技能和博物馆消防安全管理标准化的要求，提高消防工作的组织执行能力。

（4）博物馆部门负责人，不少于 4 课时。要求熟悉与本部门各岗位相关的消防安全管理制度规程文件；掌握博物馆重点部位、特殊作业区域等可能存在的消防安全隐患及其管理方案；了解消防安全基础知识与技能和博物馆消防安全管理标准化相关要求，提高部门消防工作组织执行能力。

（5）博物馆消防控制室值班员，不少于 12 课时，并通过考核。要求掌握本岗位相关的消防安全工作职责与法律、法规、规章和标准；掌握与消防控制室岗位相关的博物馆各项管理制度规程文件和本单位的应急预案；熟练掌握博物馆自动消防设施的各项功能和平时在应急状态下的操作规程，并能根据本单位自动报警系统、人报警和其他渠道反映的消防信息快速、准确地通知现场工作人员和专（兼）职消防队；掌握本示范文件附录规定的知识与职业技能，熟悉岗位相关的博物馆消防安全管理标准化相关要求，提高博物馆消防设施的管理能力。

（6）博物馆专职消防队员、志愿消防队员、微型消防站队员，不少于 12 课时，并通过考核。要求熟悉本岗位相关的法律、法规、规章和标准；掌握与本岗位相关的博物馆各项管理制度规程文件和本单位的应急预案；掌握博物馆各部位特别是重点部位、特殊作业区域的火灾和消防相关风险的特点与状况；熟练掌握本示范文件附录中的消防安全基础知识与技能、应急预案和博物馆消防安全管理标准化相关要求，提高应急准备与应急处置能力。

（7）博物馆其他岗位从业人员，不少于2课时。要求熟悉本岗位相关各项消防安全管理制度规程文件；了解本示范文件附录中与岗位相关的消防安全基础知识与技能、博物馆消防安全管理标准化的相关要求，提高岗位火灾和消防相关风险识别、隐患排查和应急处置能力。

**C.2　消防安全基础知识与案例分析**

**C.2.1　案例分析**

通过典型火灾案例的分析，了解火灾或消防相关事故发生的主要原因、后果及博物馆各岗位应该吸取的教训。

**C.2.2　火灾和消防相关事故**

事故致因理论与行为安全模型。

消防安全习惯与意识的重要性分析。

火灾和消防相关事故的概念及分类。

博物馆常见火灾风险、隐患的辨识与防控。

博物馆常见消防相关风险、隐患的辨识与防控。

博物馆火灾蔓延的途径及常见控制方法。

博物馆火灾和消防相关风险分级内容。

电气火灾的成因、对博物馆的危害与防控措施。

**C.2.3　博物馆消防**

博物馆防火的特殊性与应用。

火灾报警的方法、内容和要求。

博物馆藏品库区、文物修复室、数据机房、展厅和施工现场等重点部位防火。

博物馆用火、动火、临电等特殊作业。

博物馆施工现场，布、撤展和大型活动等防火。

博物馆常见的自动报警设施，消防灭火设施、器材和消防相关设施的保障与应用。

博物馆消防车道、登高面、室外消防给水、接合器等火灾扑救条件的保障与应用。

博物馆建筑防火措施。

**C.2.4　自救与逃生**

博物馆安全疏散通道设置位置及疏散逃生的基本方法和要求。

博物馆常见的灭火器材、救生器材的使用方法。

博物馆安全出口、疏散指示标志、应急照明、防火门、防火卷帘、防排烟风口等常见疏散逃生相关设施的识别与使用。

**C.2.5　法规标准深入解读**

《中华人民共和国消防法》《消防安全责任制实施办法》（国办发〔2017〕87号）等法律法规。

《文物建筑消防安全管理十项规定》《国家文物局 应急管理部关于进一步加强文物消防安全工作的指导意见》（文物督发〔2019〕19号）等相关规章。

《全国安全生产专项整治三年行动计划》《全国文物火灾隐患整治和消防能力提升三年行动实施方案》等相关文件。

### C.3 消防安全技能训练

**C.3.1 博物馆消防一般岗位**

常见火灾和消防相关风险、隐患的辨识训练。

应急状态下的文物防护训练。

简单的消防设施、器材、自救装备等的操作训练。

火灾与消防相关事故应急处置训练。

火场疏散逃生和组织疏散的技能训练。

心肺复苏、创伤救护等初级急救技能训练。

桌面演练和专项预案、分预案、总预案的模拟演练。

**C.3.2 博物馆消防特殊岗位**

中控室值班员、专（兼）职消防队员、消防巡查检查岗位人员、消防设施归口部门人员、消防归口部门负责人、专（兼）职消防队负责人除进行消防一般岗位的技能训练外，还应具备下列能力，并通过理论与实际操作考核。

**C.3.2.1 设施巡检**

能查看火灾报警控制器的各种正常、故障、火警信息。

能判定消防水池、消防水箱的水位状态和室外消火栓、接合器等室外给水系统的有效状态。

能判断防火卷帘、防火门的工作状态。

能判断消防水泵吸水管、出水管和消防给水管道阀门的工作状态。

能判断集中（区域）火灾报警控制器、消防联动控制器、电气火灾监控器、消防广播、消防通信、可燃气体报警控制器和消防控制室图形显示装置等相互之间的通信状态、通信功能及其检查方法。

能核实报警信息，确定报警部位，处理火警、误报、故障报警、监管报警等信息。

能判断自动喷水灭火、气体灭火、消防炮等固定灭火系统的有效状态。

能判断防火阀、挡烟设施、防烟排烟系统的有效状态。

能判断火灾报警、电气火灾监控和可燃气体探测报警等预警系统的有效状态。

能判断消防设备现场配电装置和控制装置的手自动状态、消防应急电源、发电机、蓄电池的有效状态。

能判断防火门、卷帘门、防火窗、疏散通道、安全出口、消防间距、消防车道、扑救场地、登高面等的有效状态。

能判断疏散指示标志、应急照明灯具、警示标志等的有效状态。

能根据博物馆设计资料判断水灭火系统各处静水压力值的有效状态。

能判断防火封堵、布展材料阻燃标识、内外墙保温系统等的有效状态。

**C.3.2.2 设施操作**

能切换火灾报警控制器、消防联动控制器、现场气体灭火控制器、厨房灭火、自动跟踪定位射流灭火系统的手自动工作状态。

能通过火灾报警控制器、消防控制室图形显示装置查询历史信息。

能模拟测试并实际操作火灾报警控制器的火警、故障、监管报警、屏蔽等功能。

能使用火灾报警控制器设置联动控制系统的工作状态，设置和修改用户密码。

能按照防火分区、报警回路模拟测试火灾自动报警系统的报警和联动控制功能。

能使用火灾报警控制器、消防联动控制器核查火灾探测器等系统组件的编码和位置信息，核查联动控制逻辑命令。

能模拟测试感烟、感温等各种点型火灾探测器和手动火灾报警按钮的火警、故障报警功能。

能模拟测试吸气式火灾探测器、火焰探测器和图像型火灾探测器等各种特殊火灾探测器的火警、故障报警功能。

能进行火灾探测器的编码操作，调整各种火灾探测器、手动火灾报警按钮和模块的设置。

能通过消防联动控制器手动启动警报装置、送风口、排烟阀，释放防火卷帘、关闭常开型防火门、切断非消防电源、迫降电梯等消防设施。

能通过消防联动控制器的手动专线启动加压送风机、排烟风机、气体灭火系统、厨房灭火装置、雨淋阀组、细水雾系统、消防泵组、自动跟踪定位射流灭火系统等灭火设施。

能手动检查火灾显示盘，模拟测试火灾显示盘的火警、故障报警、消声和复位功能。

能使用消防电话总机、消防电话分机进行通话。

能使用消防应急广播设备录制、播放疏散指令，能使用话筒广播紧急事项。

能识别、切换消防给水增压泵组、防排烟风机、厨房灭火装置等消防设施电气控制柜的工作状态。

能手动操作加压送风口，手动启/停送风机。

能手动启/停消火栓、自动喷水等系统泵组。

能手动操作挡烟垂壁、排烟窗、排烟阀、排烟口，手动启/停排烟风机。

能通过手动、机械方式释放防火卷帘。

能调整防火门监控器的工作状态，手动关闭常开型防火门。

能调整消防应急照明及疏散指示系统控制器的工作状态，手动操作使其进入应急工作状态。

能操作"紧急迫降"按钮迫降电梯。

能使用开启室外消火栓，并引导消防车选择相应区域的室外消火栓、接合器。

能使用室内消火栓、消防软管卷盘、轻便消防水龙、灭火毯等灭火。

能根据火灾类别选择灭火器灭火。

**C.3.2.3** 设施排查（消防设施维保管理归口部门人员、消防检查人员）

能测试各种火灾探测器、手动火灾报警按钮和火灾警报装置等火灾自动报警系统组件功能。

能测试火灾自动报警系统联动功能。

能测试火灾自动报警系统接地电阻。

能测试湿式、干式、预作用报警阀组的报警功能，能测试末端试水装置的试验功能，能测试气压维持装置的补气功能。

能测试湿式、干式、预作用自动喷水灭火系统的工作压力和流量。

能测试湿式、干式、预作用自动喷水灭火系统的连锁控制和联动控制功能。

能检查消防应急广播系统各组件的安装质量，测试应急广播系统的广播和联动控制功能。

能检查消防电话系统各组件的安装质量，测试消防电话系统的通话功能。

能检查消防电梯的设置情况，测试消防电梯的控制功能、安全设施、防水措施和运行时间。

能检查消防应急照明和疏散指示系统各组件的安装质量，测试应急照明灯具的照度和应急转换功能、应急转换和持续照明时间。

能检查防火门、防火窗、防火卷帘等防火分隔设施的安装质量，测试防火门、防火卷帘的联动控制、手动控制功能。

能检查消防水泵接合器、消防水箱、消防水池、消防增（稳）压设施的有效情况，测试消防水箱、消防水池的供水功能。

能检查消火栓系统组件的有效情况，测试消火栓系统工作压力、消火栓栓口动压静压和系统联动控制功能。

能检查防烟排烟系统各组件的有效情况，测试防烟排烟系统的连锁控制和联动控制功能，测试送风口、排烟阀（口）风速，测量加压送风部位的余压值。

能测试吸气式火灾探测器、火焰探测器和图像型火灾探测器的火警、故障报警功能。

能检查气体灭火系统、厨房灭火装置的有效情况，测试系统的联动控制功能。

能检查预作用、雨淋自动喷水灭火系统的有效情况，测试系统的工作压力、流量和联动控制功能。

能检查自动跟踪定位射流灭火系统的有效情况，测试系统的工作压力、流量和联动控制功能。

能检查固定消防炮灭火系统的有效情况，测试系统的工作压力、流量和联动控制功能。

能检查电气火灾监控系统的有效情况，测试系统的探测报警功能。

能检查可燃气体探测报警系统的有效情况，测试系统的探测报警功能。

能检查水喷雾灭火系统的有效情况，测试系统的工作压力、流量和联动控制功能。

能检查细水雾灭火系统的有效情况，测试系统的工作压力、流量和联动控制功能。

能检查消防设备电源监控系统的有效情况，测试系统报警功能。

能检查水幕自动喷水系统的有效情况，测试系统的工作压力、流量和联动控制功能。

**C.3.2.4** 计划、方案与报告的编制［消防归口部门负责人、专（兼）职消防队负责人］

能编制火灾自动报警系统检测计划和方案。

能编制火灾自动报警系统检测报告。
能编制自动喷水灭火系统的检测计划、方案和报告。
能编制气体等灭火系统、厨房灭火装置的检测计划、方案和报告。
能编制自动跟踪定位射流灭火系统、固定消防炮灭火系统的检测计划、方案和报告。
能编制水喷雾、细水雾灭火系统的检测计划、方案和报告。
能编制探火管式灭火装置、其他灭火系统或装置的检测计划、方案和报告。
能编制防烟排烟系统的检测计划、方案和报告。
能编制消火栓系统的检测计划、方案和报告。
能编制消防应急照明及疏散指示系统、消防应急广播系统、消防电话系统、防火门、防火卷帘、消防电梯、消防设备电源监控系统、柴油发电机组、消防应急电源等的检测计划、方案和报告。
能编制消防设备末端配电装置的检测计划、方案和报告。

### C.4 博物馆消防安全管理标准化

#### C.4.1 目标管理

C.4.1.1 博物馆消防安全工作方针、原则与总目标。

C.4.1.2 博物馆在平时与应急状态下消防安全组织机构的职能。

C.4.1.3 总体目标的宣传贯彻与各部门的分解目标。

C.4.1.4 各部门科室岗位消防安全指标的归集、发放、宣传贯彻、考核与修订。

C.4.1.5 各级人员管理职责与责任书。

消防安全责任人。

消防安全管理人。

消防安全归口部门负责人。

各职能部门负责人。

各职能部门科室安全员（网格员）。

消防控制室值班员。

消防设施操作维护人员。

防火巡查人员。

专（兼）职消防队员、微型消防站队员。

各级从业人员。

C.4.1.6 博物馆消防安全投入管理要求

C.4.1.7 博物馆消防安全文化建设

从行为安全科学角度认识消防安全文化是博物馆一切火灾或消防相关事故的根源原因。

自上而下的消防安全承诺。

安全行为规范与程序。

行为激励。

消防安全信息传播与沟通。

自主学习与改进。

安全事务参与。

审核与评估。

消防安全的推进与保障。

C.4.1.8　博物馆消防安全信息化建设

C.4.2　制度化管理

C.4.2.1　博物馆适用的法规标准体系介绍

C.4.2.2　博物馆各项规章制度宣传贯彻

C.4.2.3　针对岗位特点的操作规程解读

C.4.2.4　针对岗位特点的文档与指南性文件的应用培训

C.4.3　教育培训

C.4.3.1　教育培训管理

C.4.3.2　人员教育培训

一般原则。

一般人员。

特殊人员。

外部人员教育培训。

C.4.3.3　教育培训要求

C.4.4　现场管理

C.4.4.1　特殊作业管理

临时用电作业。

动火作业、动燃气作业、涉及易燃易爆危险物品作业等。

特种作业、特种设备作业、文物周边作业等。

C.4.4.2　重点部位管理

餐饮场所。

文物修复室、藏品库区等。

文物陈列厅（室）。

博物馆特殊涉及部位（区域）。

其他重点部位。

C.4.4.3　消防控制室与消防设施管理

C.4.4.4　安全疏散、避难与救援管理

C.4.4.5　施工现场管理

C.4.4.6　布、撤展管理检查要点

每日巡查、检查。

消防设施与安全疏散检查。

布展材料检查。

配电装置与电气线路检查。

用电设备与灯具检查。

特装展台与室外展区检查。

C.4.4.7　大型活动管理

大型活动消防安全保障的方针、原则与目标。

目标分解与组织保障。

工作要点、重点与难点和应对措施。

**C.4.4.8 安全用电管理（电工岗位）**

a）配电柜（箱）隐患排查

配电线路隐患排查。

用电设备隐患排查。

照明装置隐患排查。

插座与开关隐患排查。

b）常用的排查方法

表面温度判断法。

热像图判断法。

比较判断法。

正弦电流和电压有效值的测量。

非正弦畸变电流真有效值的测量。

漏电电流有效值的测量。

导线绝缘电阻的测量。

接地电阻的测量。

博物馆电气火灾危险性评定。

**C.4.4.9** 易燃易爆危险物品管理

**C.4.4.10** 专（兼）职消防队与微型消防站管理

建设标准。

岗位职责。

执勤训练。

**C.4.4.11** 博物馆主办方、参展方和服务方等相关方管理

**C.4.4.12** 警示标志等其他现场管理

**C.4.5** 风险管控及隐患排查治理

**C.4.5.1** "视隐患为事故"与墨菲原则

**C.4.5.2** 针对博物馆各岗位风险、隐患的辨识与评估

**C.4.5.3** 针对博物馆各岗位隐患排查

**C.4.5.4** 治理方案和控制措施

**C.4.5.5** 隐患管控与治理

**C.4.5.6** 验收与评估

**C.4.5.7** 变更管理

**C.4.5.8** 信息记录、通报和报送

**C.4.5.9** 博物馆火灾和消防相关风险预测预警

**C.4.6** 应急管理

**C.4.6.1** 博物馆应急救援组织结构

**C.5.6.2** 预案编制原则

**C.4.6.3** 预案的分级分类

**C.4.6.4** 预案编制程序与内容

编制目的与依据。
预案原则。
博物馆基本情况分析与消防情景设定。
组织机构及职责。
应急响应。
应急保障。
后期处置。

**C.4.6.5　应急处置**
预案实施原则。
预案的培训。
预案实施条件检查。
演练的组织与准备。
演练的实施。
现场总结讲评。

**C.4.6.6　应急评估**
演练评估准备。
演练评估实施。
演练评估总结。
编制演练评估报告。
整改落实。

**C.4.7　事故管理**

**C.4.7.1**　事故归因理论与海恩里希三角形

**C.4.7.2**　事故报告、调查和处理

**C.4.7.3**　事故管理、分析与墨菲定理

**C.4.8　持续改进**

**C.4.8.1**　博物馆各部门科室岗位绩效评定规则

**C.4.8.2**　消防安全标准化体系持续改进

# 附录 D （规范性）博物馆重点部位管理要求

**D.1 藏品库区**

藏品应有固定、专用的库房，专人管理，并设置明显的消防标志。

库区严禁烟火，严禁存放易燃、易爆和其他危险物品。

库内藏品应按性质和不同的保存要求，以科学方法分间储藏、分类上架、妥善保藏。一级藏品、保密性藏品及经济价值贵重的藏品，要设立专库或专柜，重点保管，忌水藏品应放在既能防火又能防水的箱柜内，防止灭火时造成水渍损失。

藏品库区应设置高灵敏度的火灾自动报警探测器，设置气体灭火等自动灭火系统时，全部电磁阀、电动阀、触发组件等启动装置应处于自动状态，并具备随时远程启动的条件。

服务于每个藏品库区的自动灭火系统应明确对应消防控制室手动控制盘上的一个手动紧急启动按钮，并明确标示手动紧急启动条件。

库区内的通道及出入口要保持畅通，严禁堵塞。

人员离开库房前应切断库区内所有的电源，确认无误后，方可离开。

藏品库区内不应进行文物修复作业和包装操作。

库房内使用灭虫剂、灭鼠剂等化学药剂时应采取安全措施。

及时清理库房内的无关用品、材料和废弃物。

藏品库区内存放文物的柜、箱、架、囊、匣等应经过阻燃处理或使用非易燃材料制作；易燃材料包装物不应同文物一起进入库房。

藏品库区的电气开关箱应为不燃材料，且应设置在库房外，库房内应使用的除湿、照明、通信等电气设备使用应符合相关规范。

**D.2 文物陈列厅（室）**

陈列厅（室）的疏散门应向疏散方向开启，不应设置门槛。展出期间，陈列厅（室）的安全疏散通道和安全出口应保持畅通，火灾应急照明和安全疏散指示应保持良好状态。

陈列室内参观路线要求连贯、流畅，单向设置，不应交叉，给公众以明确的导向。接待任务大的陈列厅（室）出、入口应分别设置。

陈列室内各种陈列台、柜、橱、架以及各种活动屏风、搁架的布置应固定，且不应影响安全疏散，不应遮挡、影响消防设施的正常使用。

博物馆应根据实际情况控制展厅观众合理密度。

按规定的周期且每月不少于一次检查室内电器、线路。严禁乱拉乱扯临时电源、改动线路或私接电气设备，如因特殊情况需要时，应严格报批手续，由专职电工操作。

每天闭馆后，工作人员需彻底检查无隐患并切断电源后方可离开。

**D.3 餐饮场所和其他用燃气场所**

**D.3.1 基本要求**

博物馆应建立健全安全用气制度，明确燃气使用归口部门，制定安全用气操作规程和燃气事故应急处置方案。

博物馆应建立燃气设施操作人员名册，定期组织操作人员参加安全教育培训，掌握燃气的危害性、防爆措施及应急处置流程，熟悉燃气设施和消防设施的使用方法。

博物馆用气场所燃气管路的设计、施工及燃气用具的安装应委托具有相应资质的单位进行，设计安装需满足CJJ 94和国家相关技术规范的要求。

**D.3.2　场所要求**

博物馆内的餐饮场所宜集中布置在同一楼层或同一楼层的集中区域。设置在地下且建筑面积大于150m$^2$或座位数大于75个座位的餐饮场所不应使用燃气。不应在餐饮场所的用餐区域使用明火加工食品，开放式食品加工区应采用电加热设施。

博物馆严禁使用液化石油气、甲乙类液体燃料或其他瓶装燃料。使用天然气作为燃料时，应采用城市管道燃气供气方式，用气场所的燃气调压、计量、管道、阀门等设施的设置应符合GB 50028的规定。

厨房区域应靠外墙布置，并应采用耐火极限不低于2h的隔墙与其他部位分隔。炉灶、烟道等设施与可燃物之间应采取隔热或散热等防火措施。用气场所须具备良好的通风条件，并设置满足通风需求的机械送排风装置，燃具上方应设置有效排除燃烧烟气设施。

应按照有关规定安装可燃气体浓度探测和报警装置，进行定期测试并记录，确保处于灵敏有效状态，并按标准配备厨房灭火系统、干粉灭火器等消防设施与器材。

**D.3.3　燃气设备设施要求**

燃气器具与连接管及其他附件应符合现行国家标准的产品质量和技术要求。

使用前后应检查燃气器具的完好状态、燃气阀门开关是否灵活可靠，使用期限不应超过10年，发现问题要及时向具有相应资质的燃气器具安装维修单位报修。

多台燃气灶具之间、燃气主管道与燃气灶具连接时，应当使用符合CJ/T 197规定的不锈钢波纹管连接，且中间不应有接口；波纹管不应穿越墙、楼板、顶棚或门窗等。

博物馆中餐操作间的排油烟管道应及时清理，两次清理间隔最多不应超过60天。

烹饪操作间的排油烟罩及烹饪部位应按设计要求设置自动灭火装置，厨房内应设置可燃气体探测报警装置，排油烟罩及烹饪部位的火警信号应设置能够自动联动的燃料切断装置，并能够将报警信号反馈至消防控制室。

博物馆厨房内设置的自动灭火系统应处于自动状态，并能通过设置在消防控制室的手动专线按钮直接启动相应厨房的燃料切断装置和灭火系统。

**D.3.4　使用要求**

每次点火前应先进行无燃气泄漏检查，使用时保持空气流通，不应离人，使用后关好燃气总阀；每天用气结束前要指定专人检查总阀门和灶具开关是否关闭，做到人走气断。

禁止安装、使用不符合气源要求的燃气燃烧器具，禁止擅自安装、改装管道、拆除燃气计量表等燃气设施；禁止擅自操作公用燃气阀门。

禁止使用燃气明火取暖；禁止使用明火查漏。

禁止将燃气管道作为负重支架或者接地引线。

发现燃气泄漏（有异味）时严禁点火，严禁开、关任何电器，立即关闭总阀，缓慢打开窗户，疏散人员，到室外安全处报警。

主动接受燃气供应单位的入户安检和安全用气宣传指导，对燃气供应单位在安检中发现的安全隐患应立即落实整改。

**D.3.5　安全检查**

定期进行燃气安全检查，日常检查的内容主要包括以下几项：

（1）燃气管道及灶具连接管的连接应稳固，阀门正常。

（2）燃气使用场所应保持良好通风。

（3）消防设施器材应齐全且完好有效，消防通道畅通，安全警示标志应醒目。

（4）可燃气体报警探测器应按规定期限标定。

（5）燃气总阀门在未使用时应处于关闭状态。

**D.4　其他重点部位**

汽车库不应擅自改变使用性质和增加停车数，汽车坡道上不应停车，汽车出入口设置的电动起降杆，应具有断电自动开启功能；电动汽车充电桩的设置应符合 GB/T 51313 的相关规定。

配电室内建筑消防设施的配电柜、配电箱应有区别于其他配电装置的明显标识，配电室工作人员应能正确区分消防配电线路和其他民用配电线路，确保火灾情况下消防配电线路正常供电。

锅炉房、柴油发电机房、制冷机房、空调机房、变配电室的防火分隔不应被破坏，其内部设置的防爆设施、火灾报警装置、事故排风机、通风系统、自动灭火系统等设施应保持完好有效。

燃气锅炉房应设置可燃气体探测报警装置，并能够联动控制锅炉房燃烧器上的燃气速断阀、供气管道的紧急切断阀和启动通风换气装置，将信号反馈至消防控制室。燃气锅炉房内设置的自动消防设施应处于自动状态，并能通过设置在消防控制室的手动专线按钮直接启动相应燃气锅炉房内设置的自动消防设施。

# 附录 E （规范性）博物馆布、撤展消防安全要求

博物馆应按照国家、行业等相关法律法规标准的要求规范施工单位在布、撤展期间涉及的各项施工作业。大型活动的布、撤展应依据有关规定设置监理人。主办单位，布、撤展施工单位，监理单位及各展览单元负责单位应严格遵守消防法律法规标准和本示范文件的要求，落实单位各项管理制度和消防安全保卫措施，确保布、撤展工作顺利开展。

## E.1 管理要求

### E.1.1 明确责任分工

主办单位，布、撤展施工单位及各展览单元负责单位应建立健全逐级消防安全责任制，明确消防安全责任分工，确定各级消防安全管理人员，签订消防安全承诺书，落实各自消防安全职责，协同博物馆做好布、撤展及正式展出期间现场的消防保卫工作。主办单位要根据实际情况，成立义务消防组织，对义务消防人员进行防火和灭火知识、意识、技能的教育、培训，组织有针对性的灭火和应急演练。

### E.1.2 基本要求

各单位布展前应将消防设计方案、施工组织设计与资质等材料按相关规定报送政府监管部门审批或备案。布、撤展施工单位应结合博物馆实际情况制定现场消防安全管理制度、消防技术方案、施工现场应急预案等。进场前，应对各工种施工人员进行消防安全教育培训；施工前，应向作业人员进行消防安全技术交底，特殊人员应持有效执业证书上岗。主办单位、布展施工单位应做好施工现场消防相关记录，并应建立施工现场消防安全管理档案。

### E.1.3 每日巡查、检查

主办单位，布、撤展施工单位，监理单位，各展览单元负责单位应制定每日巡查、检查制度，配合博物馆加强对布展区域的消防安全检查工作，接到博物馆下发的隐患通知单后，应按期整改，并将整改结果及时回复，接受复查。

夜间、非施工期间应根据具体情况落实人员看护值守。展览期间逐个展厅、逐个展览单元划分责任区、确定责任人，落实巡查、看护与断电等工作。

## E.2 消防安全技术要求

展位搭建应符合本示范文件和 GB 50222、GB 50354 的规定。

### E.2.1 消防设施与安全疏散

布、撤展应满足博物馆原设计的防火分区要求。

布、撤展不应擅自改动、拆除、遮挡消防设施，不应妨碍消防设施的正常使用。因特殊要求改变时，应符合国家、行业和属地现行有关标准的规定。

主办单位，布、撤展施工单位应结合现场具备使用条件的永久性消防设施、设备，根据 GB 50016、GB 50720 的要求配备现场消防设施、设备、器材，确保完好有效并处于应急准备状态。

楼梯间和防火门、灭火器材箱、室内消火栓箱、火灾报警按钮等消防设施的操作面 1.4m 范围内，不应布置任何展位、展品。

布展时不应占用和堵塞消防疏散通道、安全出口，不应遮挡博物馆内的消防设施及各种标志，防火卷帘下方不应存放物品。

室外布展严禁阻挡、圈占、影响消防车道、扑救场地，室外消火栓和接合器等消防设施。

主办单位，布、撤展施工单位应根据 GB 50016、XF 654 的要求设计现场的安全疏散及人员流动方案，设计过程中应明确场地疏散宽度、疏散距离及安全出口、疏散门的数量与宽度。展厅内疏散通道、环形通道的宽度不应小于 3m，并协调博物馆做好人员流量限制和人员疏导工作。

成组布置的展位之间的通道宽度应根据最高峰人流量计算得出，但一般疏散通道宽度不应小于 3m，主疏散通道宽度不应小于 5m，并应保证环通，避免袋形走道的出现。

大型展板、图表长度不应超过 20m，高度不应超过 3.5m，与墙的距离不应小于 0.6m，且不应堆物，便于维修检查。

**E.2.2　布展材料**

布展材料的燃烧性能等级不应低于难燃型，对于少量局部使用的饰面板、基础面板应做阻燃处理，确保达到不燃或难燃标准。

展厅内所有窗帘、装饰性彩带、彩旗等纺织品、展台装饰材料及特殊膜制品应使用阻燃或难燃的材料，或经过防火处理，其标识与燃烧性能均不应低于 GB 20286 要求的 $B_1$ 级标准（难燃），并须在施工申报时提供该材料样品及国家权威材料检测机构提供的产品检验报告。

博物馆内严禁使用易燃易爆物品，禁止调漆或用易燃试剂进行清洗作业。

布、撤展期间严禁在博物馆内存放易燃材料，并应在文物或展品进场前及时清理展厅内施工垃圾及展品包装物等。

**E.2.3　配电装置与电气线路**

电气产品的安装、使用和线路、管道的设计应符合 GB 50054、GB 50055 的规定。

布展涉及电气安装的，施工单位应具有电气安装资质，电工应持有相关部门核发的资格证书，电工等级应与工程的难易程度和技术复杂性相适应。

电气设施安装应符合 GB 50303、JGJ 46 的规定。

主办单位及博物馆施工管理部门应结合供电实际情况，严格控制用电总负荷，严格审定并合理分配各展位的用电负荷，参展单位不应私自调整电气设备或临时增加用电设备。

配电箱、插座应固定安装在明显、方便操作与检查的位置，且宜安装于不燃材料基础上。当安装于 $B_1$ 级以下（含 $B_1$ 级）材料基础上时，应采用 A 级材料隔绝或封堵。导线应经过配电箱的穿线开口穿出，进出箱体的开口应有护口保护，并采取封堵措施。

配电箱内各相线不应接触裸露导体，且各相线之间也应尽量避免接触。

导线相互连接处应采用接线端子连接，每个端子接线不应超过两根，且应为等线径，多股线应采用铜接头终端端子连接并搪锡。电线与电气设备的连接、开关与插座的连接应确保牢固，且应在每个展位加装漏电保护断路器。

施工期间使用的每台电气机具设备都应单独设置漏电保护断路器，负荷较大的设备应经博物馆核定同意后，设置过载保护装置。开关、插座及配电盘等应设在公众人员不易触及和便于工作人员操作的地方，周围不应存放可燃物。

通道上敷设的电气线路应穿金属管保护，并采用过线桥，不应直接敷设在地毯下。金属管两端应加护口保护。展位的电源线应采用双层护套线，并穿金属管进行保护。

配电箱门与箱体之间，金属管（桥架）与配电箱、金属构件之间应做电气跨接，并安全接地。各电气回路应有专用保护地线，并与接地体相连。

博物馆使用的单相两孔插座，面对插座的右孔或上孔应与相线连接，左孔或下孔应与中性导体（N）连接；单相三孔插座，面对插座的右孔应与相线连接，左孔应与中性导体（N）连接。

电气隐蔽工程应严格遵守技术规范要求，并提交检查验收记录，现场需留有散热孔、检查口等复查通道。展览举办前应进行满负荷通电测试，检测中发现的问题应及时整改，展览活动超过一个月的，展览期间应定期进行复检，确保临时用电安全。

布展区域宜加装有线或无线电气、感烟等火灾探测系统。

**E.2.4  用电设备与灯具**

场馆内不应擅自使用电锯、电刨、电焊、气焊等工具。

每一回路接装灯具的功率总和应不超过其最大负荷量，并应尽可能均匀分配三相负荷。

灯具布置应避开固定可燃物，白炽灯、高压汞灯与可燃物之间应保持50cm以上的距离，室内不应使用卤钨灯。

日光灯、高压汞灯和金属卤化物灯配用的镇流器，电子电气装置严禁直接固定在可燃物上、柜台、展览橱窗内。装在展箱里的灯具，应将整流装置、镇流器等移出置于箱外易于散热的位置。吊灯、筒灯、射灯与搭建的展台应保持1.0m以上的防火间距。

在可燃物较多或临时展棚内，禁止使用功率60W以上的白炽灯、卤钨灯、高压钠灯、金属卤光源、荧光高压汞灯等灯具。露天场地如采用卤钨灯时，灯管附近所用的导线应采用以玻璃丝、石棉、瓷管等为绝缘材料的耐热线，且应与易燃物、可燃物至少保持1.0m的防火间距。灯具正下方不应放置展台、展品等可燃物。

露天展览用的照明灯具及其电气设备应选用防雨型，所采取的其他防雨措施不应影响电气设备的散热。

筒灯、石英灯应有隔热防护，广告牌、灯箱、灯柱内应留有对流的散热孔。

展区内安装高温灯具应加有效保护措施。高温、强光灯具的引出线应采用耐高温套管，且应装在专用金属架上，周围不可放置可燃物。高温灯具要加防护罩。高温、强光灯具安装高度应在2.5m以上。严禁使用霓虹灯作为展台装饰照明，灯具及发热部件安装时应使用A级材料与可燃构件进行隔热处理，需24h供电的展品或设备设施应经博物馆审核批准。

**E.2.5  特装展台与室外展区**

布展现场的特装不应影响消防设施的正常使用，因特殊需求必须吊顶时，应提前向博物馆申报。

特装搭建的结构、造型、灯箱以及沙盘、模型等组合结构，应在场外制作、现场拼装，博物馆内尽量避免动火、动电气焊作业。

电动沙盘、彩灯及声、光控装置等展具所用的电源变压器，应设置在展台、展箱及展品模型外的非可燃材料壳、罩内,且应保持良好通风。主接入电源需加装配电开关,配电开关应设置在独立的金属外壳配电箱内,且应配备漏电保护装置。

每处特装展具应预留检修门,并设置在特装展具的总配电箱附近,便于及时人工断电操作。

特装展具应采用难燃或阻燃材料制作。金属外壳应独立设置保护接地。

特装展具使用的灯具及其发热部件,如镇流器、低压变压器等发热元件应与可燃结构保持安全距离或设置 A 级材料隔离层。

特装展具使用的电线电缆应为三芯低卤、无烟、阻燃护套线,且动力电线缆应穿金属软管保护,多股线缆连接应涮锡处理后使用端子连接;弱电线路应穿黄蜡管等保护;布景箱、灯箱应设有散热检查孔。

要在特装展具合适的位置设置不少于一处直径 15cm 的排气口或多处直径不小于 3cm 的散热孔,以便于观察和散热。

现场特装展具使用木制等可燃基材的,应在其表面涂刷防火阻燃涂料,厚度不少于 3mm,且应采用石棉垫等隔离;特装展具的制作严禁使用聚苯或聚氨酯等易燃材料。

特装展具内部所有的插座应有阻燃标识并符合国家标准,且不应直接安装在可燃板材上。

特装展具生产制作单位应做好现场应急处置方案和交底培训,并与沙盘及模型质检报告、安全承诺书、材料及配件合格证明文件等相关资料汇总,建立并提交档案备查。

布展结束后及展会运行期间,大型特装展具应根据情况配备相应技术人员留守,负责日常巡查检查、技术故障检修和突发情况处置。

每日展览通电前应对本单位特装展具进行全面检查;展览期间,应定时巡检,并制作、填写消防安全巡查检查记录;每日展览结束后,闭馆后应断电,确保安全。

大型特装展具在不必要连续运行时应暂停设备,以降低事故隐患。

特装展具内部不应存放除必要的电气设备以外的任何可燃、易燃杂物,不应在特装展具内部对手机等设备进行充电。

主办单位,布、撤展施工单位和监理单位应根据实际情况与博物馆共同制定室外布展区域安全管理规定。

室外布展区域应配置足够的灭火器材,禁止遮挡、埋压、圈占室外消火栓和接合器,保证消防车道畅通,划定明火、电气焊作业区域,禁止违规操作并安排专人看护。

# 附录 F （规范性）博物馆电气火灾隐患排查要求

F.1 排查项目

F.1.1 低压配电柜（箱）

F.1.1.1 一般技术要求

配电柜（箱）不应采用可燃材料制作。

配电柜（箱）周围 0.3m 内不应堆放杂物。

配电柜（箱）箱体不应直接安装在低于 $B_1$ 级的装修材料上。

配电柜（箱）的金属框架及基础型钢应接地可靠。

装有电气装置的可开启门和框架之间应用软铜线通过接地端子可靠连接，且应有标识。

落地安装的配电柜底部应高出地面不小于 50mm。底座周围应采取密封措施，并应能防止鼠、蛇等小动物进入箱内。

导线进出柜（箱）孔处，进出线孔应光滑无刺，并应装设绝缘护线套。

配电柜（箱）内的控制开关与进线、出线的规格、型号应符合设计文件的要求。

设备（含母线）的各部位连接点应无锈蚀、烧伤、熔接等痕迹。

低压电气设备的灭弧装置，如灭弧栅、灭弧触头、灭弧罩、灭弧用绝缘板应完好无损。

熔断器的熔丝不应用金属丝代替；熔体应符合规格要求，不应削小或合股使用。

熔体应有保护罩，管型熔断器不应无管使用，有填充材料的熔断器不应改装使用。

隔离用的挡板或隔板应无破损。

配电柜（箱）内安装的接触器等电气设备，应动作灵活，接触良好可靠，触头无烧蚀痕迹。

配电柜（箱）内的导线应绝缘良好，排列整齐，固定牢固，导线不应有接头。

配电柜（箱）内配线应整齐，无铰接现象。

配电柜（箱）内导线连接应紧密，不伤芯线，不应断股。

配电柜（箱）内垫圈下螺栓两侧压的导线截面积应相同，防松垫圈等零件应齐全。

配电柜内进线侧与出线侧的端子中，同一端子上连接导线数量不应多于 2 根，且应为等线径。多股线或 2 根及以上非等线径单股芯线应采用铜接头终端端子连接并搪锡。

截面面积在 $10mm^2$ 及以下的单股芯线应直接与设备、器具的端子连接。电线、电缆的芯线连接金具，其规格应与芯线相适配。

防爆环境的配电柜（箱）应符合设计所确定的环境分区条件要求。

配电柜（箱）内分别设置零线和接地线汇流排，零线和接地线经汇流排配出。

F.1.1.2 防火用漏电保护器

防火用漏电保护器应安装在电源进线端，严禁直接跨接漏电保护器电源侧和负载侧，还应符合下列规定：

（1）漏电保护器的接线应与低压配电系统保护接地形式相对应。

（2）漏电保护器负载侧的中性线不应与其他回路共用。

(3) 漏电保护器标有负载侧和电源侧的接线端子，应按规定接线，不应接反。

(4) 严禁 PEN 线穿过漏电保护器的零序电流互感器，漏电保护器及其与之配套使用的短路保护电器在任何情况下不应单独切断 N 线。

(5) 漏电保护器所保护的设备外露导电部分应接地。

**F.1.1.3 运行安全要求**

各种显示、测量仪表和电气装置应工作正常，接触器应无打火、放电、异响和过热现象。

交流低压母线装置各部位的允许温升值不应超过表 F.1 的规定。

表 F.1 交流低压母线装置各部位的允许温升值

| 部位 | | 周围空气温度为 40℃的允许温升/K |
|---|---|---|
| 母线上插接式触点 | 铜母线 | 60 |
| | 注：镀锡铝母线 | 55 |
| 母线相互连接处 | 铜-铜 | 50 |
| | 铜搪锡-铜搪锡 | 60 |
| | 铜镀银-铝搪银 | 80 |
| | 铝搪锡-铝搪锡 | 55 |
| | 铝搪锡-铜搪锡 | 55 |

低压电气各接线端子的最高允许温升值不应超过表 F.2 的规定。

表 F.2 低压电器与外部连接的接线端子的允许温升值

| 接线端子材料 | 周围空气温度为 40℃的允许温升/K |
|---|---|
| 裸铜 | 60 |
| 裸黄铜 | 65 |
| 铜（或黄铜）镀锡 | 65 |

注：铜（或黄铜）镀银或镀镍允许温升为 70℃。

低压电器设备同相（路）上下接线端子温差应少于 10℃。

回路中各相电流不应超过设计规定的额定值。

回路中零线和接地线不应有异常电流。

低压电器接线端子不应有打火放电现象。

配电柜（箱）内开关动作应灵活可靠，带有漏电保护的回路，漏电保护装置动作电流不应大于 30mA。

**F.1.2 低压配电线路**

**F.1.2.1 配电线路敷设**

闷顶内有可燃物时，应穿金属管保护；闷顶内无可燃物时，可穿难燃刚性塑料管保护。

建筑物顶棚内，墙体及顶棚的抹灰层、保温层及装饰面板内，严禁采用直敷方式布线。

有腐蚀的场所采用金属管配线时，应采取防腐措施。

敷设在潮湿场所的管路应采用镀锌钢管，干燥场所的管路可采用电线管。

电线穿越可燃或难燃装饰材料时，应穿金属保护管，且应采用不燃材料作隔热阻燃保护。

配电线路设置在可燃装饰夹层时，若受装饰条件限制局部不能穿金属管时，应用金属软管，其长度不宜大于2.0m，导线不应外露。

线缆的规格型号和敷设方式应符合设计要求，且绝缘导线芯线最小截面面积应满足表F.3的要求。

表F.3 绝缘导线芯线最小截面面积

| 敷设方式 | | 铜芯最小截面面积/mm² |
|---|---|---|
| 室内绝缘导线敷设于绝缘子上 | $L \leqslant 2m$ | 1.0 |
| | $2m < L \leqslant 6m$ | 2.5 |
| | $6m < L \leqslant 16m$ | 4.0 |
| | $16m < L \leqslant 25m$ | 6.0 |
| 绝缘导线穿管敷设 | | 1.0 |
| 绝缘导线槽板敷设 | | 1.0 |
| 绝缘导线线槽敷设 | | 0.75 |
| 塑料绝缘护套线直接敷设 | | 1.0 |

注：$L$为绝缘子支持点间距。

**F.1.2.2 导管敷设要求**

金属导管严禁对口熔焊连接，镀锌和壁厚不大于2mm的钢导管不应采用套管熔焊连接。

TN-S、TN-C-S系统中的金属电线保护管，金属盒（箱），塑料电线保护管，塑料盒（箱）等不应混合使用。

电线、电缆在配线管内不应有接头。

导线连接应牢固可靠，接触良好。

导线穿入钢管时，管口处应装设护线套保护。

敷设的接线盒、灯头盒、开关盒的敲落孔，除对实装管孔敲落外，其他备用的不应敲掉。

金属管和柔性金属管应有可靠接地，并不应作为电气设备的接地导体。

镀锌的钢导管、可挠性导管、金属线槽的接地应可靠，连接处应采用专用接地卡，跨接的两卡间连接线应为铜芯软导线，截面面积不应小于4mm²。

非镀锌钢导管采用螺纹连接时，连接处的两端应焊接跨接地线，焊接点应采取防锈措施。

刚性导管经柔性导管与电气设备、器具连接时，软管长度不宜大于2m，导线不应裸露。

**F.1.2.3 电缆桥架与线槽敷设要求**

电缆桥架、金属线槽应敷设在腐蚀性气体管道和热力管道的下方及腐蚀性液体管道的上方。

电缆桥架、金属线槽敷设在腐蚀性气体管道和热力管道的上方及腐蚀性液体管道的下方时，应采取防腐、隔热措施。

非镀锌金属线槽、金属电缆桥架连接板的两端应跨接铜芯接地线，其截面面积不应小于 4mm²。

镀锌金属线槽、电缆桥架、连接板的两端不跨接地线时，连接板两端应有不少于 2 个有防松螺帽或防松垫圈的连接固定螺栓。

金属线槽和电缆桥架不应做设备的接地导体，当设计无要求时，金属线槽和电缆桥架全长应有不少于 2 处与接地干线连接。

**F.1.2.4　直敷方式布线要求**

敷布线应采用护套绝缘电线，截面面积不应大于 6mm²。

电线水平敷设至地面的距离不应小于 2.5m，垂直敷设至地面低于 1.8m 部分应穿导管保护。

**F.1.2.5　低压线路配线防火要求**

三相或单相的交流单芯导线、电缆不应单独穿于钢导管内。同一交流回路的相线和中性线应穿在同一金属导管和线槽内。

布线用电缆、电缆桥架、金属线槽等在穿越防火分区楼板、隔墙时，其空隙应采用相当于建筑构件耐火极限的不燃烧材料填塞密实。

电缆沟进入建筑物处应设防火墙。

**F.1.2.6　导体通电安全运行要求**

导线、电缆芯线的长期工作最高允许温度，当产品无要求时，应符合表 F.4 的规定。

表 F.4　导线、电缆芯线长期工作最高允许温度

| 类型 | 长期工作最高允许温度/℃ |
| --- | --- |
| 塑料电线 | 70 |
| 橡皮电线 | 65 |

导线、导线接头、导线与设备或器具的接线端子温升应符合本示范文件表 F.1 和表 F.4 的要求。

导线接头、导线与设备或器具的接线端子不应有打火、放电现象。

**F.1.2.7　绝缘导体的绝缘强度**

绝缘导线芯线连接后，应用绝缘带均匀紧密包缠。

接线端子的根部与绝缘层间的空隙处，应用绝缘带紧密包缠。

导线绝缘体不应出现严重老化、龟裂、碳化、腐蚀和机械损伤等现象。

分支路绝缘导线相线间及相线对地的绝缘电阻值不应小于 0.5MΩ。

**F.1.3　低压用电设备**

**F.1.3.1　电动机类设备**

电动机类设备的规格、型号应符合设计文件的要求。

电动机类设备应安装在牢固的机座上，机座周围应有适当的通道，与其他低压电气线路和设备、可燃物之间的距离不应小于 1m，并应保持机座周围干燥清洁。

电气元件外观应整洁，外壳应无破裂，零部件应齐全，接线端子及紧固件应无缺

损、锈蚀现象。

电气元件的触头应无熔焊粘连变形和严重氧化锈蚀等痕迹。

接线端子上的所有接线应压接牢固，接触良好，不应有松动、脱落现象。

电动机类设备应装设短路、过载、失压与欠压保护和接地故障保护。

轴承应润滑，对使用滑动轴承的设施，油环应滑动，油腔内的油面应到油面计所指示的位置。

电动机类设备空气冷却装置运转应正常。

电动机类设备和附属设备应清洁，附近不应堆放可燃物和其他杂物。

设备外壳接地应牢固可靠，完好无损。

电动机类设备的可接近裸导体应接地。

电动机类设备应在额定电压值的误差范围（－15％～－10％）内正常运行。

电动机类设备各部分的最高允许温度和允许温升不应超过制造商的要求，制造商无规定时参照表 F.5 的要求。

表 F.5　电动机最高允许温度（$t$）与温升（$k$）（环境温度 $T_e$＝35℃）

| 温度与温升（$t$，$k$） | 注：绝缘等级 | | | | | | | | |
|---|---|---|---|---|---|---|---|---|---|
| | A 级 | | E 级 | | B 级 | | F 级 | | H 级 | |
| | $t$ | $k$ | $t$ | $k$ | $t$ | $k$ | $t$ | $k$ | $t$ | $k$ |
| 定子、转子绕组 | 105 | 70 | 120 | 85 | 130 | 95 | 140 | 105 | 165 | 130 |
| 定子铁芯 | 105 | 70 | 120 | 85 | 130 | 95 | 140 | 105 | 165 | 130 |
| 滑环 | $t$＝105　$k$＝70 | | | | | | | | | |

滑动轴承温度不应超过 80℃，滚动轴承温度不应超过 95℃。

电动机电气连接点、壳体等不应有打火、放电现象。

电动机类设备的工作电流，在正常情况下不应超过额定值。

电动机类设备的接地线路的接地电阻值应符合设计文件的规定。

**F.1.3.2　电热器具防火要求**

电热器具应采用专用插座和单独回路供电。

电源线应装设隔离电器和短路、过载及接地故障保护电器。

导线和热元件的接线应紧固，电热器具引入线处应采用石棉、瓷管等耐高温的绝缘材料保护。

电热器具周围 0.3m 以内不应放置可燃物。

电热器具的外露导体应接地。

电气线路和设备的接线入口及接线盒盖、管口应密封，外护物和遮栏均应具有 IP24 的防护等级。

各连接点（含端子）温升，不应超过本文件表 F.2 的数值。

各种电气设备应无打火、放电现象。

电加热器具的接地线路的接地电阻值应符合设计文件的规定。

**F.1.3.3　空调器的安装要求**

空调器应采用单独回路供电。

空调器电源采用插座时，应设带有保护地线触头的插座。
空调电源线应设置短路、过载保护。
空调器不应安装在可燃结构上，其设备与周围可燃物的距离不应小于 0.1m。
分体式空调穿墙管路应有套管保护，室内机体接线端子板处接线应牢固、整齐、正确。
各连接点（含端子）温升不应超过本文件表 F.2 的规定。
设备工作时应无打火、放电现象。

**F.1.3.4　防爆环境电气设备设置要求**

防爆环境场所电气设备防爆标志应符合爆炸与火灾危险分区要求。

**F.1.3.5　整流、稳压设备防火要求**

输入稳压整流器设备的工作电流不应超过额定电流。
柜体内螺栓连接的导线应无松动，专用端子压接应牢固、无开裂，焊接连接的导线应无脱焊、虚焊、碰壳及短路现象。
快速熔断器的型号、规格应符合设计文件的规定。
稳压整流设备的冷却系统运转应正常。
整流变压器的温升应小于 60K。
各种导线、母线的连接点和接线端子的温升，不应超过表 F.1 和表 F.2 的数值。
电气设备连接点、壳体等不应有打火、放电现象。
整流、稳压设备的接地线路的接地电阻值应符合设计文件的规定。

**F.1.3.6　电风扇的安装要求**

吊扇扇叶距地高度不小于 2.5m。
电扇扇叶角度不应改变，扇叶的固定螺栓防松零件应齐全。
电扇接线正确，电扇运转时应无明显颤动。
各连接点（含端子）温升不应超过本文件表 F.2 的规定。
设备工作时应无打火、放电现象。

**F.1.4　照明装置**

**F.1.4.1　照明装置的选用与安装**

超过 60W 的白炽灯、卤钨灯、荧光高压汞灯、聚光灯、回光灯等照明灯具（含镇流器）不应直接安装在可燃材料或可燃构件上，聚光灯的聚光点不应落在可燃物上。
当灯具的高温部位靠近除不燃性（A 级）以外的装修材料时，应采取隔热（如用玻璃丝、石膏板、石棉板等加以隔热防护）、散热（如在灯具上增加散热空隙或加强顶棚内通风降温，与可燃物保持一定距离）等防火保护措施。
灯饰所用材料的燃烧性能等级不应低于难燃性等级（$B_1$ 级）。
嵌入顶棚内的灯具、灯头引线应用柔性金属管保护，其保护长度不宜超过 1.0m。
聚光灯、回光灯、炭精灯不应安装在可燃基座上，灯头的尾线应用高温线或瓷套管保护。
照明灯具配线接点应设在金属接线盒内。
厨房、开水间、洗衣间、卫生间等潮湿场所应采用防潮灯具。
文物等可燃物品库房内不应装设碘钨灯、卤钨灯、60W 以上的白炽灯等高温照明灯具。

文物等可燃物品库房内照明灯具下放不应堆放可燃物品，照明灯具垂直下方与储存物品水平间距不应小于0.5m，且不应设置移动式照明灯具。

卫生间的灯具位置不应安装在坐便器或浴缸的上面及其背后。

安装在重要场所的大型灯具的玻璃罩，应采取防止玻璃罩碎裂后向下溅落的措施。

当灯具距地面高度小于2.4m时，灯具的可接近裸露导体应接地。

照明灯具上所装的灯泡不应超过灯具的额定功率。

灯具配件齐全，应无机械损伤，涂层剥落与灯罩破裂等缺陷。

**F.1.4.2　防爆环境范围的固定式灯具安装要求**

防爆照明灯具的类别、级别和温度组别应符合设计文件的规定。

**F.1.4.3　照明灯具的工作安全防火要求**

照明灯具与可燃物之间的安全距离应满足以下要求：

(1) 普通灯具不应小于0.3m，当安全距离不够时，应采取隔热、散热措施。

(2) 高温灯具（聚光灯、碘钨灯等）不应小于0.5m，当安全距离不够时，应采取隔热、散热措施。

(3) 影剧院、礼堂用的面光灯、耳光灯不应小于0.5m，当安全距离不够时，应采取隔热、散热措施；

(4) 功率为100～500W的灯具不应小于0.5m，当安全距离不够时，应采取隔热、散热措施。

(5) 功率为501～2000W的灯具不应小于0.7m，当安全距离不够时，应采取隔热、散热措施。

(6) 功率为2000W以上的灯具不应小于1.2m，当安全距离不够时，应采取隔热、散热措施。

(7) 日光灯镇流器线圈的最高允许温度不应超过给定温度标定$T_w$值（$T_w$是镇流器线圈的额定最高工作温度，在该温度下，镇流器有连续工作10年的寿命）。

(8) 日光灯电容器外壳的最高允许温度不应超过$T_c$值（$T_c$是环境最高工作温度）。

(9) 灯具的带电导体对地（外壳）不应有打火、放电现象。

**F.1.5　插座与开关**

**F.1.5.1　插座与开关安装要求**

当交流、直流或不同电压等级的插座安装在同一场所时，应有明显的区别，应选择不同结构、不同规格和不能互换的插座。

暗装的插座与开关应采用专用盒，面板紧贴墙面，四周无缝隙，安装牢固，表面光滑整洁。无碎裂、划伤，装饰帽应齐全。

地插座面板与地面齐平或紧贴地面，盖板固定牢固，密封良好。

备用照明、疏散照明的回路上不应设置插座。

除壁挂式空调电源插座外，其他电源插座电路应设漏电保护装置。

插座、开关若安装在可燃结构上或靠近可燃物时，应采取隔热、散热的保护措施。

潮湿场所应采用密封良好的防溅水型插座。

照明开关边缘距门框边缘的距离应为0.15～0.20m。

在同一、建（构）筑物开关的通断位置应一致。

防爆环境应采用相应的防爆型开关与插座。

**F.1.5.2 插座接线要求**

单相两孔插座，面对插座的右孔或上孔应与相线连接，左孔或下孔应与中性线连接。

单相三孔插座，面对插座的右孔应与相线连接，左孔应与中性线连接。

同一场所的三相插座，接线的相序应一致。

插座间的接地线不应串联连接。

**F.1.5.3 插座与开关工作防火要求**

有插头工作的插座，在工作时不应有过热或打火、放电现象。

开关在工作时不应有过热或打火、放电现象。

插座的接地线路的接地电阻值应符合设计文件的规定。

**F.1.6 等电位联结**

建筑内的电气装置应采用总等电位联结。

建筑中等电位联结干线应从与接地装置有不少于2处直接连接的接地干线或总等电位箱引出。

等电位联结干线或局部等电位箱间的连接线应形成环状线路。

等电位联结环状线路应就近与等电位联结干线或局部等电位箱连接。

等电位联结的线路最小允许截面面积应符合设计文件规定并满足表F.6的要求。

表F.6 等电位联结线路的最小允许截面面积

| 材料 | 截面面积/mm² | |
|---|---|---|
| | 干线 | 支线 |
| 铜 | 16 | 6 |
| 钢 | 50 | 16 |

等电位联结的可接近裸导体或其他金属部件、构件与支线连接应可靠。

**F.2 常用的排查方法**

**F.2.1 红外测温法**

**F.2.1.1 测温前的准备**

根据测温设备说明书，正确选择被测对象材料的发射率。

根据不同受测对象选择适当的参照体，并用其实测温度来确定环境温度。

**F.2.1.2 红外测温仪测温**

根据受测对象表面视场直径的大小和红外测温仪的距离系数，确定检测距离在有效的范围内。

根据受测对象表面材料性质及其表面情况调整仪器的发射率。

将红外测温仪对准受测对象发热部位的中间位置，从不同观测角度进行三次以上的测温，取其最大值温度。

也可对受测对象的发热部位首先使用红外热像仪（或红外热电视）进行普遍扫描检测，发现其异常发热部位后，使用红外测温仪对异常发热部位从不同观测角度至少进行三次测温，取其最大值温度。

**F.2.1.3　红外热像仪摄取温度场热像图**

使用红外热像仪对受测对象的发热部位进行普遍扫描检测，发现其异常发热部位。

使用红外热像仪对受测对象的异常发热部位的温度分布状态，从两个以上的不同观测角度摄取存储热像图，并同时记录实测负载电流和环境温度等有关参数。

使用计算机分析软件，对受测对象现场存储的温度分布信息进行全面的温度分布状态分析。

从计算机输出受测对象异常发热部位温度分布状态的热像图及判定存在的不安全因素结论。

**F.2.1.4　表面温度判断法**

当受测电气线路和设备在满载的情况下，使用红外测温仪测得电气装置相关发热部位的表面温度，根据表 F.1、表 F.2、表 F.5、表 F.6 给出的温度（温升）标准加以比较，判定存在的不安全因素。

当受测电气线路和设备在低负载率的情况下，使用红外测温仪测得电气装置相关发热部位的表面温度时，按以下办法处理。

该表面温度与负载率和接触电阻的大小密切相关，如果连接部位出现较高的表面温度时，判定存在接触电阻过大类的不安全因素。

在低负载率情况下，将实测的温度折合到满载情况下的温度与表 F.1、表 F.2、表 F.4、表 F.5 的温度（温升）标准加以比较，判定存在的不安全因素。

其理论计算公式如下：

$$T_e = (T - T_0) \cdot \left(\frac{I_e}{I}\right)^2 + T_{max}$$

式中　$I_e$——额定负载电流，A；

　　　$T_e$——折合到额定电流下的计算温度，℃；

　　　$T_{max}$——规定的平均最高环境温度为 40℃；

　　　$I$——实测负载电流，A；

　　　$T$——实测负载电流下的温度，℃；

　　　$T_0$——实测环境温度，℃。

**F.2.2　比较判断法**

对于电流致热型的同一电气设备，当三相负载电流平衡时，比较对应接线端子的温度（或温升）的差异，判定存在的不安全因素。

对同一回路中多台电流致热型的电气设备，当三相负载电流平衡且彼此相等时，比较其对应接线端子或其他相关发热部位的温度（或温升）的差异，判定存在的火灾隐患；当三相负载电流不平衡或负载率较低时，应考虑实际负载电流对温度（或温升）的影响。

对于电压致热型的同一台电气设备，当三相电压平衡时，比较其对应接线端子或其他相关发热部位的温度（或温升）的差异，判定存在的不安全因素。

对同一回路中多台电压致热型的电气设备，当三相电压平衡且负载端电压相同时，比较其对应接线端子或其他相关发热部位的温度（或温升）的差异，判定存在的火灾隐患；当三相电压不平衡时，应考虑三相不平衡电压对温度（或温升）的影响。

**F.2.3 热像图判断法**

根据红外热像仪对电气装置的相关发热部位在正常状态和异常状态下热像图上温度分布的差异，判定存在的不安全因素。

**F.2.4 正弦电流和电压有效值的测量**

对于低压配电线路的进线处或干线低压断路器的出线端子，测量相线电流和中性线电流，掌握负载率、过载电流以及三相不平衡电流。根据技术规范规定的导线允许载流量和三相电流不平衡度，判定存在的不安全因素。

对低压配电线路的进线端，测量低压用电设备对地安全电压，根据相关标准规定的安全电压值，判定存在的不安全因素。

**F.2.5 非正弦畸变电流真有效值的测量**

对于非线性负载占比较大的低压配电线路，使用真有效值表测量其相线和中性线非正弦畸变电流的真有效值，根据相关标准中规定的导体允许载流量，判定导线的过载情况和存在的不安全因素。

**F.2.6 漏电电流有效值的测量**

对于低压配电线路绝缘导线的漏电电流和漏电保护装置的动作电流，使用漏电电流测试仪测量，根据技术规范规定的漏电电流值，判定存在的不安全因素。

测量漏电电流可以测量单相的相线和中性线、三相的相线和中性线的剩余电流以及电气设备保护地线（PE线）的漏电电流。

**F.2.7 导线绝缘电阻的测量**

绝缘电阻测试仪电压等级选择如下。

100～500V的电气设备或回路，采用500V兆欧表。

500～3000V的电气设备或回路，采用1000V兆欧表。

测量导线绝缘电阻应在停电情况下使用绝缘电阻测试仪进行，并应符合下列规定。

导线绝缘电阻值，应使用60s测量时间的绝缘电阻值。

测量馈电线路的绝缘电阻时，应将低压断路器、用电设备、电器和仪表等断开。

测量馈电线路的绝缘电阻时，应测量相对相、相对中性线、相对地之间的绝缘电阻值。

**F.2.8 接地电阻测量**

对于保护接地系统中的工作接地，保护接地和重复接地的接地电阻值使用接地电阻测试仪进行测量。

**F.2.9 导电连续性测量**

测量总等电位联结、辅助等电位联结在内的保护导体的连续性。

# 附录 G （规范性）博物馆易燃易爆危险物品管理要求

博物馆应建立严格的易燃易爆危险物品管理制度，确定管理、监督、审批的归口职能部门，明确采购核准、使用监管、领用审批、储存检查、销毁监督等环节的管理职责。

在博物馆内使用易燃易爆危险物品的部门，应根据易燃易爆危险物品的种类、性能、设置相应的通风、防火、防爆防毒、监测、报警、降温、防潮、避雷、防静电、隔离操作等安全措施，并根据需要建立消防和应急机制。

使用易燃易爆危险物品的单位和个人，应遵守各项安全管理制度和操作规程，严格用火、用电管理制度，应配备相应安全防护措施和用具。

盛装易燃易爆危险物品的容器，在使用前后应进行检查，消除隐患，防止火灾爆炸、中毒等事故发生，并设有必要的防爆、泄压设施，同时应按照环境保护法的规定，妥善处理废水、废气、废渣，不应随意堆放。

在博物馆内使用易燃易爆危险物品的单位和个人，应具备下列条件：

（1）使用易燃易爆危险物品的建筑物和场所应符合 GB 50016 和有关专业防火规范的规定。

（2）使用易燃易爆危险物品的场所的防雷设施应符合 GB 50057 的规定，电气安装应符合 GB 50257、电气设备应符合国家电气防爆标准的规定。

（3）科研实验设备与装置应按国家有关规定设置消防设施，定期保养、校验。

（4）易产生静电的科研实验设备与装置，应按规定设置静电导除设施，并定期进行检查。

（5）涉及易燃易爆危险物品的科研、实验技术人员应经过专项消防安全培训，才能上岗。

易燃易爆危险物品要严格领用程序，领用、使用单位（部门）要严格保管制度，应设立专用保管柜，实行双人监督保管。

博物馆应使用的易燃易爆危险物品应统一购买，任何部门和个人不应私自购买易燃易爆危险物品。

博物馆对采购的易燃易爆危险物品应统一储存，储存地点及配套设施应符合 GB 50016 的相关规定，并根据物品的种类、性质，采取相应的通风、防爆、泄压、防火、防雷、报警、灭火、防晒、调温、消除静电、防护围堤等安全措施。

所有过期、失效、报废的易燃易爆危险物品和各类气体钢瓶由博物馆统一交付有关单位处理。

博物馆因施工现场必须使用易燃易爆危险物品时，应由施工单位提出申请，履行许可审批手续并按下列要求严格监督管理。

易燃易爆危险物品装卸时应轻拿轻放。包装容器不应倒置、挤压，防止撞击、扔摔和在地上滚动，以保持容器封闭完好；对遇热、遇潮容易引起燃烧、爆炸和产生有害气体的化学危险品，应采取隔热、防潮措施。运输时不应与易燃物、可燃物及酸碱物资、油脂混装。

易燃易爆危险物品应分类按不同性质专库存放（如油漆、稀料不能与其他物品同库存放）。库房应有锁，门应向外开，并应有警示标志，库房内严禁住人。

专用库房不应与生活区其他设施设在一起。库房内应阴凉、干燥、通风，地面应是不发火花地面，并应有防渗措施。库管员应经常检查易燃易爆危险物品的包装情况。发现渗漏、破损等及时采取措施，库房内应有相应的灭火器材。

氧气瓶、乙炔瓶的使用和存放应执行 GB 50720 的规定，保持安全距离。钢瓶头部防止油污，减压阀、回火阀应保持完好。施工现场使用的储装气体的罐瓶及其附件应合格、完好和有效；严禁使用减压器及其他附件缺损的氧气瓶，严禁使用乙炔专用减压器、回火防止器及其他附件缺损的乙炔瓶。

氧气瓶与乙炔瓶之间的工作间距不小于 5m，且两瓶与明火作业间的距离不小于 10m，建筑工程内禁止存放氧气瓶、乙炔瓶。

易燃易爆危险物品的储存与发放应由专人负责，并进行账目及出入库流向登记、存放情况每日统计。

未使完的易燃易爆危险物品禁止在施工现场存放，应封闭在容器内退回仓库。

室内使用油漆及其有机溶剂、乙二胺、冷底子油等易挥发产生易燃气体的物资作业时，应保持良好通风，作业场所严禁明火，并应避免产生静电。

施工现场存放易燃、可燃材料的库房、木工加工场所、油漆配料房及防水作业场所应使用防爆型灯具。

# 附录 H （规范性）博物馆大型活动消防管理要求

博物馆举办大型活动的消防安全管理应坚持以最高标准、最严措施为工作基础，以确保万无一失为工作方针，全员参与、强化监督，确保将各项规定的执行落实、做细。

## H.1 确定管理目标

博物馆应按照政府相关部门的统一部署，结合大型活动实际情况确定消防安全管理目标、责任和工作重点。

## H.2 建立组织架构

博物馆应在政府相关部门的统一领导下，组建以消防安全责任人或管理人任组长的大型活动领导小组，负责统筹安排博物馆的消防安全管理工作，明确现场管理、协调、后勤、教育培训、信息和应急处置等工作的责任分工。

## H.3 明确工作要求

博物馆应强化大型活动参与各方的消防安全主体责任，明确现场消防安全责任人、管理人，明确各层级、区域、岗位消防安全责任。

博物馆应通过职责分工将消防安全责任逐层分解到部门、科室、岗位，确保责任到人，并通过开列清单、排时间表等方式细化工作任务。博物馆应配置监督岗位，确保任务账单落实到位。

博物馆应通过教育培训统一全员思想认识和安全意识，明确在大型活动全过程中各自岗位职责的重点与难点。博物馆消防安全归口部门应根据反馈信息与实际情况有针对性地协助各部门科室岗位加强警惕意识和提高风险辨识与隐患排查、应急处置、消防设施器材操作使用、疏散组织等岗位技能。

博物馆应协调各部门与周边单位，建立情况会商、隐患通报、定期例会等工作机制，健全无缝管理体系，消除安全责任盲区，确保各环节、各层级、各岗位消防安全工作落到实处。

博物馆各相关部门应建立健全消防档案管理制度，将所有涉及专项工作的资料立卷归档，做好档案保管、保密工作。及时向领导小组上报工作信息、反馈情况，明确报告机制，不应出现迟报、漏报、误报等问题。

## H.4 方案措施落实

应紧盯大型活动的各项进程，明确阶段性工作重点，跟进落实各项消防安全方案和措施。确定每日巡查内容及频次，做到定时间、定路线、定内容、定周期的分析、梳理并解决存在的隐患。

大型活动全过程，应紧盯重点部位和各种特殊作业，落实严控明火、严管用电、严查用气、严禁堆积杂物、严禁堵塞通道等措施。

大型活动期间，配电室、重要设备间等部位应安排专人，坚持24h值班值守，加强消防设施维护保养，始终保持消防设施完好有效并处于应急准备状态。

博物馆应结合大型活动实际和可能发生的突出问题，在本示范文件附录J "博物馆应急管理要求"的基础上分级制定现场应急处置预案，并结合开幕、闭幕和各专场等不同活动的特点，审核、调整或采取专门措施，组织开展有针对性的情景熟悉、短板调研、预案完善、桌面演练以及通信联络、应急联动等准备工作，并适时开展有针对性的演练演习，不断优化应急处置程序、措施，确保一旦遇有突发情况能够快速、稳妥处置，最大限度降低损失和影响。

**H.5 考评总结改进**

大型活动结束后，博物馆应及时组织各部门整理全过程记录档案，依据职责分工与执行效果，全面评价考核各参与部门、科室、岗位、人员的工作绩效，总结短板、经验和教训，及时开展有针对性的教育培训，并形成专项报告。并根据报告适时启动博物馆规章制度文件的修订流程，推进博物馆消防安全管理标准化体系的持续改进。

# 附示 I （规范性）博物馆志愿消防队与微型消防站管理要求

博物馆应建立志愿消防队与微型消防站管理制度，明确各岗位人员职责，确保快速处置初起火灾，提升博物馆火灾自我防范能力，并在应急救援部门指导下，协同建立灭火救援联勤联动体系，并参与周边区域灭火和应急救援处置工作。

## I.1 建设原则

除应建立专职消防队外的其他博物馆均应建立微型消防站。微型消防站以"救早、灭小"为目标，按照"有人员、有器材、有战斗力"标准建设，达到"1分钟响应启动、3分钟到场扑救、5分钟协同作战"的要求。

## I.2 分级标准

博物馆微型消防站分为以下三级：
(1) 设有消防控制室的博物馆，应建立一级微型消防站。
(2) 无消防控制室、员工人数在10人（含）以上的博物馆，应建立二级微型消防站。
(3) 无消防控制室、员工人数在10人以下的博物馆，应建立三级微型消防站。

## I.3 建设要求

### I.3.1 人员配备

(1) 基本要求

博物馆微型消防站人员配备应满足灭火应急处置"1分钟响应启动、3分钟到场扑救、5分钟协同作战"的要求。

(2) 岗位设置

微型消防站应设站长、值班员、消防员等岗位，配有消防车辆的博物馆微型消防站应设驾驶员岗位，可根据博物馆微型消防站的规模设置班（组）长等岗位。

(3) 分组编排

一级微型消防站每班次在岗人员不应少于4人（不含消防控制室值班人员），其中，能到场参与火灾扑救的在岗人员不应少于3人；二级微型消防站同时在岗人员不应少于3人；三级微型消防站同时在岗人员不应少于2人。

(4) 人员配备

微型消防站应设站长、消防员、值班通信员等岗位，配有消防车辆的微型消防站应设驾驶员岗位。

微型消防站每班值班备勤人员不应少于表I.1博物馆微型消防站各岗位值班人数要求，且不应违反消防控制室管理规定。

表 I.1 博物馆微型消防站各岗位值班人数要求

| 岗位 | 一级站 | | 二级站 | | 三级站 | |
| --- | --- | --- | --- | --- | --- | --- |
| | 设置 | 人数 | 设置 | 人数 | 设置 | 人数 |
| 值班员 | 是 | ≥1 | 是 | ≥1 | 是 | ≥1 |
| 消防员 | 是 | ≥2 | 是 | ≥2 | 是 | ≥1 |
| 班组长 | 视情况决定 | | | | | |
| 驾驶员 | 视情况决定 | | | | | |

### I.3.2 装备配备

博物馆微型消防站应根据扑救初起火灾需要，参照表 I.2 博物馆微型消防站装备配备参考标准，配备一定数量的灭火、通信、防护等器材装备，有条件的博物馆微型消防站可根据实际需要选配消防车辆，并根据灭火救援需要合理设置消防器材装备（车辆）存放点。

表 I.2 博物馆微型消防站装备配备参考标准

| 序号 | 类别 | 器材名称 | 单位 | 一级 数量 | 一级 标准 | 二级 数量 | 二级 标准 | 三级 数量 | 三级 标准 |
|---|---|---|---|---|---|---|---|---|---|
| 1 | 灭火器材 | 水枪 | 把 | 2 | 必配 | 2 | 必配 | 1 | 必配 |
| 2 | | 水带（根据实际配备 80mm/65mm 水带） | 盘 | 5 | 必配 | 4 | 必配 | 3 | 必配 |
| 3 | | 消火栓扳手 | 把 | 2 | 必配 | 1 | 必配 | 1 | 必配 |
| 4 | | ABC 型干粉灭火器（4kg 装） | 个 | 10 | 必配 | 5 | 必配 | 2 | 必配 |
| 5 | | 强光照明灯 | 个 | 3 | 必配 | 2 | 必配 | 1 | 必配 |
| 6 | 破拆器材 | 消防斧 | 把 | 1 | 必配 | 1 | 必配 | 1 | 选配 |
| 7 | | 绝缘剪断钳 | 把 | / | 选配 | / | 选配 | / | 选配 |
| 8 | | 铁锹 | 把 | / | 选配 | / | 选配 | / | 选配 |
| 9 | 个人防护装备 | 消防头盔 | 顶 | 4 | 必配 | 3 | 必配 | 2 | 必配 |
| 10 | | 消防员灭火防护服 | 套 | 4 | 必配 | 3 | 必配 | 2 | 必配 |
| 11 | | 消防员灭火防护靴 | 双 | 4 | 必配 | 3 | 必配 | 2 | 必配 |
| 12 | | 消防安全腰带 | 条 | 4 | 必配 | 3 | 必配 | 2 | 必配 |
| 13 | | 消防手套 | 双 | 4 | 必配 | 3 | 必配 | 2 | 必配 |
| 14 | | 消防过滤式综合防毒面具 | 个 | 4 | 必配 | 3 | 必配 | 2 | 选配 |
| 15 | 通信器材 | 固定电话（值班室、寝室同号分机） | 台 | 1 | 必配 | 1 | 必配 | 1 | 必配 |
| 16 | | 对讲机 | 台 | 4 | 必配 | / | 选配 | / | 选配 |
| 17 | | POC 对讲机 | 台 | / | 选配 | / | 选配 | / | 选配 |

### I.3.3 站点设置

博物馆微型消防站选址应遵循"便于出动、全面覆盖"的原则，选择便于人员车辆出动、3 分钟可到达博物馆任意地点的场地。

微型消防站应设置明显标志，张贴（悬挂）"博物馆微型消防站"标牌。

博物馆微型消防站应设置必要的办公设施，满足值班需求，并将组织架构、在岗人员、应急处置程序等张贴上墙。

### I.4 工作任务

微型消防站应积极参与博物馆日常消防安全检查巡查、灭火应急演练、消防知识宣传，达到消防安全巡查队、灭火救援先遣队、消防知识宣传队"三队合一"的效果。

#### I.4.1 平时日常消防工作

在平时，博物馆微型消防站可参照附录 A "博物馆各级人员消防安全职责"的相关要求开展日常消防安全工作。

**I.4.2 应急快速救援职责**

应以"1分钟响应启动、3分钟到场扑救、5分钟协同作战"为原则，按照附录 J"博物馆应急管理要求"响应分级预案。

**I.4.3 "1分钟响应"程序要求**

博物馆微型消防站值班员接到火灾报警后，应立即启动应急响应程序。携带简易灭火装备，会同火灾现场工作人员共同形成1分钟应急处置力量。

**I.4.4 "3分钟处置"程序要求**

博物馆微型消防站力量应满足3分钟到场灭火处置的要求，确有困难的，可将保安员、巡逻员等纳入微型消防站队员。在接到火警报告或调派指令后，微型消防站队员应立即就近取用灭火救援和防护装备在3分钟内到达起火地点，按应急处置程序，开展人员疏散、火灾扑救等工作。

**I.4.5 "5分钟联动"程序要求**

加入消防区域联防协作的博物馆微型消防站，在周边单位发生火灾后，应根据调派指令，在5分钟联动，携带灭火救援和防护装备赶赴起火地点协同作战。国家消防救援队到场后，博物馆微型消防站应服从其统一指挥，协助处置。

**I.5 运行管理**

博物馆微型消防站应按照相关制度，加强日常管理，定期开展体技能和技战术训练。

微型消防站应按有关规定建成后或人员、装备有调整时，应及时报知主管部门备案。

微型消防站应加强档案资料建设，有关建设情况、活动记录应及时存档。

微型消防站应实行24h值班（备勤），分班编组，合理安排执勤力量，确保战斗力。微型消防站应确保值班电话畅通，值班电话不得用于与灭火救援无关的活动。

微型消防站应制定完善灭火救援调度指挥和通信联络程序，接受消防救援部门的统一调度，实施博物馆的消防应急处置或对周边单位提供协助。

**I.6 岗位职责**

博物馆微型消防站人员应按照本文件附录 A"博物馆各级人员消防安全职责"的要求履行相关职责。

# 附录 J （规范性）博物馆应急管理要求

## J.1 应急准备

### J.1.1 应急救援组织

距离国家综合性消防救援队较远、被列为全国重点文物保护单位的古建筑群的博物馆应建立专职消防队，其他博物馆应建立兼职消防队和微型消防站，并应符合附录Ⅰ"博物馆志愿消防队与微型消防站管理要求"的规定。可不建立专职消防队的博物馆应指定兼职消防救援人员，并与邻近专业应急救援队伍签订应急救援服务协议。

### J.1.2 应急预案基本要求

#### J.1.2.1 预案编制原则

博物馆从业人员应认识到消防相关事故与火灾都可能给文物、展品造成无可挽回的损失和不良社会影响，因此消防安全应急预案（以下简称"预案"）的编制应遵循：以人为本、保护文物，以练促防、快速反应，符合实际、注重实效的原则，明确应急职责、规范应急程序、细化保障措施。

博物馆的灭火行动方案设计应尽可能全面考虑对文物造成的各种不良影响，并制定详细的应对措施。

博物馆应考虑在火灾和消防相关灾害的不同情景下，特别是在大型活动现场，存在人流量大、老人和孩子行动不便、公众不熟悉环境等不利情况。

#### J.1.2.2 预案的分级分类

预案根据灾情设定的严重程度和场所的危险性，从低到高依次分为五级，见表 J.1。

表 J.1 预案分级表

| 预案分级 | 事故类型 | | | 事故发生部位 |
|---|---|---|---|---|
| | 火灾但未见明火 | 火灾可见明火 | 消防相关事故 | 是否有公众或有文物展品存放 |
| 一级 | 否 | 否 | 是 | 否 |
| 二级 | 否 | 否 | 是 | 是 |
| 三级 | 是 | 否 | / | 否 |
| 四级 | / | 是 | / | 否 |
| 五级 | / | 是 | / | 是 |

注：发生在重点部位、特殊作业和大型活动现场的事故，预案等级（除五级外）应提升一级。

按照博物馆规模大小、功能及业态划分、管理层次等要素，可分为总预案、分预案和专项预案三类。

#### J.1.2.3 预案的备案与通报

博物馆的应急预案应按照有关规定报知政府监管部门，并及时通报周边有关应急协作单位。

### J.1.3 预案编制程序

#### J.1.3.1 成立预案编制工作组

针对可能发生的火灾和消防相关事故，结合博物馆各部门职能分工，成立以主要负责人或分管负责人为组长，相关人员参加的预案编制工作组，可以委托专业机构提供技术协助，明确工作职责和任务分工，制定预案编制工作计划，组织开展预案编制工作。

**J.1.3.2 资料收集与评估**

博物馆应按本文件5.4现场管理和5.5风险管控及隐患排查治理等章节的要求全面分析本单位火灾危险性、可能发生的消防相关事故类型及危害程度，确定消防安全重点部位和风险源，并形成消防风险评估清单。

通过档案记录等资料客观评价博物馆的应急组织协调能力、从业人员的消防技能等方面的应急处置能力和消防相关设施、器材的状况。

针对火灾和消防相关风险和存在的管理与能力短板，提出在应急准备和应急处置中应采取的应对措施。

收集借鉴国内外，特别是同类型行业的火灾教训和应急工作经验、教训。

**J.1.3.3 编写预案**

预案应针对可能发生的各种火灾和消防相关事故的影响分类分级编制，明确应急机构人员组成及工作职责、事故的处置程序以及预案的培训和演练要求等，编制格式可参考表J.2预案基本格式及编写表。

表J.2 预案基本格式及编写表

| 序号 | 要求 | 名称 | 包含内容 |
|---|---|---|---|
| 1 | 基本编写格式 | 封面 | 包括标题、博物馆名称、预案编号、实施日期、签发人（签字）和公章等内容 |
| 2 | | 目录 | 包括页码 |
| 3 | | 引言 | 阐述本预案编制的目的、意义 |
| 4 | | 概述 | 概括描述预案的要点 |
| 5 | | 预案正文 | 按本规范要求编写 |
| 6 | | 附录 | 术语和定义，对预案涉及的一些术语、符号、代号等进行说明 |
| | | | 预案备案，明确预案的报备部门及更新流程 |
| | | | 维护和更新，明确预案维护和更新的基本要求，定期进行评审，实现持续改进 |
| | | | 制定与解释，明确预案负责制定与解释的部门 |
| | | | 预案实施，明确预案实施和生效的具体时间 |
| 7 | | 附加说明 | 信息接收、处理、上报等规范化格式文本 |
| | | | 博物馆内部有关部门、机构或人员的联系方式 |
| | | | 博物馆外部相关机构或部门的联系方式 |
| | | | 博物馆平面布置图、周边重要防护目标分布图 |
| | | | 博物馆火灾风险源和主要消防相关风险控制节点一览表、分布图 |
| | | | 消防设施分布、应急救援设施（备）、物资清单及布置图 |
| | | | 博物馆内部及周边区域人员疏散路线、安置场地位置图 |
| | | | 与本预案相关或相衔接的其他预案名录 |
| | | | 与相关单位签订的应急支援协议或备忘录 |
| | | | 有关制度、程序和方案等 |
| | | | 本单位历史的消防相关事故、火灾记录等 |
| 8 | 预案应采用A4版面印刷，活页装订 | | |

预案应充分考虑必选灭火行动方案可能对文物造成的损害，并对相关区域文物的隔离作出规定，包括隔离区的设定、事故现场隔离区的划定方法、隔离与防护措施等。

博物馆应编制总预案，博物馆内各部门应结合岗位消防危险性编写分预案，消防安全重点部位、特殊作业部位应编写专项预案。针对火灾和消防相关风险较大的重点部位、特殊作业部位应制定现场处置方案，并编制岗位人员应急处置卡，发放并培训到人。

博物馆应针对开放和非开放等不同时间段，分别编制预案。

博物馆宜应用室内电子地图、BIM、大数据、物联网、区块链、移动通信等信息技术，制定数字化预案和应急处置辅助决策系统。

**J.1.3.4 评审与发布**

预案编制完成后，博物馆主要负责人应组织有关部门和人员，依据国家有关方针政策、法律法规、规章制度以及其他有关文件对预案进行评审。

预案评审通过后，由博物馆主要负责人签署发布，以正式文本的形式发放到每个部门。

**J.1.3.5 适时修订预案**

预案修订工作应安排专人负责，根据文物、展品的储存性质、功能分区的改变和日常检查巡查、应急处置过程中发现的问题，及时修订预案，确保预案适应博物馆实际情况。

**J.1.4 预案的主要内容**

**J.1.4.1 编制目的**

简述预案编制的目的和作用。

**J.1.4.2 编制依据**

简述预案编制所依据的有关法律、法规、规章、规范性文件、技术规范和标准等。

**J.1.4.3 适用范围**

说明预案适用的条件、场所、事故类型和级别。

**J.1.4.4 预案原则**

说明预案编写的工作原则，内容应简明扼要。

**J.1.4.5 博物馆基本情况**

说明博物馆的名称、地址、使用功能、建筑面积、建筑结构及主要人员等情况，还应包括博物馆总平面图、分区平面图、立面图、剖面图、疏散示意图等。各类图纸制图要求如下：

（1）博物馆总平面图应体现本单位的总体布局，标明其地理位置，周边300～500m范围内的重要建筑、公共消防设施、专职消防队或微型消防站、区域联防组织等情况说明，内部主要建筑、设备、消防车道、回车场、救援场地的毗连情况说明，应急避难场所、燃气控制阀、消防水源及总控制阀、供热总控制阀、室外消火栓、接合器、消防箱分布以及其他重要部位的情况说明，对不同危险级别的区域应以不同颜色标示区分。

（2）博物馆分区平面图应反映总平面图内消防安全重点部位灭火、应急和疏散行动部署情况，主要包括消防安全重点部位及周围环境的平面布局，应急避难空间、各级消防水源、各级供水燃气供热管网的主要控制阀、各级配电箱、各种灭火设施器材的数量分布，水带铺设路线和人员物资疏散路线等。

（3）博物馆立面图应以正面和侧面投影图形式标明消防安全重点部位的外貌和应急行动部署情况，主要包括建筑和消防设施的立面布局，救援窗、登高救援面、水带铺设路线以及应急救援箱、专职消防队或微型消防站位置等内容。

（4）博物馆剖面图应标明建筑内部比较复杂的结构或部位的应急行动部署情况，主要包括建筑内部的分层和连通情况。

（5）疏散示意图应标明各防火分区安全出口、避难空间、疏散通道位置以及相应的疏散路线指示等情况。

（6）说明博物馆的火灾危险源情况，包括火灾危险源的位置、名称、性质和危险程度，明确危险源区域的责任人员和防护手段措施等。

说明博物馆消防设施的情况，包括设施类型、数量、性能、主要参数、联动逻辑关系等内容。

**J.1.4.6 消防情景设定**

预案应明确最有可能发生火灾或消防相关事故的情景列表，包含地点、性质以及影响范围、状况等。

预案应分析不同情景下的事故情况，包括常见引火源、可燃物的性质、蔓延可能性、爆炸可能性及消防相关事故的类别、控制最小延迟时间、危及范围、次生灾害导致文物受损的可能性等内容，可能影响预案组织实施的主、客观条件等也应考虑在内，包括但不限于以下各项内容：

（1）预案应考虑发生在博物馆举办大型活动时，特别是文物与公众同时存在时的复杂情景，并应将公众中存在行动不便人员和不熟悉疏散路径等最不利情况考虑在内。

（2）预案应考虑发生在布、撤展期间可燃物较多的情况。

（3）预案应考虑事故发生在文物展厅或藏品库区等文物场所时，采取的灭火行动对文物的影响情况。

（4）预案应考虑天气因素，分析在大风、暴雨、高温、寒冬等恶劣气候下对应急救援、消防设施设备、人员疏散造成的影响，并制定针对性措施。

**J.1.4.7 组织机构及职责**

预案应说明应急体系的组织形式、构成部门或人员，并以结构图的形式展现。

预案应明确博物馆的指挥机构，并宜由消防安全责任人任总指挥，消防安全管理人任副总指挥，消防工作归口职能部门负责人具体组织实施。

预案宜建立在博物馆消防安全责任人或者消防安全管理人不在位的情况下，由在场的其他主要负责人或第三人替代指挥的梯次指挥体系。

博物馆应急指挥部一般应设在消防控制室，对于消防控制室空间较小、没有现场视频监控、未设消防控制室或属于室外火灾的情况，应急指挥部的选址应考虑具备相应耐火等级、符合规定的疏散方式、良好的观察视线和通风等条件的场所。

预案应明确通信联络组、灭火行动组、文物防护组、应急抢修组、疏散引导组、防护救护组、安全保卫组、后勤保障组等行动机构。

预案应结合每个组织机构在应急行动中需要动用的资源、涉及的工作环节，按照下列要求明确每个组织机构及其成员在应急行动中的角色和职责。

指挥机构由总指挥、副总指挥、消防归口职能部门负责人组成，负责人员、资源配置、应急队伍指挥调动、协调事故现场等有关工作，批准预案的启动与终止，组织应急预案的演练，组织保护事故现场，收集整理相关数据、资料，对预案实施情况进行总结讲评。

通信联络组由现场工作人员及消防控制室值班人员组成，负责与指挥机构和当地应急救援机构、区域联防单位及其他应急行动涉及人员的通信、联络。

灭火行动组由自动消防系统操作员、指定的一线岗位人员和专职或志愿消防员或微型消防站队员组成，负责在发生火灾后立即利用博物馆内的消防设施、器材就地扑救初起火灾。

文物防护组由文物专业技术人员、指定的工作人员和安保人员组成，负责在发生火灾或消防相关事故后立即采取防护、转移、监控、保管等措施，将文物的受损程度降到最低。

应急抢修组由工程技术人员、自动消防系统操作员、指定的工作人员和专职或志愿消防队员组成，负责在发生消防相关事故后立即控制不良影响并组织抢修。

疏散引导组由指定的一线岗位人员和专职或志愿消防队员组成，负责引导人员正确疏散、逃生。

防护救护组由指定的具有医护能力的人员组成，负责协助抢救、护送受伤人员。

安全保卫组由保安人员组成，负责现场秩序维护，阻止无关人员进入现场，事后现场保护，协助消防部门开展火灾调查。

后勤保障组由相关物资保管人员组成，负责抢险救援物资、器材器具的供应和其他后勤保障工作。

每个行动机构承担任务的人员数量，按照最危险情况下应急需要足量确定。

岗位人员应实行动态备份管理，按各岗位当值在位情况，明确同角色的人员分工，确保不会因本人所在岗位轮班换岗等原因，造成在应急行动中无人负责的情况发生。

**J.1.4.8 应急响应**

1）报警确认与第一处置

博物馆消防控制室接到报警信息后，应同时通知第一现场岗位工作人员和专（兼）职消防队，以便尽可能快速确认报警信息并采取应急措施。

现场工作人员发现初起事故的，应立即通过手动报警按钮报警、电话等方式报警，并采取应急措施。

2）响应措施

博物馆应根据现场情况确定预案等级，明确现场指挥人员职责和缺位时的递补规则，并与辖区应急救援机构预案密切配合，预案响应等级如下。

一级预案应明确由博物馆当值负责人到场指挥，组织应急抢修组到场处置，迅速采取有效措施防止事故扩大。

二级预案应立即报告消防安全管理人或责任人，可由博物馆当值负责人到场指挥，并组织应急抢修组、文物防护组、安全保卫组到场处置，组织疏散人员、保护或转移文物，迅速采取有效措施控制事故影响。

三级预案应立即报告消防安全管理人或责任人,可由博物馆当值负责人到场指挥,调集博物馆志愿消防队、微型消防站队员或专业消防力量到场处置,扑救初起火灾,保护文物、展品,控制火势扩大蔓延。

四级预案应明确由消防安全管理人到场指挥,调集博物馆志愿消防队、微型消防站队员和专业消防力量到场处置,组织疏散人员、扑救初起火灾、抢救伤员、保护文物展品,控制火势防止蔓延,拨打119报警。

五级预案应明确由消防安全责任人到场指挥,立即拨打119报警,同时调集博物馆所有消防力量到场处置,组织疏散人员、扑救初起火灾、抢救伤员、保护文物、展品,有效控制火灾蔓延扩大,联络周边区域联防单位到场支援。

3)指挥调度

预案应明确统一通信方式,统一通信器材,宜使用可录音存储的对讲系统。指挥机构负责人应使用统一的通信器材下达指令,行动机构承担任务人员应使用统一的通信器材接受指令和报告动作信息。

预案应统一规定应急行动中各种可能的通信用语,通信用词应清晰、简洁,指令、反馈表达完整、准确。

预案应要求指挥机构了解事故部位、危及文物情况,科学下达文物防护与转移、应急抢修和疏散公众的行动指令。

预案应设计各种应急处置情景下的指令下达方式和应作出的反馈。应要求指挥机构在了解现场灾情的情况下,科学下达指令,使到达一线参与应急行动的人员位置、数量和构成符合应急行动需要。

4)通信联络

预案应将应急联络工作中涉及的相关人员的联系方式分类分组详列成表,便于使用。

预案应明确要求通信联络组承担任务的人员熟练掌握信息播报的流程与表述方式,快速、有效地传达各项指令和反馈现场信息。

预案应对通信联络组承担任务人员进行分工,满足各项通知任务同时进行的要求。

预案应明确通信联络组承担任务人员向总指挥、副总指挥、应急救援机构、区域联防单位等报告火情的基本规范,保证准确传递下列火灾情况信息:

起火的详细地址,建筑结构,起火物,有无存储易燃易爆危险物品;起火部位或楼层;可能危及的文物性质、受损、转移及保护情况;人员受困情况、火情大小、火势蔓延情况、水源情况等其他信息。

5)灭火行动

设有自动消防设施的博物馆,预案应要求自动消防设施设置在自动状态,保证一旦发生火灾立即动作;确有特殊原因需要设置在手动状态的,消防控制室值班人员应在火灾被确认后立即将其调整到自动状态,并确认设备启动。

预案应细化各部位在接到确认的火灾报警信号或发现燃烧初起时,启动自动消防设施的基本原则,明确不同区域启动各类自动消防设施的先后顺序、启动时机、方法、步骤,提高应急行动的及时性和有效性。

预案应明确保障一线灭火行动人员安全的原则,在本单位火灾类别范围下,规定灭火行动组一线人员进入现场扑救火灾的范围、撤离火灾现场的条件、撤离信号和安全防护措施。

预案应根据承担灭火行动任务人员岗位的经常位置，规定灭火行动组在接到通知或指令后立即到达现场的时间要求。

预案应规定不同性质的场所火灾所使用的灭火方法，并明确一线灭火行动可利用的气体灭火、防排烟、自动喷水灭火等消防设施和可使用的灭火器、消火栓等消防器材，指出迅速启动自动消防设施和取用消防装备器材的途径与方法。

预案应明确重点部位的文物防护、人员救护、工艺操作、事故控制、控火灭火等方面的应急处置措施。

对完成灭火任务的，预案应要求一线灭火行动人员在检查确认后，及时向指挥机构报告。

6）文物防护行动

预案应明确文物防护行动的启动流程和各级负责人的职责。文物防护组主要成员平时应与其他行动组同样常备统一的通信器材。

预案应明确灭火或抢修的整个过程中可能涉及文物的安全风险和与文物防护组的协作机制，根据现场情况及时采取防护、转移等有效措施并妥善保管。

文物防护行动的全过程应确保可靠的监控、公众隔离与疏导等应急处置措施。

预案应对重要文物等的隔离作出规定，包括隔离区的设定，事故现场隔离区的划定方式、方法，事故现场和非事故现场的隔离方法等。

7）抢修行动

博物馆相关部门应根据单位具体情况，在值班点等方便取用的位置放置抢修行动必备的应急包，包括但不限于：设备间、管道间等房间的钥匙、特殊阀门的开启工具、维修工具、堵漏工具材料、照明器材、破拆工具和防护用品等。

博物馆应在应急指挥部内张贴平面图或通过电子地图、BIM等形式，分专业、分层级、分颜色地标明各区域阀门、检修口等应急控制节点的具体位置，并以适当的代号、名称或标识与现场实际部位相对应，便于应急沟通与快速协同。

预案应根据承担抢修行动任务的岗位人员的经常位置，规定抢修行动组在接到通知或指令后立即到达现场的时间要求。

预案应规定不同性质的事故所适用的抢修流程与方法，并分别明确所必须具备的职业资格、技能、资源或保障等特殊要求。

预案应明确特殊部位的人员防护、工艺操作、事故控制、环境保护等方面的应急处置措施。

预案应要求在完成应急任务后，一线应急行动人员应检查确认，并向指挥机构报告。

8）疏散引导

预案应分别明确博物馆各区域的疏散指示标识图和逃生线路示意图。

预案应明确事故现场人员和非事故现场人员紧急疏散的方法与途径。博物馆开放时段的预案应预见疏散的公众自行离开的情形，宜采用大数据、物联网、区块链、移动通信等有效的公众疏散清点措施和记录方法。

有应急广播系统的博物馆，应在应急广播系统内预先录制中文（包括方言）和英文等自动广播内容。预案应对启动应急广播的时机、播音内容、语调语速、选用语种等作出规定。

设置有智能应急照明和疏散逃生引导系统的，预案应明确根据火灾现场所处方位调整疏散指示标志的引导方向。

预案应根据疏散引导组人员岗位的经常位置，规定疏散引导组在接到通知或指令后立即到达现场的时间要求。

预案应对同时启用应急广播疏散、智能疏散系统引导疏散、人力引导疏散等多种疏散引导方法提出明确要求。

预案应对疏散引导组人员的站位原则作出规定，对现场指挥疏散用语分情况进行规范列举，明确需要佩戴、携带的防毒面具、湿毛巾等防护用品，保证疏散引导秩序井然。

预案应对疏散人员导入的安全区域和每个小组完成疏散任务后的站位作出规定。

9) 防护救护

预案应明确博物馆内分区域疏散完毕后的清查与紧急封闭程序。

预案应明确对事故现场受伤人员进行救护救治的方式、方法和实施紧急救护的场地，应要求及时拨打急救电话120，联系并引导医务人员现场救护。

10) 与消防队的配合

博物馆应时刻保持消防车通道畅通，严禁设置和堆放阻碍消防车通行的障碍物。火灾发生时，安全保卫组人员应在路口迎接消防车，为消防车引导最佳路线、室外消火栓、接合器、楼内通道、消防电梯等。其他人员应积极协助消防队开展灭火救援工作。

预案应明确博物馆现场指挥负责人和熟知情况的人员向到场的消防队提供如下信息：

①火灾蔓延情况，包括起火地点、燃烧物体及燃烧范围（火焰、烟的扩散情况等）、起火原因等。

②火灾涉及区域内是否有未转移的文物等展品及其特性等具体情况和已采取的防护措施等。

③人员疏散情况，包括是否有人员被困、疏散引导情况以及受伤人员的状况等。

④初期灭火行动，包括火灾初起情况、防火分隔区域构成情况，博物馆的气体灭火、自动喷水灭火、防排烟、室内消火栓等固定灭火设备状况等。

⑤空调设备、电梯、供配电等设施的运行情况以及应急电源的保障情况等。

⑥博物馆平面图、建筑立面图等消防队需要的其他资料。

**J.1.4.9 应急保障**

预案应制定信息通信系统及维护方案，保障有24h有效的报警装置和有效的内部、外部通信联络手段，确保应急期间信息通畅。

预案应说明应急组织机构管理机制，制定每日值班表，保障应急工作需要。

说明博物馆应急物资和装备的类型、数量、性能、存放位置、运输及使用条件、管理责任人及其联系方式等内容。

预案应说明博物馆文物、展品转移、防护设施和材料的类型、数量、性能、存放位置、使用条件、管理责任人及其联系方式等内容。

博物馆应根据可能发生的事故种类特点，按照有关规定设置应急设施，配备应急装备，储备应急物资，建立管理台账，安排专人管理，并定期检查、维护、保养，确保其完好、可靠。

预案应说明经费保障、治安保障、技术保障、后勤保障等其他应急工作需求的相关保障措施。

**J.1.4.10　应急响应结束**

说明现场应急响应结束的基本条件和要求。

**J.1.4.11　后期处置**

说明事故现场警戒保护及协助调查、事故信息发布、文物展品清点、故障抢修、恢复工作、医疗救治、人员安置等内容。

**J.2　应急处置**

**J.2.1　预案实施原则**

预案的实施应遵循分级负责、综合协调、动态管理的原则，全员参与学习培训、定期根据实际情况进行桌面演练和实战演练、不断修订完善。

从假想灾情开始至演练结束，均应按预案规定的分工、程序和要求进行。

**J.2.2　预案的培训**

在预案中承担相应任务的所有人员，均应参加培训。承担任务的人员发生调整，新入职人员应在消防工作归口职能部门的指导下及时熟悉预案内容；调整幅度较大的，应组织集中培训。

培训目的是使参训人员熟悉预案内容，了解火灾或应急事件发生时其所属各行动机构人员的工作任务及各方之间应做到的协调配合，熟练掌握必要的扑救初起火灾的技能、应急抢修技能、文物防护的措施与应急设施、器材的操作使用方法。

培训应包含预案的全部内容，职责、个人角色及其意义，应急演练及灭火疏散行动中的注意事项，各行动组的相互协调与配合，文物防护、应急抢修、防火灭火、常见消防设施的功能及操作使用方法等应急处置的基本技能（表J.5）。

对培训效果进行考核和评估，保存相关记录，应建立日常线上线下培训考评与集中培训相结合的机制，集中培训周期不应超过1年。

**J.2.3　预案实施条件检查**

**J.2.3.1　检查目的**

通过检查发现可能使预案难以执行或发生错误的问题，发现预案中不切合实际的内容，以便及时修订。

**J.2.3.2　检查内容**

博物馆应定期组织检查，以保证预案实施所必需的各类条件，并书面记录保存。检查应包括但不限于以下内容：

（1）消防设施、装备、器材是否正常有效，并处于应急准备状态。

（2）应急抢修设施、工器具、材料是否齐全可用。

（3）文物防护措施和相关专业人员的准备情况。

（4）疏散通道是否畅通，疏散通道上的防火门、防火卷帘等设施是否完整好用。

(5) 预案涉及人员是否具备承担相应任务的知识和能力。
(6) 日常应急组织机构值班人员是否在岗在位。
(7) 各行动组的通信联络设备是否完好有效并且处于随时可用的状态。

**J.2.4 演练的组织**

博物馆应至多每半年，针对各部门责任区域的风险评估与隐患排查情况，分别组织开展一次分预案应急演练；博物馆各部门应每季度适时组织一次由相关科室参加的专项预案应急演练，并做到全员参与、常备不懈。演练应确保安全有序，注重实效。

博物馆应至少每年在分析分预案、专项预案演练评估报告的基础上组织一次总预案演练。遇特殊情况无法进行实战演练时，应先行组织桌面演练，在具备条件时仍应进行实战演练。

承办大型活动的博物馆应结合实际情况，优先针对单位的消防安全短板组织相关部门进行电气火灾应急处置，消防相关事故应急抢修，藏品库区气体灭火，灶台灭火，布、撤展等施工现场灭火，燃气机房水喷雾灭火，自动跟踪定位射流灭火模拟，文物防护，大型活动紧急疏散及清点等专项应急演练，并应将演练成果有机地融入博物馆分预案、总预案演练之中。各种演练应记录、考评和归档。

博物馆总预案、分预案演练应由博物馆应急指挥机构统一组织，专项演练宜由各部门负责人与消防归口职能部门协同组织，并由博物馆应急指挥机构监督。

组织总预案演练时，宜报告并争取当地应急救援机构给予业务指导，国家一级博物馆应协调应急救援机构适时组织综合演练。

**J.2.5 演练的准备**

制定实施方案，确定假想事故或起火部位，明确重点检验目标。

博物馆可以通知组织演练的大概时间，但不应告知具体的演练时间，实施突击演练，真实检验人员处置突发事件的能力。

设定假想事故或起火部位时，应选择人员集中、火灾危险性较大、可能危及文物和重点部位、特殊作业区域等作为演练情景，根据实际情况确定模拟形式。

博物馆应充分利用消防设施反馈信息、视频监控、物联网、区块链、室内定位记录等方式作为演练效果评价的客观依据，并配合观察岗位，指定专人记录演练参与人员的关键行为。

组织演练前，应在建筑入口等显著位置设置"正在消防演练"的标志牌并公告。

模拟火灾演练中应落实火源及烟气控制措施，防止造成人员伤害。

疏散路径的楼梯口、转弯处等容易引起摔倒、踩踏的位置应设置引导人员，应有针对老人、儿童或行动不便人员的专项措施及方案。

演练会对公众造成影响的，应提前一定时间作出有效公告，避免引起不必要的惊慌。

**J.2.6 演练的实施**

演练应在现场发现火情和系统发现火情两种情景设定下分别实施，并按照下列要求及时处置：

（1）由现场人员发现的火情，发现人应立即通过火灾报警按钮或通信器材向消防控制室报告火警，并使用现场灭火器材扑救初起燃烧。

（2）消防控制室值班人员通过火灾自动报警系统、视频监控系统或其他物联网系统或平台发现火情的，应立即通过通信器材通知现场岗位人员到场确认，并向博物馆应急指挥部报告，同时根据实际情况启动相应等级的应急预案。

应急指挥部负责人接到报警后，应按照下列要求及时处置。

（1）密切关注现场情况，并为应急响应做准备，确认事故后，博物馆应根据预案要求，立即启动相应级别应急预案，并按照有关规定报告事故情况，并开展先期处置。

（2）通知各行动机构按照职责分工实施抢修或灭火、文物防护和应急疏散行动。预案启动后，现场人员应首先采取阻断或隔离事故源、危险源等措施；危及人身安全时，现场人员采取必要的或可能的应急措施后快速撤离危险区域。

（3）指挥部根据火灾现场情况，决定采取切断发生火灾部位的非消防电源、燃气阀门，停止通风空调，启动气体灭火系统、雨淋系统、定位射流灭火系统、消防应急照明和疏散指示系统、消防水泵和防烟排烟风机等一切有利于火灾扑救及人员疏散的措施。

（4）应急指挥部负责人应及时按照有关规定和程序报告博物馆负责人，负责人应立即将事故发生的时间、地点、当前状态等简要信息向属地县级以上文物部门和应急救援机构报告，并根据灾情按照有关规定及时补报、续报有关情况；情况紧急时，事故现场有关人员可以直接向有关部门报告；对可能引发的次生事故灾害情况，也应及时报告。

（5）研判事故危害及发展趋势，将可能危及文物、周边生命、财产、环境安全的危险性和防护措施等告知相关单位与人员；遇有重大紧急情况时，应立即封闭事故现场，通知本单位从业人员和周边人员疏散，采取防护、转移文物展品等避免或减轻危害等措施。

（6）请求周边应急救援队伍参加事故救援，维护事故现场秩序，保护事故现场证据。准备事故救援技术资料，做好向属地应急救援机构、文物部门移交救援工作指挥权的各项准备。

（7）指挥机构、行动机构及其承担任务的人员按照抢修、灭火和疏散等任务需要开展工作，对现场实际发展超出预案预期的部分，及时作出调整。

（8）模拟火灾演练中应落实火源及烟气控制措施，加强人员安全防护，防止造成人身伤害。对演练情况下发生的意外事件，应予妥善处置。

（9）对演练的关键过程、环节应采取必要的拍照、摄录及物联网信息验证手段，并妥善保存演练相关的数据、文字、图片、录像等记录资料。

### J.2.7 现场总结讲评

演练结束后应进行现场总结讲评。

总结讲评宜由消防工作归口职能部门组织，所有承担任务的人员均应参加讲评。

现场总结讲评应根据消防设施反馈信息、视频监控、物联网、区块链、室内定位记录、电子地图等客观依据和各观察岗位发现的问题进行通报，对表现好的方面予以肯定，并指出所发现的实际抢修、文物防护、灭火和疏散行动中的重要缺失。

### J.3 应急评估

#### J.3.1 基本要求

博物馆应在每次总预案实战演练结束后，集中对前次应急评估以来，本单位从业人员参与的相关各级各类预案的准备和实施情况进行评估，形成评估报告，以此为依据，根据各岗位的职责分工与考核标准，量化各角色应急准备与应急处置绩效，并汇总纳入博物馆整体应急管理工作考核。

**J.3.1.1 评估目的**

通过评估发现应急预案、应急组织、应急人员、应急机制、应急保障等方面存在的问题或不足,提出改进意见或建议,并总结演练中的经验与教训等。

**J.3.1.2 评估依据**

有关法律、法规、标准及有关规定和要求。

演练活动所涉及的相关应急预案和演练文件。

博物馆的相关技术标准、操作规程或管理制度。

视频监控、物联网、消防设施运行记录、室内定位记录和观察记录等信息。

相关事故应急救援典型案例资料。

其他相关资料。

**J.3.1.3 评估原则**

实事求是、客观考评、依法依规、以评促改。

**J.3.1.4 评估程序**

评估准备、评估实施和评估总结

**J.3.2 演练评估准备**

**J.3.2.1 评估组**

评估组由应急管理方面专家和相关领域专业技术人员及相关代表组成,并确定总体负责人及各小组负责人。负责对演练准备、组织与实施等进行全过程、全方位的跟踪评估。演练结束后,及时向博物馆提出评估意见、建议,并撰写演练评估报告。

按照对评估组的要求,成立演练评估组和确定评估人员,评估人员应有明显标识。

依据评估要求,收集演练评估所需要的相关资料和文件。

演练评估主要是通过对演练活动或参演人员的表现进行检查、比对、验证、实测等获取客观证据,比较演练实际效果与目标之间的差异,总结演练中好的做法,查找存在的问题。

**J.3.2.2 编写评估方案和评估标准**

(1) 编写评估方案

概述:演练模拟的事故名称、发生的时间和地点、事故过程的情景描述、主要应急行动等。

目标:演练评估应以演练目标为基础,每项演练目标都需要设计合理的评估项目方法、标准。根据演练目标的不同,对响应时间、到位时间、文物防护效果、灭火设施启动准确率和疏散效果等关键项采用定性、定量的方法进行评估。

内容:演练准备和实施情况的评估内容。

信息获取:主要说明如何获取演练评估所需的各种信息。

工作组织实施:演练评估工作的组织实施过程和具体工作安排。

附录:演练评估所需的相关表格等。

(2) 制定评估标准

演练评估组召集有关方面和人员,根据演练总体目标和各参演机构的目标,以及具体演练情景事件、演练流程和保障方案,明确演练评估内容及要求。应事先制定好演练评估表(形式可参考表J.3实战演练实施情况评估表),明确演练目标、评估方法、评估标准和相关记录项等。

表 J.3 实战演练实施情况评估表

| 评估项目 | 评估内容 |
| --- | --- |
| 1. 预警与信息报告 | 1.1 博物馆能够根据火灾自动报警系统信息、物联网平台数据分析、事故险情紧急程度和发展势态进行预警 |
| | 1.2 博物馆有明确的预警条件、方式和方法 |
| | 1.3 对有关部门提供的信息、现场人员发现险情或隐患进行及时预警 |
| | 1.4 预警方式、方法和预警结果在演练中表现有效 |
| | 1.5 博物馆内部信息通报系统能够及时投入使用，能够及时向有关部门和人员报告事故信息 |
| | 1.6 演练中事故信息报告程序规范，符合应急预案要求 |
| | 1.7 在规定时间内能够完成向上级主管部门和地方人民政府报告事故信息程序，并持续更新 |
| | 1.8 能够快速向本单位以外的有关部门或单位、周边群众通报事故信息 |
| 2. 紧急动员 | 2.1 博物馆能够依据应急预案快速确定事故的严重程度及等级 |
| | 2.2 博物馆能够根据事故级别，启动相应的应急响应，采用有效的工作程序，警告、通知和动员相应范围内人员 |
| | 2.3 博物馆能够通过总指挥或总指挥授权人员及时启动应急响应 |
| | 2.4 博物馆应急响应迅速，动员效果较好 |
| | 2.5 博物馆能够适应事先不通知突袭抽查式的应急演练 |
| | 2.6 非工作时间以及至少有一名单位主要领导不在应急岗位的情况下能够完成博物馆的紧急动员 |
| 3. 事故监测与研判 | 3.1 博物馆在接到事故报告后，能够及时开展事故早期评估，获取事件的准确信息 |
| | 3.2 博物馆及相关单位能够持续跟踪、监测事故全过程 |
| | 3.3 事故监测人员能够科学评估其潜在危害性 |
| | 3.4 能够及时报告事态评估信息 |
| 4. 指挥和协调 | 4.1 现场指挥部能够及时成立，并确保其安全高效运转 |
| | 4.2 指挥人员能够指挥和控制其职责范围内所有的参与单位及部门、救援队伍和救援人员的应急响应行动 |
| | 4.3 应急指挥人员表现出较强的指挥协调能力，能够对救援工作全局有效掌控 |
| | 4.4 指挥部各位成员能够在较短或规定时间内到位，分工明确并各负其责 |
| | 4.5 现场指挥部能够及时提出有针对性的事故应急处置措施或制订切实可行的现场处置方案并报总指挥部批准 |
| | 4.6 指挥部重要岗位有后备人选，并能够根据演练活动进行合理轮换 |
| | 4.7 现场指挥部制订的救援方案科学可行，调集了足够的应急救援资源和装备（包括专业救援人员和装备） |
| | 4.8 现场指挥部与当地政府或本单位指挥中心信息畅通，并实现信息持续更新和共享 |
| | 4.9 应急指挥决策程序科学，内容有预见性、科学可行 |
| | 4.10 指挥部能够对事故现场有效传达指令，进行有效管控 |
| | 4.11 应急指挥中心能及时启用设备，各项功能正常、满足使用 |

## 第一部分　博物馆消防安全管理标准化示范文件

续表

| 评估项目 | 评估内容 |
| --- | --- |
| 5. 事故处理 | 5.1　参演人员能够按照处置方案规定或在指定的时间内迅速到达现场开展救援 |
| | 5.2　参演人员能够对事故先期状况作出正确判断，采取的先期处置措施科学、合理，结果有效 |
| | 5.3　现场参演人员职责清晰、分工合理 |
| | 5.4　应急处置程序正确、规范，处置措施执行到位 |
| | 5.5　参演人员之间有效联络，沟通顺畅有效，并能够有序配合，协同救援 |
| | 5.6　事故现场处置过程中，参演人员能够对现场实施持续的安全监测或监控 |
| | 5.7　事故处置过程中采取措施防止次生或衍生事故发生 |
| | 5.8　针对事故现场采取必要的安全措施，确保救援人员安全 |
| 6. 应急资源管理 | 6.1　根据事态评估结果，能够识别和确定应急行动所需的各类资源，同时根据需要联系资源供应方 |
| | 6.2　参演人员能够快速、科学使用外部提供的应急资源并投入应急救援行动 |
| | 6.3　应急设施、设备、器材等数量和性能够满足现场应急需要 |
| | 6.4　应急资源的管理和使用规范有序，不存在浪费情况 |
| 7. 应急通信 | 7.1　通信网络系统正常运转，通信能力能够满足应急响应的需求 |
| | 7.2　应急队伍能够建立多途径的通信系统，确保通信畅通 |
| | 7.3　有专职人员负责通信设备的管理 |
| | 7.4　应急通信效果良好，演练各方通信顺畅 |
| 8. 信息公开 | 8.1　明确事故信息发布部门、发布原则，事故信息能够由现场指挥部及时准确向新闻媒体通报 |
| | 8.2　指定专门负责公共关系的人员，主动协调媒体关系 |
| | 8.3　能够主动就事故情况在内部进行告知，并及时通知相关方（股东/家属/周边居民等） |
| | 8.4　能够对事件舆情持续监测和研判，并对涉及的公共信息妥善处置 |
| 9. 人员保护 | 9.1　博物馆能够综合考虑各种因素并协调有关方面确保各方人员安全 |
| | 9.2　应急救援人员配备适当的个体防护装备或采取了必要自我安全防护措施 |
| | 9.3　有受到或可能受到事故波及或影响的人员的安全保护方案 |
| | 9.4　针对事件影响范围内的特殊人群，能够采取适当方式发出警告并采取安全防护措施 |
| 10. 警戒与管制 | 10.1　关键应急场所的人员进出通道受到有效管制 |
| | 10.2　合理设置了交通管制点，划定管制区域 |
| | 10.3　各种警戒与管制标志设置明显，警戒措施完善 |
| | 10.4　有效控制出入口，清除道路上的障碍物，保证道路畅通 |
| 11. 医疗救护 | 11.1　应急响应人员对受伤害人员采取有效先期急救，急救药品、器材配备有效 |
| | 11.2　及时与场外医疗救护资源建立联系求得支援，确保伤员及时得到救治 |
| | 11.3　现场医疗人员能够按照既定的医疗程序对伤病人员进行处置 |
| | 11.4　现场急救车辆能够及时准确地将伤员送往医院，并带齐伤员有关资料 |

续表

| 评估项目 | 评估内容 |
|---|---|
| 12. 现场控制及恢复 | 12.1 针对事故可能造成的人员安全健康与环境、设备与设施方面的潜在危害,以及为降低事故影响而制定的技术对策和措施有效 |
| | 12.2 事故现场产生的灭火剂、污染物能够及时、有效处置,并确保没有造成二次污染或危害 |
| | 12.3 能够有效安置疏散人员,清点人数,划定安全区域并提供基本生活等后勤保障 |
| | 12.4 现场保障条件满足事故处置、控制和恢复的基本需要 |
| 13. 其他 | 13.1 演练情景设计合理,满足演练要求 |
| | 13.2 演练达到预期目标 |
| | 13.3 参演的组成机构或人员职责能够与应急预案相符合 |
| | 13.4 参演人员能够按时就位、正确并熟练使用应急器材 |
| | 13.5 参演人员能够以认真态度融入整体演练活动中,并及时、有效地完成演练中应承担的角色工作内容 |
| | 13.6 应急响应的解除程序符合实际并与应急预案中规定的内容相一致 |
| | 13.7 应急预案得到了充分验证和检验,并发现了不足之处 |
| | 13.8 参演人员的能力也得到了充分检验和锻炼 |

(3) 评估人员培训

演练评估人员应明确演练流程和内容并围绕相关内容开展内部专题培训。

**J.3.2.3 演练评估方案**

应急组织、预案和实施的相关文件。

熟悉演练场地,了解有关参演部门和人员的基本情况、相关演练设施,掌握相关技术处置标准和方法。

可供作为验证手段的视频监控、物联网、消防设施运行记录、室内定位记录、观察位记录等信息的获取方式。

**J.3.2.4 准备评估材料、器材**

根据演练需要,准备评估工作所需的相关材料、器材,主要包括演练评估方案文本、评估表格、记录表、文具、通信设备、计时设备、摄像或录音设备、计算机或相关评估软件等。

**J.3.3 演练评估实施**

根据演练评估方案安排,评估人员提前就位,做好演练评估准备工作。

演练开始后,演练评估人员通过观察、记录和收集演练信息及相关数据、资料,观察演练实施及进展、参演人员表现等情况,及时记录演练过程中出现的问题。

**J.3.4 演练评估总结**

**J.3.4.1 演练点评**

演练结束后,对演练中发现的问题及取得的成效进行现场点评。

**J.3.4.2 参演人员自评**

演练结束后,博物馆应组织各参演小组或参演人员进行自评,总结演练中的优点和不足,介绍演练收获及体会。演练评估人员应参加参演人员自评会并做好记录。

**J.3.4.3 评估组评估**

参演人员自评结束后,演练评估组负责人应组织召开专题评估工作会议,综合评估意见。分析相关信息资料,明确存在的问题并提出整改要求和措施等。

**J.3.4.4 编制演练评估报告**

(1) 报告编写要求

演练现场评估工作结束后,评估组针对收集的各种信息资料,依据评估标准和相关文件资料对演练活动全过程进行科学分析和客观评价,并撰写演练评估报告。

(2) 报告主要内容

演练基本情况:演练的组织单位、演练形式、演练模拟的事故名称、发生的时间和地点、事故过程的情景描述、主要应急行动等。

演练评估过程:演练评估工作的组织实施过程和主要工作安排。

演练情况分析:可参考样表J.4实战演练准备情况评估表。

桌面演练评估表见表J.5。

**表J.4 实战演练准备情况评估表**

| 评估项目 | 评估内容 |
|---|---|
| 1. 演练策划与设计 | 1.1 目标明确且具有针对性,符合博物馆实际情况 |
| | 1.2 演练目标简明、合理、具体、可量化和可实现 |
| | 1.3 演练目标应明确"由谁在什么条件下完成什么任务,依据什么标准,取得什么效果" |
| | 1.4 演练目标设置是从提高参演人员的应急能力和以练促防的角度考虑 |
| | 1.5 设计的演练情景符合博物馆实际情况,且有利于促进实现演练目标和提高快速反应能力 |
| | 1.6 考虑演练现场可能对参观公众和周边社会秩序造成的影响 |
| | 1.7 演练情景内容包括情景概要、事件后果、背景信息、演化过程等要素,要素较为全面 |
| | 1.8 演练情景中的各事件之间的演化衔接关系科学、合理,各事件有确定的发生与持续时间 |
| | 1.9 确定各参演部门和角色在各情景中的期望行动以及期望行动之间的衔接关系 |
| | 1.10 确定所需注入的信息及其注入形式 |
| 2. 演练文件编制 | 2.1 制订演练工作方案、安全及各类保障方案、宣传方案 |
| | 2.2 根据演练需要编制演练脚本或演练观摩手册 |
| | 2.3 各单项文件中要素齐全、内容合理,符合演练规范要求 |
| | 2.4 文字通顺、语言精练、通俗易懂 |
| | 2.5 内容格式规范,各项附录项目齐全、编排顺序合理 |
| | 2.6 演练工作方案经过评审或报批 |
| | 2.7 演练保障方案印发到演练的各保障部门 |
| | 2.8 演练宣传方案考虑到演练前、中、后各环节宣传需要 |
| | 2.9 编制的观摩手册中各项要素齐全,并有安全告知 |
| 3. 演练保障 | 3.1 人员分工明确,职责清晰,数量满足演练要求 |
| | 3.2 演练经费充足,保障充分 |
| | 3.3 器材使用管理科学、规范,满足演练需要 |
| | 3.4 场地选择符合演练策划情景设置要求,现场条件满足演练要求 |
| | 3.5 演练活动考虑文物、人员等安全保障条件准备到位并满足要求 |
| | 3.6 充分考虑演练实施中可能面临的各种风险,制定必要的应急预案或采取有效控制措施 |
| | 3.7 参演人员能够确保自身安全 |
| | 3.8 采用多种通信保障措施,有备份通信手段 |
| | 3.9 对各项演练保障条件进行了检查确认 |

### 表 J.5 桌面演练评估表

| 评估项目 | 评估内容 |
|---|---|
| 1. 演练策划与准备 | 1.1 目标明确且具有针对性，符合本单位实际 |
| | 1.2 演练目标简单、合理、具体、可量化和可实现 |
| | 1.3 设计的演练情景符合参演人员需要，且有利于促进实现演练目标和提高参与人员应急能力 |
| | 1.4 演练情景内容包括情景概要、事件后果、背景信息、演化过程等要素，要素较为全面 |
| | 1.5 演练情景中的各事件之间的演化衔接关系设置科学、合理，各事件有确定的发生与持续时间 |
| | 1.6 确定各参演单位和角色在各情景中的期望行动以及期望行动之间的衔接关系 |
| | 1.7 确定所需注入的信息及其注入形式 |
| | 1.8 制定演练工作方案，明确参演人员的角色和分工 |
| | 1.9 演练活动保障人员数量和工作能力满足桌面演练需要 |
| | 1.10 演练现场布置、各种器材、设备等硬件条件满足桌面演练需要 |
| 2. 演练实施 | 2.1 演练背景、进程以及参演人员角色分工等解说清晰正确 |
| | 2.2 根据事态发展，分级响应迅速、准确 |
| | 2.3 模拟指挥人员能够表现出较强的指挥协调能力，演练过程中各项协调工作全局有效掌控 |
| | 2.4 按照模拟真实发生的事件表述应急处置方法和内容 |
| | 2.5 通过多媒体文件、沙盘、信息条等多种形式向参演人员展示应急演练情景，满足演练要求 |
| | 2.6 参演人员能够准确接收并正确理解演练注入的信息 |
| | 2.7 参演人员根据演练提供的信息和情况能够作出正确的判断和决策 |
| | 2.8 参演人员能够主动搜集和分析演练中需要的各种信息 |
| | 2.9 参演人员制订的救援方案科学可行，符合给出实际事故情况处置要求 |
| | 2.10 参演人员应急过程中的决策程序科学，内容有预见性、科学可行 |
| | 2.11 参演人员能够依据给出的演练情景快速确定事故的严重程度及等级 |
| | 2.12 参演人员能够根据事故级别，确定启动的应急响应级别，并能够熟悉应急动员的方法和程序 |
| | 2.13 参演人员能够熟悉事故信息的接报程序、方法和内容 |
| | 2.14 参演人员熟悉各自应急职责，并能够较好配合其他小组或人员开展工作 |
| | 2.15 参与演练各小组负责人能够根据各位成员意见提出本小组的统一决策意见 |
| | 2.16 参演人员对决策意见的表达思路清晰、内容全面 |
| | 2.17 参演人员作出的各项决策、行动符合角色身份要求 |
| | 2.18 参演人员能够与本应急小组人员共享相关应急信息 |
| | 2.19 应急演练能够全身心地参与整个演练活动中 |
| | 2.20 演练的各项预定目标都得以顺利实现 |

改进的意见和建议：对演练评估中发现的问题提出整改意见和建议。

评估结论：对演练组织实施情况的综合评价，并给出优（无差错地完成了所有应急演练内容）、良（达到了预期的演练目标，差错较少）、中（存在明显缺陷，但没有影响实现预期的演练目标)、差(出现了重大错误,演练预期目标受到严重影响,演练被迫中止,造成应急行动延误或资源浪费等评估结论)。

**J. 3. 4. 5** 整改落实

演练组织单位应根据评估报告中提出的问题和不足,制订整改计划,明确整改目标,制定整改措施,并跟踪、督促整改落实,直到问题解决为止。同时,总结分析存在的问题和不足的原因。

# 参考文献

[1] 中华人民共和国住房和城乡建设部. 火灾自动报警系统施工及验收标准：GB 50166—2019 [S]. 北京：中国计划出版社，2020.

[2] 北京市市场监督管理局. 电气防火检测技术规范：DB11/T 065—2022 [S].

[3] 中国工程建设标准化协会. 惰性气体灭火系统技术规程：CECS 312—2012 [S]. 北京：中国计划出版社，2012.

[4] 中国工程建设标准化协会. 自动消防炮灭火系统技术规程：CECS 245—2008 [S]. 北京：中国计划出版社，2008.

[5] 北京市市场监督管理局. 建筑消防设施维护保养技术规范：DB11/T 3035—2023 [S].

[6] 北京市市场监督管理局. 建筑消防设施检测服务规范：DB11/T 3034—2023 [S].

[7] 中华人民共和国住房和城乡建设部，国家市场监督管理总局. 建筑防火封堵应用技术标准：GB/T 51410—2020 [S]. 北京：中国计划出版社，2020.

[8] 中华人民共和国住房和城乡建设部. 汽车库、修车库、停车场设计防火规范：GB 50067—2014 [S]. 北京：中国计划出版社，2020.

[9] 中华人民共和国国家市场监督管理总局，中国国家标准化管理委员会. 可燃气体探测器 第1部分：工业及商业用途点型可燃气体探测器：GB 15322.1—2019 [S]. 北京：中国计划出版社，2019.

[10] 中华人民共和国国家市场监督管理总局，中国国家标准化管理委员会. 燃气体探测器 第4部分：工业及商业用途线型光束可燃气体探测器：GB 15322.4—2019 [S]. 北京：中国标准出版社，2019.

[11] 中华人民共和国国家质量监督检验检疫总局，中国国家标准化管理委员会. 消防联动控制系统：GB 16806—2006 [S]. 北京：中国标准出版社，2007.

[12] 中华人民共和国国家市场监督管理总局，中国国家标准化管理委员会. 社会单位灭火和应急疏散预案编制及实施导则：GB/T 38315—2019 [S]. 北京：中国标准出版社，2019.

[13] 中华人民共和国国家质量监督检验检疫总局，中国国家标准化管理委员会. 企业安全生产标准化基本规范：GB/T 33000—2016 [S]. 北京：中国标准出版社，2017.

[14] 中华人民共和国国家市场监督管理总局，中国国家标准化管理委员会. 生产经营单位生产安全事故应急预案编制导则：GB/T 29639—2020 [S]. 北京：中国标准出版社，2020.

[15] 中华人民共和国国家质量监督检验检疫总局，中国国家标准化管理委员会. 电气安全标志：GB/T 29481—2013 [S]. 北京：中国标准出版社，2020.

[16] 中华人民共和国国家质量监督检验检疫总局，中国国家标准化管理委员会. 消防词汇 第1部分：通用术语：GB/T 5907.1—2014 [S]. 北京：中国标准出版社，2014.

[17] 中华人民共和国国家质量监督检验检疫总局，中国国家标准化管理委员会. 公共安全 业务连续性管理体系 指南：GB/T 31595—2015 [S]. 北京：中国标准出版社，2016.

[18] 中华人民共和国国家市场监督管理总局，中国国家标准化管理委员会. 安全与韧性 业务连续性管理体系 要求：GB/T 30146—2023 [S]. 北京：中国标准出版社，2023.

[19] 中华人民共和国国家质量监督检验检疫总局，中国国家标准化管理委员会. 公共安全 业务连续性管理体系 业务影响分析指南（BIA）：GB/T 35625—2017 [S]. 北京：中国标准出版社，2018.

[20] 北京市质量技术监督局. 吸气式感烟火灾探测报警系统设计、施工及验收规范：DB11/1026—2013 [S].

[21] 国家安全生产监督管理总局. 安全生产应急管理人员培训及考核规范: AQ/T 9008—2012 [S]. 北京: 煤炭工业出版社, 2013.
[22] 国家安全生产监督管理总局. 生产经营单位安全生产事故应急预案编制导则: AQ/T 9002—2006 [S].
[23] 国家安全生产监督管理总局. 企业安全文化建设导则: AQ/T 9004—2008 [S]. 北京: 煤炭工业出版社, 2009.
[24] 国家安全生产监督管理总局. 企业安全文化建设评价准则: AQ/T 9005—2008 [S]. 北京: 煤炭工业出版社, 2009.
[25] 中华人民共和国应急管理部. 生产安全事故应急演练基本规范: AQ/T 9007—2019 [S]. 北京: 煤炭工业出版社, 2020.
[26] 国家安全生产监督管理总局. 安全生产应急管理人员培训及考核规范: AQ/T 9008—2012 [S]. 北京: 煤炭工业出版社, 2013.
[27] 国家安全生产监督管理总局. 生产安全事故应急演练评估规范: AQ/T 9009—2015 [S]. 北京: 煤炭工业出版社, 2015.
[28] 中华人民共和国应急管理部. 安全生产责任保险事故预防技术服务规范: AQ 9010—2019 [S]. 北京: 煤炭工业出版社, 2020.
[29] 中华人民共和国应急管理部. 生产经营单位生产安全事故应急预案评估指南: AQ/T 9011—2019 [S]. 北京: 应急管理出版社, 2019.
[30] 中华人民共和国住房和城乡建设部. 博物馆建筑设计规范: JGJ 66—2015 [S]. 北京: 中国建筑工业出版社, 2016.
[31] 中华人民共和国国家市场监督管理总局. 气瓶安全技术规程: TSG 23—2021 [S]. 北京: 新华出版社, 2021.
[32] 中华人民共和国国家市场监督管理总局. 特种设备检验机构核准规则: TSG Z7001—2021 [S]. 北京: 新华出版社, 2021.
[33] 国务院安全生产委员会. 国务院安委会关于深入开展企业安全生产标准化建设的指导意见: 安委〔2011〕4号 [Z].
[34] 国务院安委会办公室关于深入开展全国冶金等工贸企业安全生产标准化建设的实施意见: 安委办〔2011〕18号 [Z].
[35] 国务院安全生产委员会. 国务院安全生产委员会关于开展电气火灾综合治理工作的通知: 安委〔2017〕4号 [Z].
[36] 国务院安委会办公室. 国务院安委会办公室关于印发电气火灾综合治理自查检查要点及检查表的通知: 安委办函〔2017〕22号 [Z].
[37] 国务院安委会办公室. 国务院安委会办公室关于电气火灾综合治理2017年工作情况的通报: 安委办〔2018〕4号 [Z].
[38] 国务院安全生产委员会. 国务院安全生产委员会关于印发《全国安全生产专项整治三年行动计划》的通知: 安委〔2020〕3号 [Z].
[39] 国家文物局. 关于发布《文物消防安全检查规程(试行)》的通知: 文物督发〔2011〕17号 [Z].
[40] 国家文物局. 国家文物局关于印发《文物建筑消防安全管理十项规定》的通知: 文物督发〔2015〕11号 [Z].
[41] 国家文物局办公室, 公安部消防局. 关于加强文物建筑电气防火工作的通知: 文物督发〔2017〕3号 [Z].
[42] 国家文物局, 应急管理部. 国家文物局 应急管理部关于进一步加强文物消防安全工作的指导意见: 文物督发〔2019〕19号 [Z].

［43］国家文物局．文物建筑防火设计导则（试行）[Z]．
［44］消防救援局．关于印发《大型商业综合体消防安全管理规则（试行)》的通知：应急消〔2019〕314号[Z]．
［45］中华人民共和国公安部．机关、团体、企业、事业单位消防安全管理规定：公安部令第61号[Z]．
［46］中华人民共和国公安部．消防安全重点单位与社区微型消防站建设标准：公消〔2015〕301号[Z]．
［47］国务院办公厅．国务院办公厅关于进一步加强文物安全工作的实施意见：国办发〔2017〕81号[Z]．
［48］国家安全监管总局，保监会，财政部．国家安全监管总局 保监会 财政部关于印发《安全生产责任保险实施办法》的通知：安监总办〔2017〕140号[Z]．
［49］北京市餐饮经营单位安全生产规定：北京市人民政府令第177号[Z]．
［50］中华人民共和国人力资源和社会保障部，中华人民共和国应急管理部．消防设施操作员[S]．2019年版．北京：中国劳动社会保障出版社，2019．
［51］傅贵．安全管理学：事故预防的行为控制方法[M]．北京：科学出版社，2019．

# 第二部分　重点单位安全管理标准化实施手册

## 1. 发布令

***重点单位文件

【202*】第***号

---

**重点单位消防安全管理标准化体系文件**
**发布令**

各部门、各位职工：

　　"火灾是危害重点单位安全的主要风险。"为了积极推进重点单位应急管理体系和能力现代化建设，全面提升重点单位消防安全管理水平，达到"从根本上消除事故隐患"的目标。按照国家文物局 应急管理部《关于进一步加强文物消防安全工作的指导意见》（文物督发〔2019〕19号）的要求，贯彻并实施国家文物局《全国文物火灾隐患整治和消防能力提升三年行动实施方案》，决定即日起，全面推行重点单位消防安全管理标准化。

　　重点单位消防安全管理标准化应遵循"保护文物、以人为本，居安思危、关口前移，全员有责、系统管理"的原则，以不断完善与之相适应的重点单位消防安全管理体制与制度为载体，以消防安全责任制为主线，以火灾与消防相关风险管控和隐患排查治理为基础，以应急预案准备为抓手，营造"全覆盖、严执行、零容忍、重实效"的安全文化氛围，持续建立健全重点单位消防安全标准化体系，落实全员责任。逐渐探索形成体制机制上立体化，执行效率上扁平化的重点单位安全管理机制和培育重点单位安全管理"内生动力"的土壤。实现常态下，全员各负其责，管控消防风险与隐患，把风险控制在隐患形成之前、把隐患消灭在事故前面；非常态下，突出"第一响应人"的快速处置与应急力量的高效协同，把突发事件控制在危机前面。全面推进重点单位应急管理体系和能力现代化建设，确保文物、人员及馆舍安全，保障展览等公众活动的有序进行。

　　重点单位消防安全管理标准化体系文件是指导重点单位建立并实施安全生产标准化管理的纲领和行动准则，全体职工必须遵照执行。

***重点单位

法定代表人：

202*年*月*日

## 2. 实施手册管理

### 2.1 实施手册

《重点单位消防安全管理标准化实施手册》(以下简称手册)是重点单位消防安全管理标准化体系文件的载体,描述了＊＊＊重点单位消防安全管理标准化体系的基本内容,包括消防安全方针、消防安全目标和消防安全文化建设、组织机构和职能分配、消防安全管理标准化体系运作和管理的原则。

手册由 29 个规章制度及其配套的管理和技术支持性文件组成,描述了各主要过程的职责和接口关系,各项活动的基本要求和方法,以及相关指导性的执行文件。

### 2.2 依据文件

手册依据现行法规标准和《重点单位消防安全管理标准化规范》中相关要求编制。

### 2.3 覆盖范围

手册覆盖重点单位全员和所有的活动过程。

### 2.4 实施手册管理

手册的持续改进由重点单位消防安全归口部门负责组织,消防安全管理人审核,消防安全责任人批准发布实施。

手册以电子媒体的只读方式通过本单位的内网在文件管理系统发布。手册向单位以外人员提供,需经过消防安全管理人批准。由本单位消防安全归口部门负责更新手册,使其保持最新状态。从网络或计算机下载的书面文件为非受控版本,不对其进行状态管理。

### 2.5 管理手册的建立和保持

重点单位消防安全管理标准化工作应充分融入重点单位日常管理活动中,采用"策划、实施、检查、改进"的"PDCA"动态循环模式(如下图所示),按照本手册,结合本重点单位的具体情况,从目标职责、制度化管理、教育培训、现场管理、安全风险管控、隐患排查治理、应急管理和持续改进等八个方面,建立与重点单位日常消防安全管理相适应的重点单位自主安全生产管理体系。通过自我检查、自我纠正和自我完善,构建消防安全长效机制,持续提升重点单位消防安全绩效。

重点单位消防安全管理体系建设应遵循的总的途径是:

(1) 识别和确定管理体系所需要的过程及其在服务过程中体现的推动作用,识别过程包括:管理活动、资源提供、目标实现及其他有关的内容。

(2) 确定消防安全管理标准化建设过程的投入。

(3) 确定过程之间的内在联系、排列顺序和相互作用,应明确影响消防安全目标的关键过程和特殊过程。

(4) 为使过程在受控状态下运行以达到预期目标,重点单位应根据实际情况分析结果确定所需的控制准则和方法。

(5) 确保可以获得必要的资源和信息,以支持对这些过程的运作和监视。

(6) 确定这些过程相关的责任和权限。

(7) 规定对消防安全管理过程进行监督、报告和分析,了解过程运行的趋势及实现策划结果的程度,并根据分析结果对过程采取必要的改进措施。

（8）实施必要的改进措施，实现对消防安全管理全过程的持续改进。

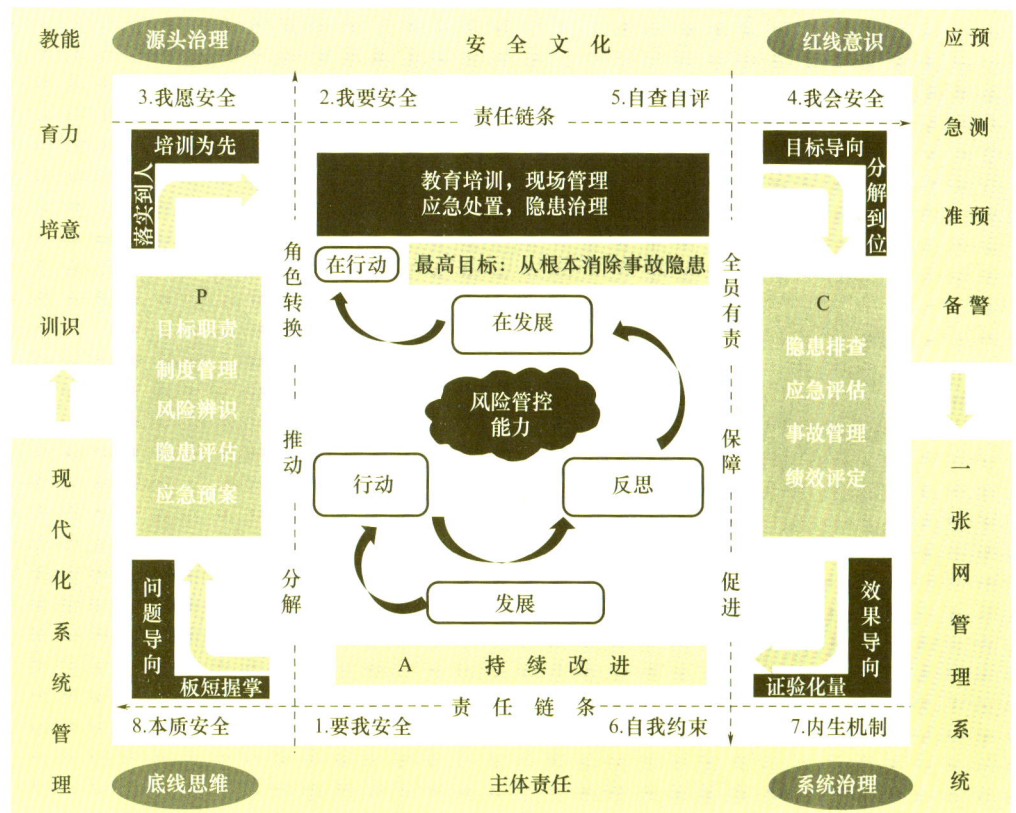

## 3. 重点单位简介

（略）

## 4. 消防组织机构图

平时组织机构图：

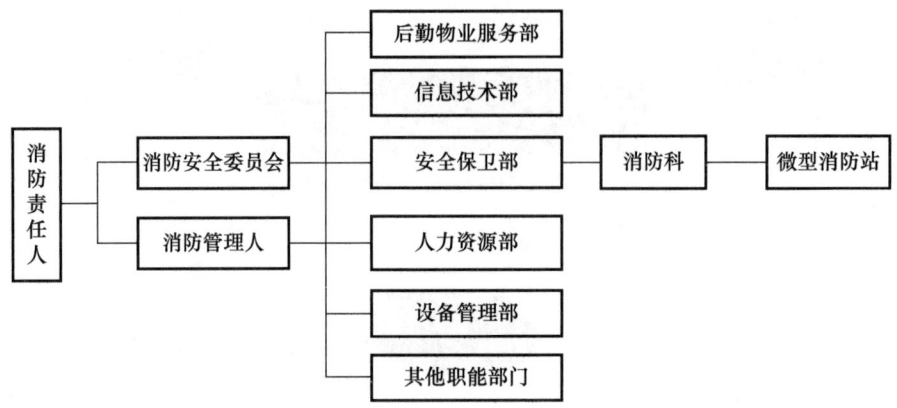

应急指挥机构图：

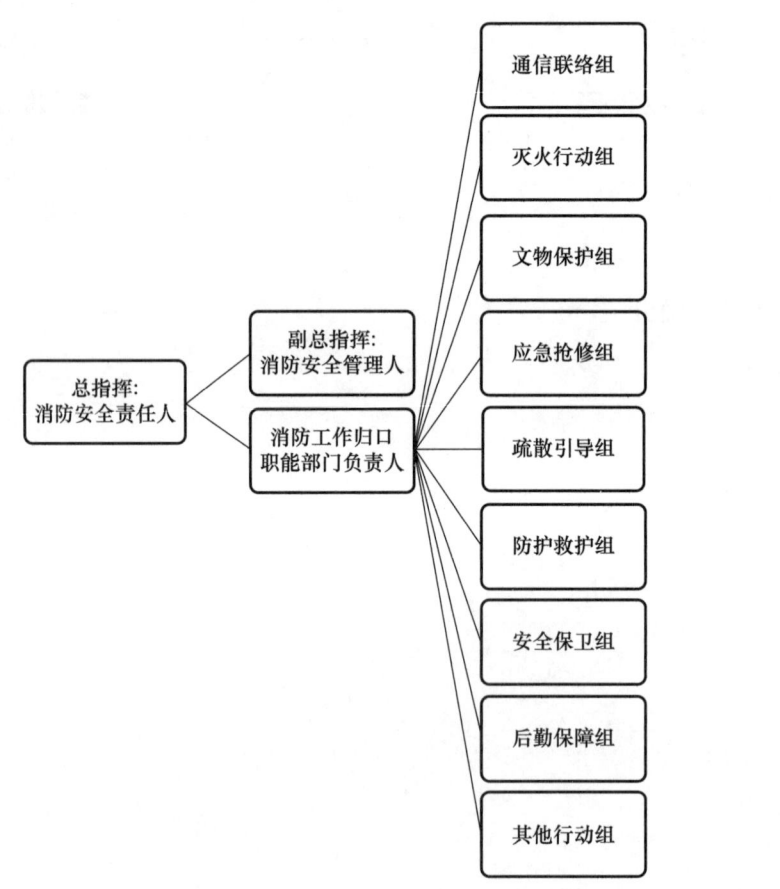

## 5. 职责分配表

| 序号 | 条款号 | 重点单位消防安全标准化管理规范条款 | 消防安全责任人 | 消防安全管理人 | 消防安全归口部门 | 后勤物业服务部门 | 信息技术部门 | 人力资源部门 | 设备工程管理部门 | 财务部门 | 其他职能部门 |
|---|---|---|---|---|---|---|---|---|---|---|---|
| 1 | 4 | 一般要求 | | | | | | | | | |
| 2 | 4.1 | 原则 | | | | | | | | | |
| 3 | 4.2 | 建立和保持 | | | | | | | | | |
| 4 | 4.3 | 自评和评审 | | | | | | | | | |
| 5 | 5 | 核心要求 | | | | | | | | | |
| 6 | 5.1 | 目标职责 | | | | | | | | | |
| 7 | 5.1.1 | 目标管理 | | | | | | | | | |
| 8 | 5.1.2 | 机构和职责 | | | | | | | | | |
| 9 | 5.1.3 | 消防安全投入 | | | | | | | | | |
| 10 | 5.1.4 | 安全文化建设 | | | | | | | | | |
| 11 | 5.1.5 | 信息化建设 | | | | | | | | | |
| 12 | 5.2 | 制度化管理 | | | | | | | | | |
| 13 | 5.2.1 | 法规标准识别 | | | | | | | | | |
| 14 | 5.2.2 | 规章制度文件 | | | | | | | | | |
| 15 | 5.2.3 | 文档管理 | | | | | | | | | |
| 16 | 5.2.4 | 消防档案 | | | | | | | | | |
| 17 | 5.3 | 教育培训 | | | | | | | | | |
| 18 | 5.3.1 | 教育培训管理 | | | | | | | | | |
| 19 | 5.3.2 | 人员教育培训 | | | | | | | | | |
| 20 | 5.3.3 | 教育培训要求 | | | | | | | | | |
| 21 | 5.4 | 现场管理 | | | | | | | | | |
| 22 | 5.4.1 | 特殊作业管理 | | | | | | | | | |
| 23 | 5.4.2 | 重点部位管理 | | | | | | | | | |
| 24 | 5.4.3 | 消防控制室管理 | | | | | | | | | |
| 25 | 5.4.4 | 消防设施管理 | | | | | | | | | |
| 26 | 5.4.5 | 逃生疏散、避难与救援管理 | | | | | | | | | |
| 27 | 5.4.6 | 施工现场管理 | | | | | | | | | |
| 28 | 5.4.7 | 布、撤展管理 | | | | | | | | | |
| 29 | 5.4.8 | 大型活动管理 | | | | | | | | | |
| 30 | 5.4.9 | 安全用电管理 | | | | | | | | | |

续表

| 序号 | 条款号 | 重点单位消防安全标准化管理规范条款 | 消防安全责任人 | 消防安全管理人 | 消防安全归口部门 | 后勤物业服务部门 | 信息技术部门 | 人力资源部门 | 设备工程管理部门 | 财务部门 | 其他职能部门 |
|---|---|---|---|---|---|---|---|---|---|---|---|
| 31 | 5.4.10 | 易燃易爆化学危险物品管理 | | | | | | | | | |
| 32 | 5.4.11 | 专（兼）职消防队与微型消防站管理 | | | | | | | | | |
| 33 | 5.4.12 | 相关方管理 | | | | | | | | | |
| 34 | 5.4.13 | 警示标志管理 | | | | | | | | | |
| 35 | 5.4.14 | 其他现场管理 | | | | | | | | | |
| 36 | 5.5 | 风险管控及隐患排查治理 | | | | | | | | | |
| 37 | 5.5.1 | 风险、隐患的辨识与评估 | | | | | | | | | |
| 38 | 5.5.2 | 隐患排查 | | | | | | | | | |
| 39 | 5.5.3 | 治理方案和控制措施 | | | | | | | | | |
| 40 | 5.5.4 | 管控与治理 | | | | | | | | | |
| 41 | 5.5.5 | 验收与评估 | | | | | | | | | |
| 42 | 5.5.6 | 隐患预防 | | | | | | | | | |
| 43 | 5.5.7 | 变更管理 | | | | | | | | | |
| 44 | 5.5.8 | 信息记录、通报和报送 | | | | | | | | | |
| 45 | 5.5.9 | 预测预警 | | | | | | | | | |
| 46? | 5.6 | 应急管理 | | | | | | | | | |
| 47 | 5.7 | 事故管理 | | | | | | | | | |
| 48 | 5.7.1 | 报告 | | | | | | | | | |
| 49 | 5.7.2 | 调查和处理 | | | | | | | | | |
| 50 | 5.8 | 持续改进 | | | | | | | | | |
| 51 | 5.8.1 | 绩效评定 | | | | | | | | | |
| 52 | 5.8.2 | 持续改进 | | | | | | | | | |

注：●—负责；○—参与。

## 6. 修改一览表

（略）

## 7. 消防安全目标管理制度

### 7.1 目的

依据重点单位消防安全管理标准化体系文件发布令，在重点单位消防工作总原则的框架下，为了明确重点单位各级、各部门、各科室岗位的消防安全管理任务，将消防安全目标全面融入日常管理工作中去，提高重点单位全员消防安全意识、知识和能力，更好地履行消防安全职责，特制定本制度。

### 7.2 适用范围

本制度适用于重点单位消防安全目标的制定、分解、宣传贯彻辅导、实施、检查、考核，按照各部门在日常管理活动中所承担的职能，将目标分解为指标，落实到科、室、岗位、人员。

### 7.3 职责

**7.3.1 消防安全责任人**

7.3.1.1 负责组织制定和修改总体消防安全目标和年度消防安全目标。

7.3.1.2 组织实施消防安全目标，并对消防安全目标实施情况进行考核。

**7.3.2 消防安全归口部门负责人**

负责消防安全目标实施计划和考核办法的分发、宣传、教育和培训。

**7.3.3 相关职能部门**

7.3.3.1 负责落实、实施消防安全目标实施计划。

7.3.3.2 负责消防安全目标实施计划和考核办法的分发、宣传、教育和培训。

### 7.4 运作程序

**7.4.1 消防安全目标的制定**

7.4.1.1 总体和年度消防安全目标由消防安全责任人组织重点单位消防安全委员会根据历年和上年消防安全目标执行情况制定。

7.4.1.2 年度消防安全目标考核指标应包括隐患排查治理、职工教育培训、作业规范、风险管控等。

7.4.1.3 消防安全目标的制定不能低于行业和相关管理部门规定的目标指标，不能低于上年度消防安全目标指标，要体现持续改善的原则。

7.4.1.4 目标制定要注意目标的明确性、可衡量（可量化）性、实际性、时限性、连贯性、各部门之间有可比性、针对性。

7.4.1.5 结合对消防安全目标实施绩效的评估和考核情况，及时调整体系文件，集中考核周期不超过半年。

7.4.1.6 总体和年度消防安全目标经消防安全责任人批准后，由消防安全委员会加盖印章，分发到每个职能部门。

7.4.1.7 消防安全归口部门应设计制作宣传栏，在重点单位显著位置向职工和相关人员宣传总体和年度消防安全目标，并在年度安全教育培训和各级安全教育培训时对全体职工进行培训。

**7.4.2 年度消防安全目标的分解**

7.4.2.1 重点单位年度消防安全目标制定/修订后，消防安全管理人负责将年度消防安全目标分解成安全指标,分配到相应的职能部门,并形成文件经消防安全责任人批准后,下达到相关职能部门。

7.4.2.2 各部门、科室应通过例会或日常安全教育培训,向本部、科室职工宣传教育与本部门相关的消防安全目标和指标,使各级领导及每个人明确目标及责任,以便在工作中对照目标开展工作。

7.4.3 消防安全目标与指标的实施

7.4.3.1 消防安全管理人负责组织相关职能部门制定总体和年度消防安全目标实施计划,经消防安全责任人批准后,连同总体和年度消防安全目标一起分发到相关职能部门。

7.4.3.2 消防安全管理人应依据总体和年度消防安全目标实施计划评估考核结果,及时调整消防安全目标实施计划,并形成文件印发和保存。

7.4.3.3 各部门负责人通过会议或消防安全培训,向本部门职工宣传教育消防安全目标及其实施计划。

7.4.3.4 各部门负责人组织落实与本部门相关的消防安全目标实施计划。

7.4.3.5 将完成情况与个人的经济利益、先进评比、职务升迁等挂钩。

7.4.4 消防安全目标评审和考核

消防安全归口部门每月15日前统计和监测各职能部门上月的消防安全目标完成情况,如发生偏差,应填写《消防安全目标偏差记录》,并向消防安全责任人和消防安全委员会汇报。

7.4.4.1 若发现不符合情况,要求相关部门分析原因,制定整改措施并及时整改,以防偏差扩大。

7.4.4.2 消防安全责任人在每季度消防安全专题会上,对上季度消防安全目标实施计划落实情况进行小结,及时指出存在的问题,采取相应的整改措施。

7.4.4.3 消防安全责任人每半年组织对消防安全目标及其实施计划进行考核和评估,并将考核和评估的结果填入《消防安全目标指标考核记录》中,并按《消防安全标准化绩效评定管理制度》执行奖罚措施。

7.4.4.4 根据消防安全目标指标及其实施计划进行考核和评估的结果,若需要对消防安全目标及其实施计划进行调整或修改,由消防安全归口部门分发到相关部门,并重新组织宣传教育和培训。

7.5 相关文件

《重点单位总原则、总目标和安全文化发布公告》

《关于依据消防安全总原则、总目标和年度目标分解部门考核指标的通知》

《关于制定重点单位年度消防安全目标考核办法的通知》(略)

《消防安全中长远(总体)规划》(略)

《关于成立消防安全委员会的通知》

《目标指标讨论调查表》(略)

《消防安全目标偏差记录》(略)

《部门目标和指标分解表》(略)

《原则目标指标宣传贯彻记录》(略)

《重点单位目标完成效果评估报告》

## ＊＊＊重点单位文件

【202＊】第＊＊＊号

## 重点单位总原则、总目标和安全文化发布公告

　　按照国家相关法律法规和标准要求,在应急局等有关部门的领导下,以"确保安全"为核心目标,积极推进消防安全管理标准化建设工作,进一步强化消防安全意识、知识和能力,逐级落实消防安全主体责任,持续发力"系统抓、抓系统",本着对人类文明负责、对历史负责的态度,推动"从根本消除事故隐患"的"内生机制"生成。特发布如下消防安全工作总原则、总目标和消防安全文化,全员应牢记并贯彻执行。

一、消防安全工作总原则
保护文物、以人为本,
居安思危、关口前移,
全员有责、系统管理。
二、消防安全工作总目标
火灾事故为零。
消防相关事故造成文物损害为零。
造成不良社会影响为零。
三、博物馆消防安全文化
全覆盖、严执行、零容忍、重实效。

＊＊＊重点单位
法定代表人(签名):
202＊年＊月＊日

# ***重点单位文件

【202*】第***号

## 关于依据消防安全总原则、总目标和年度目标分解部门考核指标的通知

各部门、科室：

　　为了确保消防安全重点单位的安全，依据相关法规标准，结合我单位实际制定了消防安全方针、总原则及总体目标，安全归口部门负责宣传贯彻与辅导，各部门应深入学习领悟并讨论，根据本部门实际情况分解形成部门年度计划考核指标，以确保消防安全总体目标的实现。

一、消防安全原则

保护文物、以人为本，居安思危、关口前移，全员有责、系统管理。

二、总体目标

火灾事故为零。

消防相关事故造成文物损害为零。

造成不良社会影响为零。

三、部门年度目标分解（示例）

1. 特种（设备）作业人员、消防设施操作人员、消防管理人员持证上岗率不低于_____。
2. 职工岗位培训及新职工入职消防安全教育培训率不低于_____。
3. 部门消防隐患清单排查覆盖率不低于_____。
4. 重大火灾隐患整改合格率_____以上。
5. 辖区内消防安全设施完好率_____以上。
6. 消防相关隐患整改合格率_____以上。
7. 一般火灾隐患整改合格率_____以上。

四、指标清单

　　以上讨论结果形成《部门年度消防安全目标与指标分解记录》后由消防归口管理部门汇总，拟定《部门年度消防安全考核指标汇总清单》，经消防安全管理人审批后，形成各部门负责人消防安全责任书附件，纳入综合考评指标体系。

**部门年度消防安全考核指标汇总清单**

| 考核部门 | 轻伤事故/人 | 重伤事故/人 | 死亡事故/人 | 职业病/人 | 经济损失/万元 | 一般安全隐患整改合格率/% | 重大安全隐患整改合格率/% | 安全设施完好率/% | 特种（设备）作业人员、安全健康管理人员持证上岗率/% | 备注 |
|---|---|---|---|---|---|---|---|---|---|---|
|  |  |  |  |  |  |  |  |  |  |  |
|  |  |  |  |  |  |  |  |  |  |  |

五、指标考核

重点单位消防安全归口部门依据事件、日常消防安全检查、检测和演练等活动,考核各部门,结果分为不合格、合格、良好、优秀四种。考核结果纳入重点单位综合绩效管理,与部门、个人奖金和升迁挂钩。

＊＊＊重点单位

202＊年＊月＊日

# ***重点单位文件

【202*】第***号

## 关于成立消防安全委员会的通知

各部门：

为贯彻落实各项法律法规要求，强化消防安全管理基础，实现全天候、全方位、全过程、全员的消防安全管理。贯彻执行国家和省、市有关消防安全的法律、法规，坚持"以人为本、关口前移，综合治理、防微杜渐，全员有责、平安文物"的原则，加强领导，明确责任主体，确保消防安全工作顺利开展，经研究，决定成立重点单位消防安全委员会，现将有关事项通知如下：

一、消防安全委员会组成

主任委员：

副主任委员：

委员会成员：

二、委员会主要职责

1. 贯彻"保护文物、以人为本，居安思危、关口前移，全员有责、系统管理"的原则，落实《中华人民共和国消防法》等和国家、省、市及上级有关消防安全的法律、法规、规章，研究消防安全重要问题，及时向上级主管部门汇报安全工作。

2. 对重点单位安全工作实施综合管理，负责协调、指导、监督消防安全工作；全面领导重点单位消防安全预防、减灾、应急管理工作。负责重点单位专职、义务消防队的工作安排、指导；如发生事故，以委员会为基础成立应急指挥领导小组。

3. 审议重点单位安全工作长远计划、年度安全计划。重点单位消防安全原则、目标的调整、管理方案、规章制度、安全技术措施、消防安全计划等并督促实施。

4. 负责对重点单位消防安全责任制落实情况进行监督。督促实施层层安全责任。

5. 推广消防安全科研成果、先进技术及现代安全管理方法，建立健全消防安全责任制，改善消防安全条件，保障重点单位消防安全达到国家、行业标准。

6. 组织开展消防安全宣传、教育、检查活动。

7. 组织召开安委会会议、安全例会，及时研究分析消防安全形势，全面掌握消防安全情况。

8. 处理事故，配合开展上报事故调查，做好事故调查、分析、统计和上报工作，制定防范措施，对相关人员进行处理。

9. 对消防安全有较大贡献的部门及个人，作出表彰奖励的决定，同时对在消防安全管理工作中失职及违章作业人员作出处罚的决定。

***重点单位

202*年*月*日

# 重点单位目标完成效果评估报告
## 202*年第*季度

| 评估人 | | | 评估日期 | |
|---|---|---|---|---|

评估报告：
　　重点单位于202*年*月*日下达了202*年度各部门分解指标，并按照计划实施。
　　202*年*月*日，重点单位召开了由消防安全责任人为组长、消防安全管理人为副组长、各部门负责人为组员的消防安全目标完成情况评估组，对202*年第一季度消防安全目标完成情况及效果进行评估和考核，评估结果如下。
　　1. 202*年第一季度消防安全目标完成情况
　　特种（设备）作业人员、消防设施操作人员、消防管理人员持证上岗率不低于＿＿＿＿＿＿。
　　职工岗位培训及新职工入职消防安全教育培训率不低于＿＿＿＿＿＿。
　　部门消防隐患清单排查覆盖率不低于＿＿＿＿＿＿。
　　重大火灾隐患整改合格率＿＿＿＿＿＿以上。
　　辖区内消防安全设施完好率＿＿＿＿＿＿以上。
　　消防相关隐患整改合格率＿＿＿＿＿＿以上。
　　一般火灾隐患整改合格率＿＿＿＿＿＿以上。
　　安全投入保障率＿＿＿＿＿＿。
　　2. 202*年第一季度消防安全目标制定、分解、实施、绩效考核各环节执行情况
　　重点单位各部门均制订了消防安全目标实施计划，并在工作过程中实施，已进行第一季度消防安全目标考核，各部门均达成消防安全目标。
　　3. 消防安全目标的适宜性评估
　　根据重点单位的安全管理实际情况，从第×季度消防安全目标实施完成情况分析，重点单位制定的消防安全目标适合于重点单位，无须修订。
　　4. 消防安全目标是否需要调整
　　消防安全目标下一季度可不调整。

审批意见：


审批人（消防安全责任人）：　　　　　　　　日期：

备注：

## 8. 重点单位组织机构管理制度

### 8.1 目的

为建立健全重点单位消防组织机构，明确消防分工以及职能权限与责任，规范消防组织结构的设置与调整，以确保消防安全管理标准化体系运行，特制定本制度。

### 8.2 范围

适用于重点单位消防安全管理全过程。

### 8.3 职责

**8.3.1** 消防安全责任人负责组建消防安全委员会。

**8.3.2** 消防安全责任人负责任命消防安全管理人或兼职消防安全管理人。

**8.3.3** 各职能部门负责建立并保持与消防归口管理机构的协同机制。

### 8.4 管理原则

**8.4.1** 消防组织机构设立的原则。

**8.4.1.1** 建立健全从管理机构到基层科室的管理网络的原则。

**8.4.1.2** 统一领导、分级管理的原则。

**8.4.1.3** 职能部门之间便于协调、沟通的原则。

**8.4.1.4** 重视消防安全、履行消防职责的原则。

**8.4.1.5** 职能明确，管理层之间便于授权的原则。

**8.4.1.6** 目标分解控制原则。

**8.4.2** 组织机构管理。

**8.4.2.1** 重点单位应落实消防安全组织领导机构，成立消防安全委员会。

**8.4.2.2** 根据规模设置消防安全归口管理机构，或配备相应的专（兼）职消防安全管理人员和专业技术人员。

**8.4.2.3** 消防安全归口管理机构（部门）或专（兼）职消防安全管理人员宜作为重点单位各部门消防安全工作的引导者、辅导者和协调者。

**8.4.2.4** 基层科室应指定一名熟悉本科室业务规程和消防工作的从业人员兼任安全员（网格员），明确职责和权限等消防安全工作内容，并协助本部门负责人建立并保持与消防安全归口管理机构的协同工作机制。

**8.4.3** 人员配置。

**8.4.3.1** 重点单位消防管理人员应按《重点单位消防安全管理标准化示范文件》中附录C"重点单位消防安全教育培训要求"的规定参加消防安全培训并通过考核。

**8.4.3.2** 重点单位的消防安全管理人员与专业技术人员的总和不应低于单位从业人员总人数的4%，且取得工程类中级以上专业技术职称的人数不应少于25%且不少于2人。

**8.4.4** 人员职责。

消防安全责任人、管理层与全员职责。

**8.4.4.1** 重点单位建立健全单位消防安全责任制，消防安全责任人应全面负责消防安全工作。消防安全管理人对消防安全责任人负责，负责组织实施本单位的消防安全管理工作。未确定消防安全管理人的重点单位，消防安全管理工作由消防安全责任人负责实施。

**8.4.4.2** 重点单位是消防安全重点单位的，应持续完善重点单位消防档案，建立与相关政府监管部门的联系机制，及时反映重点单位的消防安全工作情况。消防安全重点单位的消防安全责任人、消防安全管理人应根据相关要求报知政府监管部门。

**8.4.4.3** 重点单位消防安全责任人按以下原则确定。

国有重点单位使用单位的第一负责人、国有重点单位的法人代表是消防安全责任人。

非国有重点单位的唯一所有人、多个所有人的文物建筑所有业主、非国有重点单位的法人代表，是消防安全责任人。

**8.4.4.4** 重点单位各职能部门负责人应在各自职责范围内，依据重点单位有关规章制度对本部门的消防安全负责，落实"一岗双责"。

**8.4.5** 所有岗位从业人员应遵守消防安全责任制的规定，履行《重点单位消防安全管理标准化示范文件》中附录A"重点单位各级人员消防安全职责"的要求，并签署消防安全责任书。

**8.4.6** 重点单位应对各岗位人员职责的适宜性、履职情况进行定期评估和监督考核。

**8.5** 相关文件。

《关于任命消防安全主要管理人员的通知》
《重点单位各级人员消防安全职责》
《岗位责任书》
《消防安全责任制适宜性评审及更新记录》（略）
《各级人员责任制考核记录》（略）

## \*\*\*重点单位文件

【202\*】第\*\*\*号

## 关于任命消防安全主要管理人员的通知

经单位研究决定：任命\*\*\*为消防安全归口部门的安全主任；\*\*\*为消防安全管理人；协助重点单位消防安全责任人开展消防安全管理工作，遵守国家有关消防安全法律、法规及安全管理人员应承担的职责。任期_____年。

特此通知！

附：消防安全管理人员职责

\*\*\*重点单位

202\*年\*\*月\*\*日

## ＊＊＊重点单位文件

【202＊】第＊＊＊号

# 重点单位各级人员消防安全职责

## 重点单位消防安全责任人职责

重点单位的主要负责人员是消防安全责任人，对本单位的消防安全工作全面负责。消防安全责任人须经消防安全培训，熟悉消防法规，并履行以下职责。

1. 致力于营造重点单位安全文化氛围和消防安全管理标准化体系的建设。
2. 贯彻执行消防法规，掌握本单位的消防安全情况，建立健全消防安全管理组织体系，确定逐级消防安全责任。
3. 组织制定重点单位隐患排查治理制度，批准实施和修订本单位的各项消防安全管理制度规程等文件，并主持消防工作的检查与考核。
4. 统筹安排消防工作与本单位的日常管理活动，批准实施年度消防安全工作计划。
5. 批准实施消防安全工作预算方案，为本单位的消防安全提供必要的经费。
6. 组织消防检查，督促落实重大隐患的整改，及时处理涉及重大隐患的相关问题，建立并完善隐患预防和治理的内生机制。
7. 依法建立专（兼）职消防队或志愿消防队和微型消防站，并配备相应的消防设施和器材。
8. 组织制定符合重点单位实际的灭火和应急总预案，并组织监督总预案准备、实施与评估的实效。
9. 建立消防安全工作例会制度，定期召开消防安全工作例会，研究、部署、落实本单位重要的消防安全工作计划、方案与措施，处理包括大型活动，重要布、撤展，重要现场的管理，消防经费投入和改进消防安全管理标准化制度在内的涉及消防安全的重大问题。

## 重点单位消防安全管理人职责

消防安全管理人负责组织实施本单位的消防安全管理工作，对消防安全责任人负责。消防安全管理人须经消防安全培训，熟悉消防法律法规，具备与其职责相适应的消防安全知识和管理能力，掌握本单位消防安全工作情况，并应履行下列职责。

1. 致力于重点单位消防安全管理标准化体系的建设和营造安全文化氛围。
2. 拟订年度消防安全工作计划，主持日常消防安全管理工作，及时向消防安全责任人报告重点单位的消防安全状况和涉及消防安全的重大问题。
3. 拟订和适时修订消防安全制度和保障消防安全的各项工作规程文件，检查并督促落实。
4. 拟订消防安全工作的资金投入和组织保障方案。

5. 组织消防检查，督促落实隐患治理，及时组织处理涉及消防安全的问题，建立并完善隐患预防和治理的长效机制。

6. 批准对重点单位消防相关设施、器材的巡查、检查、维修保养和全面排查等工作计划，确保其完好有效并处于应急准备状态。

7. 管理专职消防队或志愿消防队，组织开展日常业务训练和初起火灾扑救。

8. 组织全员开展多种形式的消防知识与案例分析、实操技能、消防安全管理标准化的宣传教育和培训，增强安全意识、提升消防能力。

9. 按本示范文件的要求组织重点单位灭火和应急总预案的准备、实施与评估，对分预案和专项预案的重要过程进行监督，并与辖区消防救援机构和周边联防单位建立协作、联动机制。

10. 确定重点单位消防安全重点部位，组织落实对重点单位消防安全有重大影响的重点部位，特殊作业，大型活动，布、撤展，施工现场和易燃易爆危险物品等区域或过程进行严格管理。

11. 与主办方建立消防工作协调与沟通机制。大型活动，重要布、撤展前，协调主办方召开消防安全工作会议，建立沟通机制，研究、解决涉及消防安全的重要问题。

12. 监督检查消防档案的完善工作，定期总结消防安全工作，按重点单位相关规章制度实施考核与奖诫等。

13. 完成消防安全责任人委托的其他消防安全管理工作。

## 重点单位消防安全归口部门负责人职责

重点单位消防安全归口部门负责人应参加消防安全培训，熟悉相关消防法规标准，经考核合格，具备与其职责相适应的消防安全知识、技能和管理能力，在消防安全责任人或者消防安全管理人的领导下开展工作，并履行下列职责。

1. 全面掌握重点单位消防安全情况和重点单位消防相关设施的状况，监督重点单位自动报警、人报警和其他渠道所反映消防信息的及时处置情况。

2. 拟订对重点单位消防安全有重大影响的重点部位，特殊作业，大型活动，布、撤展，施工现场和易燃易爆危险物品等区域或过程提出针对实际情况的管理方案和技术措施，并适时调整完善。

3. 拟订消防相关设施、器材、标识的巡查、检查、检测和维修保养等消防工作的全年计划。组织实施消防安全日常管理、消防控制室值班、记录有关消防工作开展情况，完善消防档案等。

4. 组织重点单位日常防火巡查、检查工作，确保疏散通道、安全出口、消防车道畅通，消防设施、器材等完好有效并处于应急准备状态。

5. 依据《重点单位消防安全教育培训要求》拟订消防安全教育培训工作计划，协助重点单位各职能部门针对各岗位实际情况，开展风险识别、隐患排查、消防知识与案例分析、实操与训练、消防意识教育与标准化管理等教育培训活动。

6. 协助重点单位各部门落实岗位的日常风险识别和隐患排查工作，协调有关部门及时整改隐患。组织处理并反馈涉及重点单位消防安全的各类问题，拟订完善重点单位隐患预防和治理体系的方案。

7. 在布、撤展，大型活动和现场施工前，参加相关方召开的消防安全工作会议，向相关方告知场馆消防设施安全状况和重点单位消防安全要求，保持与相关方的工作协调。

8. 在布、撤展，大型活动期间和施工现场，划定巡查人员责任区，检查巡查人员在岗在位情况，汇总所发现的违章违规和消防隐患，及时向上级汇报并与相关方沟通，督促相关方制定消防隐患整改措施，确保及时消除隐患。

9. 组织本单位灭火和应急分预案和专项预案的准备、实施与评估，保持与周围联防单位的协作、联动机制。

10. 定期分析、整理和汇报消防安全管理体系各要素实施的绩效，为评审和改进消防安全管理体系提供依据。

11. 消防安全管理人委托的其他工作。

## 重点单位各职能部门负责人职责

重点单位各职能部门负责人是所在部门的消防安全责任人，应参加重点单位组织的消防安全培训，了解重点单位相关规章制度文件的要求，具备与其职责相适应的消防安全知识和管理能力，对本部门责任范围内的消防安全工作负责，并应履行下列职责。

1. 掌握本部门责任区域的消防安全情况，贯彻执行重点单位消防安全管理制度和保障消防安全的工作规程和文件，全面落实本部门责任区域内的消防安全责任。

2. 指定各基层科室安全员（网格员），明确其职责和权限等工作内容，建立与消防安全归口部门的沟通协调机制。

3. 组织本部门人员积极参加重点单位组织的消防风险与隐患辨识、教育培训、预案演练等消防安全事务，确保全员掌握本岗位的火灾危险性和防火、防灾措施，报警、扑救初起火灾，疏散逃生自救等知识与技能。

4. 组织从业人员落实相关消防安全工作规程，遵守安全用电、用火、用气和易燃易爆危险物品管理等规定。

5. 按重点单位要求，组织落实各岗位开展日常消防安全自查工作，发现火灾隐患及时组织整改或向上级主管和消防安全归口部门反馈。

6. 发生火灾或消防相关事故时，组织从业人员按职责分工实施应急预案。

7. 完成上级交办的其他消防安全工作，接受重点单位对本部门消防安全工作的检查和指导。

## 重点单位消防控制室值班人员职责

重点单位消防控制室值班人员应按相关规定取得消防设施操作员职业资格证书，通过重点单位组织的消防安全培训与考核，了解重点单位相关法规制度文件的要求，具备与其职责相适应的消防安全知识和技能，并履行下列职责。

1. 遵守重点单位消防控制室的各项管理制度，熟练掌握消防控制室各项管理规程与应急处置程序。

2. 及时确认火警信号，确认后应立即报火警，并实施相应级别的应急预案。

3. 熟练掌握火灾自动报警系统等消防设施的各项功能和操作规程，按照相关规定测试自动消防设施，对发现的隐患或故障，应及时记录并通知相关部门排除，不能及时排除的应立即向上级报告。

4. 做好消防控制室的各类信息和值班情况记录。

5. 消防控制室负责人应对消防控制室的各项管理工作负责，并应全面掌握重点单位火灾自动报警系统和各类消防相关设施的运行状况。

## 重点单位防火巡查、检查人员职责

防火巡查人员应参加消防安全培训，了解重点单位相关规章制度文件的要求，具备与其职责相适应的消防安全知识和技能，应并履行下列职责。

1. 按照重点单位的管理规定进行防火巡查，并做好记录，发现问题应及时报告，并督促有关人员整改火灾隐患。

2. 熟悉重点单位消防设施的各项巡查、检查要求和操作规程，按照相关管理制度和操作规程对消防设施进行巡查、检查和记录，确保重点单位消防设施、供电和控制阀门等正常有效并处于应急准备状态。

3. 发现故障应及时排除，不能及时排除的应向上级报告。

4. 劝阻和制止违反消防法规和消防安全管理制度的行为。

## 重点单位工作人员职责

全体从业人员应积极参加重点单位组织的消防安全培训，了解重点单位相关规章制度文件的要求，并履行下列消防安全职责。

1. 遵守重点单位消防安全管理制度和工作规程；熟悉本岗位和责任区域涉及的消防相关设施、器材等的位置与基本使用方法，参加单位组织的各项应急预案的准备与演练。

2. 主动接受单位和部门组织的消防安全教育培训，熟悉本岗位涉及的火灾和消防相关风险与隐患，会报火警、会扑救初起火灾、会自救和组织疏散逃生。

3. 每日到岗后及下班前应检查本岗位工作场地的用电、用火、用气、涉及的易燃易爆危险物品和消防相关风险源等，发现隐患或异常时，应立即向消防安全归口管理部门报告，能自行排除的可在保证安全的前提下自行排除。

4. 引导、提示公众遵守重点单位相关消防安全管理制度，严禁携带易燃易爆危险物品进馆，制止吸烟和随意触动消防设施等不利于消防安全的行为。

5. 在突发事件第一现场的岗位工作人员是形成1分钟应急处置力量的第一人，得知后，应立即采取措施并响应相应级别的预案，包括但不限于按控制室要求确认本岗位区域的报警信息、扑救初起火灾、文物防护或消防相关事故应急处理工作、组织现场公众疏散与自救等。

## ＊＊＊重点单位文件

【202＊】第＊＊＊号

## 岗位责任书

### 消防安全责任人消防安全责任书

为保护重点单位财产安全和职工人身安全，保证重点单位日常工作顺利进行，根据国家有关劳动保护法律、法规，结合重点单位的实际情况，为此，特签订消防安全管理责任书。履行以下职责：

1. 重点单位消防安全责任人为重点单位消防安全第一责任人，必须具备与本单位所从事的生产经营活动相应的消防安全知识和管理能力。
2. 组织建立健全本单位的消防安全责任制，并保证其有效执行。
3. 组织制定消防安全规章制度和操作规程，并保证其有效实施。
4. 保证本单位消防安全经费投入的有效实施。
5. 督促、检查本单位消防安全工作，及时消除安全事故隐患。
6. 组织制定并实施本单位安全事故应急救援预案。
7. 及时、如实报告安全事故。
8. 接受政府部门安全培训考核，并取得有关规定要求的证书；审批年度培训计划、安全培训教育经费，确保培训措施落实到位。
9. 负责对特别危险作业申请进行审批、监督、管理。

（单位盖章）消防安全责任人：

年 月 日

### 消防安全管理员消防责任书

为进一步做好重点单位消防安全管理工作，保障重点单位财产安全和职工生命安全，落实消防安全责任制，切实防止重大事故，减少各类事故的发生，根据《中华人民共和国消防安全法》等安全法规和重点单位安全规章的要求，重点单位决定和消防安全管理员签订年度消防安全管理责任书。

消防安全管理员的安全职责如下：

1. 遵守国家有关消防安全法律、法规、标准。
2. 组织制定、修订和审定本部门消防安全规章制度、安全操作规程、安全技术措施计划。
3. 监督、检查各部门执行重点单位安全规章制度、安全操作规程情况，及时纠正违章行为。
4. 每月组织各部门的消防安全大检查，并落实事故隐患整改。

5. 负责审定各部门安全教育培训计划，并监督落实。

6. 负责组织各部门的事故调查、处理，并及时如实向消防安全第一责任人和相关部门报告。

7. 负责检查、考核各部门各级消防安全责任制的落实情况。

8. 保证各部门消防安全经费投入的有效实施，做到专款专用。

9. 每季度参加安全管理机构的安全工作会议，分析消防安全动态，及时解决消防安全中存在的问题。

消防安全责任人：　　　　　　　　消防安全管理员：
　　年　月　日　　　　　　　　　　　年　月　日

## 消防安全管理责任书（部门）

为落实重点单位消防安全主体责任，进一步明确重点单位负责人的消防安全职责，加强消防安全监督管理，减少和防止消防安全事故，保障财产安全及全员生命安全，根据国家有关法律法规和重点单位消防安全管理制度，本部门与重点单位签订消防安全管理责任书如下：

1. 部门负责人对本部门的消防安全全面负责。

2. 在重点单位消防安全责任人或分管负责人的领导下，保证国家、省、市消防安全法律法规和重点单位消防安全规章制度在本部门的贯彻执行，把消防安全工作列入部门工作议事日程，做到"五同时"（在计划、布置、检查、总结、评比的时候，同时计划、布置、检查、总结、评比安全工作）。

3. 组织职工全面落实消防安全技术操作规程和安全技术措施。

4. 组织对新职工（包括实习、代培人员）进行部门消防安全教育；定期组织对职工进行经常性的消防安全思想、安全知识和安全技术教育；积极开展岗位技术练兵，并定期组织安全技术考核；组织并参加每月一次的消防安全活动日，及时处理职工提出的改进消防安全的意见。

5. 定期组织全部门的安全检查，落实安全隐患的整改，确保安全装备、消防设施、防护器材和救援器材等处于完好状态，确保本部门从业人员正确使用和维护。

6. 及时准确向本单位上一级报告本部门发生的事故，并采取正确、有效的措施，降低事故危害，积极协助有关部门保护好现场。

7. 对违反国家、省、市本单位有关消防安全法律法规和安全操作规程的，造成消防安全事故，构成犯罪的，依照刑法有关规定承担相应的法律责任。

8. 本责任书一式两份，消防安全责任人和部门负责人各执一份，从递交即日起生效。

单位消防安全责任人：　　　　　　部门负责人：
（单位盖章）
　　年　月　日　　　　　　　　　　年　月　日

## 9. 消防安全投入保障制度

### 9.1 目的

根据重点单位的运营特点，按照国家消防法规规定建立稳定的消防安全投入，确保重点单位新增、改善和更新消防安全系统、设备、设施经费投入，消除消防安全事故隐患经费投入，消防安全的宣传、教育、培训、奖励经费投入，推动使用先进消防安全技术措施和管理手段，保证抢险救援物资的资金来源，特制定本制度。

### 9.2 范围

适用于重点单位各级部门消防安全活动全过程支出，且专款专用。

### 9.3 职责

9.3.1 按照财务管理制度，消防安全管理人在每年财政预算前拟订下一年度的消防安全工作的资金投入和组织保障方案。

9.3.2 消防安全责任人按照消防安全管理人提交的消防安全工作预算方案予以批准，并对组织保障方案审批。

### 9.4 内容

9.4.1 消防安全归口部门根据重点单位情况及时编制资金计划，计划中应包括安全技术措施、设施费用、安全宣传、安全培训教育、应急救援预案物资、个人劳动防护费用、安全先进奖励费用项目等。

9.4.2 制定年度消防经费投入计划时应切实考虑重点单位重大风险因素预防控制所采取的必要支出。

9.4.3 年度消防经费投入计划应送主管消防安全管理人审核，经消防安全负责人审批执行。

9.4.4 重点单位财务部门应按国家有关规定及重点单位计划提取消防安全投入资金，纳入年度财务预决算，并确保有效落实，实行专款专用。

9.4.5 使用消防安全资金时，应编制计划，及时报重点单位负责人进行审批，审批权限及资金限额按有关财务制度执行。

9.4.6 重点单位财务部门应对消防安全资金使用进行统计、汇总，消防安全归口部门应督促相关部门按计划实施，相关部门应掌握采购的安全设施、设备、物资是否合格有效。

9.4.7 依法保证消防安全所必需的资金投入，安全投入主要用于以下几个方面：

9.4.7.1 完善、改造和维护安全防护设备设施。

9.4.7.2 消防安全配备劳动防护用品。

9.4.7.3 安全评价、风险源监控、事故隐患评估和整改费用支出。

9.4.7.4 消防设备设施安全性能检测检验费用支出。

9.4.7.5 安全标志及标识、应急救援器材、装备的配备及应急救援演练费用支出。

9.4.7.6 其他与消防安全直接相关的物品或者活动支出。

### 9.5 相关文件

《消防安全费用台账》（略）

## 10. 消防安全文化建设制度

### 10.1 目的

为了通过消防安全文化的建设，确立重点单位的消防安全理念及行为准则，教育、引导全体职员的安全态度和安全行为，形成自我约束、持续改进的消防安全长效机制，构建整个重点单位"全覆盖、严执行、零容忍、重实效"的消防安全文化氛围，特制定本制度。

### 10.2 适用范围

适用于重点单位各职能部门和全体职工。

### 10.3 职责

**10.3.1** 消防安全委员会负责消防安全文化建设的领导和监督。

**10.3.2** 消防安全责任人负责制定重点单位消防安全文化建设实施计划，审核和执行安全文化建设工作的相关文件，负责计划实施所需的人、财、物等各种资源的有效配置。

**10.3.3** 消防安全归口部门负责重点单位安全文化建设的日常工作管理。

**10.3.4** 各职能部门负责按重点单位要求开展本部门的安全文化活动。

**10.3.5** 财务部门保证专项消防安全文化建设资金按时投入。

### 10.4 内涵

"全覆盖"。重点单位安全主体责任不只是重点单位"法人"和"实际控制人"的责任。"全覆盖"是要通过应急管理这个伺服机制，将主体责任自上而下分解并覆盖融入重点单位日常管理"全员、全过程、全角落"。这是自下而上落实并保障安全目标的基础。

"严执行"。责任之根在制度，责任之本在执行。"严执行"体现在不但要通过"传帮带"落实，还要从意识教育、能力培训到应急演练，从愿干、会干、能干到协同，引导重点单位逐渐通过物联网、大数据等信息化手段实现关键责任关键环节的可验、可溯、可追责。

"零容忍"。重点单位安全无小事，根据海因里希事故三角形法则，严重事故、轻微事故、未遂事故之比为1：29：300。通过不具备条件综合演练，经常化整为零开展的微观专项演练，不仅可发现显患和隐患，而且要重视责任行为的疏忽，甚至安全观念的懈怠。对未然之患也不放过。

"重实效"。预案评估"结果导向""责任自负"。"重实效"不但体现在各个专项预案处置效果的内外部"检查节点"上，更要体现在"一张图""一张网""三个状态""三个时态"的实时效果上，使法人、实际控制人对本单位消防安全实时"掌握情况"、使"双报告"落地。

重点单位消防安全责任人组织制定推动本单位消防安全文化建设的长期规划和阶段性计划，并在实施中不断完善。

符合《重点单位消防安全管理标准化示范文件》中附录B"重点单位消防安全文化建设要求"的有关规定。充分考虑重点单位内部的和外部的文化特征，确立本单位的消防安全理念及行为准则，教育、引导全体职员的安全态度和安全行为，通过全员参与消防安全承诺、行为规范、行为激励、信息传播与沟通、自主学习与改进、消防安全骨干的选拔与培养、审核与评估等过程，实现在法律和政府监管要求之上的消防安全自我约束，推进重点单位消防安全水平的持续提升。

**10.4.1** 消防安全环境

**10.4.1.1** 重点单位应紧密围绕本质消防安全原则目标，利用广播、信息网、宣传栏等各种媒体和载体进行消防文化建设宣传，优先以漫画、小视频等通俗易懂、观众喜闻乐见的形式表现，每月至少更换一次内容。

**10.4.1.2** 消防安全归口部门组织利用幻灯、宣传画、黑板报、安全技术简报（通信）、事故展览等多种形式，广泛地对职工进行消防安全教育，突出文博行业特点和从国内外发生的实际案例中汲取经验教训等。

**10.4.1.3** 在重点单位公共区域悬挂、张贴安全文化标语，设置统一的宣传标识牌，营造浓厚的消防安全文化建设氛围，使职工在潜移默化中受到教育。

**10.4.1.4** 开展全员消防安全竞赛活动，提高职工消防安全意识和能力。

**10.4.1.5** 各级管理人员应对职工进行经常性的消防安全思想、消防安全身边风险、隐患和组织纪律的教育，使职工牢固树立文物工作"万无一失、一失万无"的思想，自觉地维护财产安全。要经常组织开展岗位练兵、消防安全问答、事故应对预案处置演练等消防安全活动。

**10.4.1.6** 重点单位应建立公开安全举报渠道，设立举报电话、通信地址或电子邮箱予以公布；对接到的消防安全举报和投诉及时给予调查和处理。

**10.4.2** 安全行为

**10.4.2.1** 重点单位确定了消防安全原则和目标，制定了消防安全责任制，以安全承诺书的形式逐层对消防安全、遵章守法作出承诺。

**10.4.2.2** 消防归口部门负责定期组织编制身边的风险隐患、案例简报等消防安全文化资料，通过线上或线下方式发放到每个职工，并掌握职工学习情况。

**10.4.2.3** 消防安全考核

消防安全归口部门应对职工每年组织一次消防安全考核，考核成绩要予以公布，并记入职工个人工作档案，作为晋级条件之一。

管理人员消防安全考核，由消防安全归口部门负责组织进行。

职能部门各岗位安全技术考核由部门负责人组织，安全员具体执行。

新入职从业人员的消防安全考核，由部门组织。

凡未经消防安全考核，以及考核不合格而上岗操作又不能胜任本职工作者所造成的事故，要追究领导责任。

**10.4.2.4** 重点单位每年根据国家和行业的要求，开展消防安全活动，主要有消防安全活动月、消防安全竞赛活动、消防日等活动。组织交流活动，推广先进的消防安全管理方法经验。

**10.4.2.5** 为加强消防安全管理工作，树立安全管理先进的典型，重点单位每年定期对消防安全先进单位和个人进行表彰，并切实与单位和个人经济利益挂钩，以此以点带面。

**10.4.3** 日常消防安全教育活动

按计划开展消防安全教育活动，做到有计划、有内容、有记录。

消防安全教育活动内容包括：学习国家消防安全有关法律、法规、规范、标准，相关部门下达的消防安全方面的有关政策和要求；学习消防安全责任制、规章制度、安全技术操作规程；开展科室内部安全经验交流、总结安全生产工作；分析文博行业国内外安全事故案例，举一反三，以防止事故发生；开展事故隐患分析和预测，做好事故预防工作。

部门负责人及其管理人员应每季度至少参加一次消防安全教育活动，并签字。

开展的各种培训教育记录、台账等资料应及时归档。

**10.4.4** 消防安全奖励举报安全行为激励

**10.4.4.1** 重点单位实行消防安全奖励举报机制，鼓励全体职工举报消防安全隐患及提出消防安全合理化建议。消防安全归口部门应对举报和投诉的事件进行有效的调查，依据事实按规定处理，建立相应的记录。

**10.4.4.2** 重点单位对安全隐患举报人根据相关规定给予鼓励，对因举报而发现重要事故隐患的，重点单位除给予表彰外，另给予现金嘉奖。

**10.4.4.3** 重点单位对职工提交的消防安全合理化建议，责成消防安全归口部门对建议进行系统的评审，根据建议的价值给予相应的奖励和表彰。

**10.4.4.4** 重点单位对因举报而确定安全隐患的责任单位或部门，要求制定完善的整改方案，限期完成；对整改不力的责任单位按相关规定给予处罚。

推动安全骨干的选拔和培养。通过重点单位持续的安全管理活动，在管理者和普通职工中选拔和培养一批能够有效推动安全文化发展的骨干，扮演职工、团队和各级管理者的指导人角色，承担辅导和鼓励全体职工向良好的安全态度和行为转变的职责。

**10.5** 相关文件

《重点单位消防安全文化方案》（略）
《消防安全文化建设活动记录》（略）
《消防安全信息化建设计划及实施记录》（略）
《重点单位消防安全信息化建设计划及实施记录》（略）

## 11. 消防安全法律法规、标准规范的管理制度

**11.1** 目的

为了建立识别和获取适用的消防安全审查法律、法规、标准及其他要求管理制度，明确责任部门，确定获取渠道、方式和时机，及时识别和获取适用的消防安全法律、法规、标准及其他要求，特制定本制度。

**11.2** 范围

本制度适用于重点单位所有安全审查法律、法规、标准及其他要求的管理。

**11.3** 职责

**11.3.1** 消防安全归口部门负责本次消防安全法律法规及其他要求的识别、获取、归档、传递、发放、更新。

**11.3.2** 消防安全归口部门负责符合性评审、相关培训。

**11.3.3** 消防安全责任人负责提供相关资源支持。

**11.3.4** 消防安全归口部门负责消防安全法律、法规、标准的培训计划和制定实施。

**11.4 规定内容**

**11.4.1** 消防安全归口部门首先通过各种渠道（如求助上级政府主管部门、外部培训、网络、书店等）收集、整理出与重点单位有关的消防安全法律法规及其他要求的文本。

**11.4.2** 消防安全归口部门将收集到的消防安全法律法规进行分类汇总，并识别适用的消防安全法律、法规、标准，填写《适用的消防安全法律法规及其他要求清单》。

**11.4.3** 消防安全归口部门应持续进行法规查新工作，并至少每季度组织一次对所收集的重点单位有关的消防安全法律法规及其他要求执行情况进行符合性评价，消除违规现象和行为，并编制符合性评价报告。评价报告内容应包括：

**11.4.3.1** 获取的消防安全法律、法规和标准及其他文件要求的适宜性和充分性。

**11.4.3.2** 重点单位是否存在消防安全范畴内的违法违规现象和行为。

**11.4.3.3** 对不符合消防安全法律、法规和标准及其他要求的现象和行为进行整改等。

**11.4.4** 消防安全归口部门关注有关消防安全法律、法规及其他要求的最新变化，为符合性评价提供依据。

**11.4.5** 消防安全归口部门负责发放消防安全法律法规及其他要求的文本给各部门（必要时发给个人），由消防安全归口部门对重点单位职工进行内部的消防安全法律法规及其他要求的培训。必要时可以外派职工学习有关消防安全法律法规及其他要求知识。

**11.4.6** 消防安全归口部门收集、整理出与重点单位有关的消防安全法律法规及其他要求的文本并存档，形成文本数据库。

**11.4.7** 消防安全职能部门负责将重点单位适用的消防安全法律、法规、标准及其他要求及时传达给供应商及其他相关方，以联络函的形式发送。

**11.5 相关文件**

《适用的消防安全法律法规、标准规范识别清单》（略）

《消防安全法律法规、标准规范文本数据库》（略）

《标准规范获取来源一览表》（略）

## 12. 文件管理制度

**12.1 目的**

为规范消防安全标准化体系文件的管理，对消防安全管理标准化体系运行中使用的各类文件实施有效控制，保证各过程、环节、场所使用的文件具有统一性、完整性、正确性和有效性，确保与体系运行相关的部门均使用有效的现行版本文件，防止误用作废文件。

对安全记录档案进行有效控制，以证实符合规定要求，为安全管理体系有效运行提供客观证据，在必要时实现可追溯性。

**12.2 范围**

本程序包含文件的编写、审批、发放、使用、更改及作废等子过程，规定了各过程负责人的职责，适用于各过程管理体系文件的控制。

本程序包括记录的填写、收集、保管、处置等子过程，适用于重点单位各部门的消防安全管理标准化体系运行中形成的所有记录的控制。

**12.3 职责**

**12.3.1** 由消防安全管理人组织，消防安全归口部门负责编制，消防安全管理人负责提供相关资源支持。

12.3.2 消防安全归口部门负责符合性评审、相关培训。

12.3.3 消防安全归口部门组织相关部门制定实施消防安全法律、法规、标准的培训计划。

12.4 程序内容

12.4.1 确定文件种类

12.4.1.1 为便于文件管理，根据不同的管理方式将管理体系文件分为外来文件、内部管理体系文件。

12.4.1.2 外来文件：系指国家、地方政府部门发布的法律、法规、条例和标准（见法律法规的识别与评价程序）；上级部门下发的通知、要求、规定和办法；相关方的期望和要求。

12.4.1.3 内部管理体系文件：原则、目标；实现原则、目标的策划；控制各过程的程序、操作规程、作业指导书、记录表格。

12.4.1.4 资料和记录

相关的资料包括但不限于：

各种消防法规、标准及相关技术性文件。

各类分析/评价/统计数据。

特种设备检测报告、合格证及其附件的资料。

特殊作业场所安全注意事项、作业规程等资料。

各类消防安全检查、巡查、消防安全教育培训、应急疏散演练及其他活动等记录。

化学危险品安全标签、安全技术说明书、储存、使用防护指南。

消防设施的位置、型号等的变更、设计、运行技术资料。

供应商和承包商档案。

特种作业许可证等。

其他资料。

12.4.2 提出文件的编制和修改需求

12.4.2.1 重点单位所有人员都有提出编制和修改文件的权利，但是必须向过程负责人提出申请。

12.4.2.2 过程负责人确定所管理的过程的文件需求。

12.4.3 指定编写人

12.4.3.1 如需要编制或修改，对所需的文件进行策划并安排专人编写。

12.4.3.2 管理手册由消防安全管理部门负责编制；部门各过程管理类文件（管理过程的程序、规定、表格）由过程负责人负责组织编制。

12.4.4 进行编写

12.4.4.1 按照体系文件编写格式要求进行文件编写。文件格式基本内容如下：

目的：明确编写本文件要达到的目的。

范围：本文件使用的范围，包括活动范围、职能范围和管理范围。

定义：需要对使用人解释的术语或词汇。

职责：本文件中的主要职责划分，包括本文件的责任部门。

程序/规定内容：针对各项活动提出具体的要求、职责、时限。
相关文件：编制本文件所依据的文件或引用的文件。
相关记录：本文件涉及的文件、表格和记录。
修改记录：本文件每次修改的主要概要的记录。
文件概要/流程：规定类文件的概要及程序文件的流程图。

**12.4.4.2** 重点单位根据消防安全标准化文件的管理，需要将消防安全标准化文件进行编号，文件的编号格式如下：

文件类别（XF）-文件分类编代号-文件顺序号-版本号

消防安全管理制度编号为：XF-ZD-序号-版本号。

消防安全操作规程编号为：XF-GC-序号-版本号。

消防安全相关表单编号为：XF-BD-序号-版本号。

其中序号为阿拉伯数字，如：01，02，03等。

版本号为26个大写字母，如：A，B，C等。

所有文件（包括表格）必须有版本标识，如有文件更新，版本随之更新。

**12.4.5 评审和审批**

**12.4.5.1** 文件评审。文件由编制人在文件原件编制人栏中签字，交部门主管审核同意，再送交消防安全主要责任人批准。

**12.4.5.2** 文件批准人应对文件进行仔细审核后，如果同意，在批准栏签字；如果不同意，将文件返回文件编制人（或部门），待修改完毕后再批准。

**12.4.6 发放控制**

**12.4.6.1** 消防安全归口部门发布综合管理体系文件，建立外发文件清单，该清单内容包括：文件名称、编号、版本、发放日期、数量、发送人、接收人等。该文件清单在修改、增加/删减文件过程中应保持最新状态。

**12.4.6.2** 消防安全归口部门需建立《文件控制清单》，在发布/修改文件的同时，文件与文件清单保持一致。

**12.4.7 使用控制**

**12.4.7.1** 消防安全归口部门负责更新消防安全管理标准化体系有关文件，保证体系文件始终保持最新有效状态；每季度备份一次电子版文件。

**12.4.7.2** 管理体系相关的文件必须妥善保存；各部门负责保管本部门相关文件；不得在文件上乱涂乱改，不准私自外借，确保文件的清晰、易于识别和检索。

**12.4.8 文件更新**

**12.4.8.1** 文件更改时，由更改人员持原批准人批准的文件（原件一份、电子文档一份）、填写《文件更改通知单》，到消防安全归口部门登记备案，同时更新《文件控制清单》，消防安全归口部门保存批准的文件原件；各部门下发的综合管理体系受控书面文件应立即回收并更新，填写《文件与回收记录》，防止作废文件非预期使用。

**12.4.8.2** 当文件在实施过程中因组织结构、服务项目、工作流程、法律法规、标准等发生变化时，原文件编写部门负责组织对文件进行评审。如果需要进行修改，由原文件编写部门负责提出文件更改申请后组织文件编写并按原文件的审批程序进行审批。

### 12.4.9 安全记录管理
#### 12.4.9.1 建立记录清单
消防安全归口部门制订安全记录台账，使用统一表格。内容包括：记录名称、保管人、收集方法、保存年限、索引、介质、处置、类别等。
#### 12.4.9.2 安全记录的使用
按规定的项目填写，所有记录应及时、真实，字迹整洁、清楚，不得随意涂改，不能使用铅笔填写。
#### 12.4.9.3 收集
定期对安全记录进行收集并整理记录，放到指定的地点保存或交档案室存档。
#### 12.4.9.4 储存、保护
a）记录可以是纸质或电子媒体，对于电子媒体形式的记录，必须保证所保存的记录不被非记录人员或计算机病毒干扰，应留有备份。

b）记录保存要做到防潮、防火、防蛀虫鼠害、防丢失、防磁等，同时还要做好标识。

c）保存期限依据"消防安全记录台账"中的保存期限而定。
#### 12.4.9.5 处置
记录保存人按照"消防安全记录台账"中规定的处置要求在保存期满后进行处置，包括销毁或归档。

### 12.5 相关文件
《文件发放记录》（略）

## 13. 消防档案管理制度

### 13.1 目的
为了加强和规范重点单位消防安全管理，进一步提升档案管理水平，保证档案的系统性和完整性，完善档案借阅手续，使档案管理达到规范化、合理化、标准化，更好地为重点单位开展各项消防安全工作、过程控制提供帮助。根据国家现行消防法规、标准、办法、指导意见、通知等文件要求，结合重点单位自身安全属性，特制定本制度。

### 13.2 范围
适用于重点单位消防安全档案的管理。

### 13.3 职责
#### 13.3.1 消防安全归口部门负责消防档案的建立和保管。
#### 13.3.2 各职能部门负责相关文件和资料的收集整理。

### 13.4 程序
#### 13.4.1 要求
##### 13.4.1.1 重点单位应建立消防档案，内容信息应翔实、准确，附有必要的图纸、图表，能够全面反映本单位的消防工作的基本情况。
##### 13.4.1.2 重点单位消防档案应由专人统一管理，按档案管理要求装订成册，分类归档，并根据情况变化及时更新完善。
##### 13.4.1.3 消防档案应建立电子档案，同时保存纸质消防档案，应支持查询和

检索。

**13.4.2 内容**

**13.4.2.1 消防安全基本情况**

重点单位的消防安全基本概况。

建筑消防设计审查、消防验收和特殊消防设计文件及采用的相关技术措施等材料。

投入使用或者开业前消防安全检查的相关资料。

重点单位消防安全相关图纸、文件和重要记录等资料。

消防设施和器材配置情况。

明确与相关方消防安全责任归属的协议书等。

消防安全重点部位及特殊作业动态分级和分类管理情况。

消防相关设施、器材和装备等的采购合同、技术文件等原始资料。

消防产品、防火材料等的合格证明材料。

消防系统自动联动控制逻辑和手动应急启动流程说明。

重点单位消防安全方针、原则与目标体系。

消防安全管理组织机构。

逐级岗位消防安全责任制。

消防安全责任书。

消防安全管理制度和消防安全工作规程。

专职消防队、志愿消防队、微型消防站等自防自救力量及其消防装备配备情况。

消防安全管理人、消防设施维护管理人员、焊工、电工、消防控制室值班人员、易燃易爆危险物品操作人员等特殊岗位人员的基本情况、持证情况。

重点单位各类应急预案（包括总预案、分预案和专项预案）及其历次修订版本。

**13.4.2.2 消防安全管理情况**

消防安全例会记录或决议。

文物部门、住房和城乡建设部门、消防救援机构等政府监管部门发放的各种法律文书及各类文件、通知等。

定期消防检查记录、自动消防设施全面排查测试报告、维修保养的记录以及委托检测和维修保养的合同。

岗位火灾隐患、重大火灾隐患、消防相关隐患排查及整改情况记录。

消防控制室值班记录。

有关燃气、电气（包括防雷、防静电）和烟道清洗等管理记录。

易燃易爆危险物品和场所防火防爆管理记录。

施工现场，特殊作业，大型活动，布、撤展等管理记录。

消防宣传教育、培训和岗位实操等活动记录（包括活动的计划、材料以及培训的时间、参加人员、内容、成绩、培训试卷等）。

各类应急预案的演练记录（包括演练的时间、地点、内容、参加部门、人员、见证资料和演练总结等）。

火灾和消防相关事故情况与"四不放过"的落实记录。

消防安全工作考评和奖惩制度。

灭火器档案（包括配置类型、数量、设置位置、检查维修单位、更换药剂的时间等有关情况）。

其他重要消防活动记录。

**13.4.3　评估与修订**

重点单位应根据管理体系运行的情况适时评估消防安全法律法规、标准规范、规章制度文件的适宜性和执行效果，并依据评估的结果和程序及时修订相关文件，每年全面集中的评估不应少于一次。

**13.4.4　消防档案的管理**

消防档案中相关消防安全规章制度、工作规程、记录指南等的编制、评审、发布、使用、修订、作废、销毁，同《文件管理制度》。

**13.5　相关文件**

《记录清单》（略）

《文件清单》（略）

《文件修改记录》（略）

《文件作废、修改记录》（略）

《重点单位消防档案》（略）

## 14. 消防教育培训制度

**14.1　目的**

为了落实全员参与，增强重点单位从业人员及外来人员的消防安全意识，提高其安全素质，防范事故，规范重点单位消防安全培训教育工作，根据相关法律、法规的相关规定，特制定本制度。

重点单位消防安全教育培训的目标在于强化重点单位全体从业人员的消防安全习惯和意识，培养一批会消防管理、会操作消防设施器材、会检查整改火灾隐患、会扑救初起火灾和组织人员疏散逃生的消防安全"明白人"。

**14.2　范围**

包括重点单位一般从业人员、特殊作业人员及外来人员，前两类人员包括本重点单位消防安全责任人、消防安全管理人员、特种作业人员、其他从业人员。外来人员包括为重点单位服务的第三方供应商，布、撤展施工人员，参展施工方人员，参展方人员，外来参观学习人员，学术研究团队人员，从事消防设施维护保养人员，提供场所安全的警备人员等。

**14.3　职责**

**14.3.1**　消防安全归口部门是本制度的责任制定部门。

**14.3.2**　消防安全归口部门负责组织对从业人员的培训教育、考核、评价、改进等活动的全过程。

**14.3.3**　各部门负责人是本部门培训教育的主要责任人，应定期根据所属岗位的实际情况，了解人员的消防安全培训需求。

**14.3.4**　消防教育培训完成情况应上报消防安全管理人。

**14.4　内容和要求**

14.4.1 新入职重点单位人员的培训教育。

14.4.1.1 新入职重点单位人员（包括新招聘从业人员、外来临时用工等），均需经过单位、部门、岗位三级安全教育。

14.4.1.2 单位级教育（一级）由重点单位安全办负责，培训教育内容包括：党和国家有关消防安全的方针、政策、法律、法规，重点单位消防安全管理制度，各级人员消防安全责任制，重点单位消防安全特点等。

14.4.1.3 部门级教育（二级），由部门管理人员负责，培训教育内容包括：部门消防风险、工作流程、岗位安全规程和制度、事故教训，并经考试合格。

14.4.1.4 岗位级教育（三级），由科室负责人负责，培训教育内容包括：科室岗位消防安全风险及隐患特点、岗位责任制、事故案例及预防措施、岗位安全规程、消防设施的使用及安全注意事项、个人防护用品、防护器具和消防器材的使用方法等。

14.4.1.5 年度教育培训时间：一级教育不少于 6h；二级教育不少于 8h；三级教育不少于 12h。

14.4.1.6 新职工进馆经三级安全教育和岗位培训后，对其进行考核、考试，考核通过后方可上岗。

14.4.2 重点单位内调动（包括部门岗位变动）及脱岗半年以上的从业人员，必须对其再进行二级或三级安全教育、进行岗位培训，考试合格，成绩记入安全培训档案内。

14.4.3 重点单位对可能进入重点单位的相关方，如服务方、施工方的作业人员和主办方、参展方的相关人员及实习生等提出消防安全教育培训的要求并监督培训效果。

14.4.4 重点单位在明显部位进行消防宣传与提示，可利用展板、专栏、手机推送、广播、闭路电视、网络、电子显示屏等形式对公众进行文物消防警示教育活动，增强公众火灾风险防范意识。根据具体情况，对来访者等进行必要的消防安全告知或提示。

14.4.5 日常教育

重点单位应依据相关消防法规标准和重点单位消防安全管理标准化示范文件录 C《重点单位消防安全教育培训要求》，针对从消防安全责任人、管理人到各级各部门人员的岗位特点，从消防安全基本知识与意识、岗位消防技能训练和重点单位消防安全管理标准化要求三个方面，组织全员开展线上、线下、集中或"碎片化"培训、岗前岗后一分钟、以案说法或机会教育等多种形式的消防安全教育培训与考评。

14.4.6 特种教育

14.4.6.1 重点单位特种作业人员，包括从事电气活动的作业人员、需要进行动火作业人员、动燃气作业人员，涉及易燃易爆危险物品的储存、使用人员。对发生事故对文物或公众有重大影响的消防相关作业、特种作业、特种设备作业、文物周边作业等人员也应纳入特种教育，在取得特种作业资格后，还应通过重点单位教育培训，考核合格方可在重点单位内从事特种作业。

14.4.6.2 重点单位特种作业人员按上级各业务负责人部门的有关规定定期参加新取证和复审培训。

14.4.7 隐患与事故教育

14.4.7.1 发生事故或发现典型事故隐患后，重点单位消防安全归口部门应组织各相关部门及人员进行现场教育，吸取教训，防止类似事件再次发生。

14.4.7.2 重点单位应将馆舍内或相关行业单位发现的典型消防安全事故隐患和发生的火灾事故、消防相关事故案例及分析、报告等视为宝贵的资源，作为重点单位消防安全教育培训的重要内容。

14.4.8 培训需求识别

重点单位应定期通过培训效果考核、实际能力验证、自我申请、应急处置行为评估和调查表等方式，有针对性地识别各岗位消防安全教育培训需求。重点单位应根据识别结果及时调整消防安全教育培训计划，并保障必要的资源。

14.4.9 基本要求

重点单位应每年以消防职能相似的部门或科室为单位，组织不至少一次的消防安全集中教育培训，且应符合以下要求。

重点单位消防安全责任人，不小于4课时。通过培训，熟悉重点单位消防安全相关的法律、法规和规章，熟悉重点单位各项消防安全管理制度。了解重点单位重点部位，重要施工现场，大型活动，大型布、撤展和重要消防相关设施可能存在的主要问题及其治理方案。熟悉重点单位消防力量建设、消防经费保障、检查考评等责任。了解本示范文件附录要求的消防安全基础知识与技能和重点单位消防安全管理标准化要求，提高消防工作的组织和管理能力。

重点单位消防安全管理人，不小于6课时。通过培训，熟悉重点单位消防安全相关的法律、法规、规章和各项消防安全管理制度规程文件，熟悉重点单位消防安全保障体系，掌握重点单位重点部位，特殊作业区域，施工现场，大型活动，布、撤展和消防相关设施可能存在的重大隐患等问题及其控制措施与治理方案。熟悉本示范文件附录要求的消防安全基础知识与技能和重点单位消防安全管理标准化要求，提高消防工作的组织和管理能力。

重点单位消防安全归口部门负责人，不小于16课时，并通过考核。要求掌握重点单位消防安全相关法律、法规、规章、标准和各项消防安全管理制度规程文件。熟悉重点单位消防安全保障体系，掌握重点部位，特殊作业区域，施工现场，大型活动，布、撤展和消防相关设施可能存在消防安全隐患等问题及其管控措施。掌握本示范文件附录规定的消防安全基础知识与职业技能和重点单位消防安全管理标准化要求，提高消防工作的组织和执行能力。

重点单位部门负责人，不小于4课时。要求熟悉与本部门各岗位相关的消防安全管理制度规程文件。掌握重点单位重点部位、特殊作业区域等可能存在的消防安全隐患及其管理方案。了解消防安全基础知识与技能和重点单位消防安全管理标准化相关要求，提高部门消防工作的组织和执行能力。

重点单位消防控制室值班员，不小于12课时，并通过考核。要求掌握本岗位相关的消防安全工作职责与法律、法规、规章和标准。掌握与消防控制室岗位相关的重点单位各项管理制度规程文件和本单位的应急预案。熟练掌握重点单位自动消防设施的各项功能和平时与应急状态下的操作规程，并能根据本单位自动报警系统、人报警和其他渠道反映的消防信息快速、准确地通知现场工作人员和专（兼）职消防队。掌握本示范文件附录规定的消防安全基础知识与职业技能，熟悉岗位相关的重点单位消防安全管理标准化相关要求，提高重点单位消防设施的管理能力。

重点单位专职消防队员、志愿消防队员、微型消防站队员，不小于12课时，并通过考核。要求熟悉本岗位相关的法律、法规、规章和标准。掌握与本岗位相关的重点单位各项管理制度规程文件和本单位的应急预案。掌握重点单位各部位特别是重点部位、特殊作业区域的火灾和消防相关风险的特点与状况，熟练掌握本规范附录中的消防安全基础知识与技能、应急预案和重点单位消防安全管理标准化相关要求，提高应急准备与应急处置能力。

重点单位其他岗位从业人员，不小于2课时。要求熟悉本岗位相关各项消防安全管理制度规程文件。了解本示范文件附录中与岗位相关的消防安全基础知识与技能、重点单位消防安全管理标准化相关要求，提高岗位火灾和消防相关风险识别、隐患排查和应急处置能力。

### 14.5 相关文件

《培训需求调查表》（略）
《培训大纲》（略）
《教案范例》（略）
《年度培训计划》（略）
《消防安全教育培训记录》（略）
《特种作业、特种设备作业人员台账》（略）
《特种作业、特种设备人员操作资格证书》（略）
《消防培训效果调查表》（略）
《相关方培训记录》（要求提供，附：培训要求）（略）
《必训人员培训清单》（略）

# 巴黎圣母院火灾的启示

### 一、案例概况

巴黎圣母院大教堂（Cathédrale Notre Damede Paris）是一座位于塞纳河畔、法国巴黎市中心、西堤岛上的哥特式基督教教堂建筑，是天主教巴黎总教区的主教堂。它的地位、历史价值无与伦比，是历史上最为辉煌的建筑之一。巴黎圣母院始建于1163年，是巴黎大主教莫里斯·德·苏利决定兴建的，整座教堂在1345年全部建成，历时180多年，正面双塔高约69m，后塔尖约90m，是法兰西岛地区的哥特式教堂群里面，非常具有关键的代表意义的一座建筑。史料记载，巴黎圣母院的整个框架几乎都是用木材建成。数据显示，圣母院的木质框架约耗费了1300棵橡树，相当于21hm$^2$的木材。

法国当地时间2019年4月15日傍晚，巴黎圣母院突发火灾，大火持续9h，阁楼烧毁严重，许多文物被烧毁，造成巨大的损失。《纽约时报》在大量采访和调查的基础上，为读者重现当天的场景，并讲述在起火后的关键4h内，法国是如何拯救巴黎圣母院的。能够明确的一点是，巴黎圣母院起火后，曾经差一点就整体垮塌了。

火灾发生后的第1个小时，教堂的工作人员便犯了致命的错误：没能确定着火的地点,导致后来的一系列延迟。火灾发生后的第 2 个小时,人们笼罩在一片孤立无援的情绪中。大家冲向巴黎圣母院,对这座全球最受欢迎和最知名的建筑之一表达了震惊和哀痛之情,这种情绪通过社交媒体的扩散而放大,在全球引起涟漪效应。如今巴黎圣母院仍然屹立不倒,完全是因为火灾发生后的第 3 和第 4 个小时,消防员不顾个人安危、全力以赴地拯救。消防员到达的时间较晚,这本身就是个不利条件。他们冲上 300 级阶梯,前往火光冲天的阁楼,却被迫撤离。最后,只得派遣一小队消防员直接进入熊熊烈火中,而正是这些队员奋不顾身地拯救了大教堂。巴黎圣母院位于巴黎第四区,该区的区长阿里埃尔·威尔称:那时大家的感觉是,比生命还重要的东西危如累卵,巴黎圣母院可能会毁于一旦。

**二、火灾过程**

2019 年 4 月 15 日,整个巴黎沉浸在复活节前的节日气息中,让·皮埃尔牧师正在巴黎圣母院内,在数百名礼拜者和游客面前举行弥撒,圣母院一如往常那般平静。18 点 16 分时,一个红色警示灯在监控室闪烁起来,随即是烟雾报警器的鸣叫,显示:Feu(着火)!

巴黎圣母院火灾预警系统的搭建,耗费了 6 年时间,是由数十名专家共同研讨而建成的。方案由各种各样的文字、图表、地图、合同等组成,厚达几千页,至今还保存在巴黎市图书馆中。根据这个方案,该系统由贯穿大教堂综合体的小孔管道组成,在每根管道的末端都安装了吸气式感烟探测器。这是一种高度敏感的,能探测到任何烟雾的装置。巴黎圣母院也是法国唯一设置了专用保安室的大教堂。保安室就位于一栋相邻的建筑内,这里还专门设有保安人员的公寓。但这样一套复杂的安全系统,却无法精确地告知火情及其发生的具体位置。

警报刚响起时,监视器屏幕上给出的是一个区域的简称:Attic Nave Sacristy(圣器室收藏室),这个是圣母院四大分区中的一处。接下来,警报第二次响起,出现了一串长长的字母和数字:ZDA-110-3-15-1。这是圣母院 160 多个烟雾探测器中某一个的代码,没有几个人知道背后的含义。警报第三次给出的提示是:Aspirating framework(吸气框架)。这代表主阁楼中的一个吸气式探测器。

糟糕的是,监控室的值班员是一名新职工,只上了 3 天班。他甚至还没来得及把整个巴黎圣母院巡查一遍,更别说熟悉各个区域了。

2014 年,消防安全公司 Elytis 与巴黎圣母院达成了合作,负责这座几百年古建筑的消防安全。那时消防安保组是采取轮班制的,每班有两名职工。一位是负责人,监控报警器面板,另一位则负责在大教堂内巡逻。公司要求,值班员必须在 5 分钟内,亲自核实任何火警系统发出的警报信息。但因为预算的缩减,消防安保组后来只剩下一名职工,另一个岗位由具备基本消防培训的保安来顶替。

起火当天,这位值班的新职工是从上午 7 点 30 分到岗的,他本来会在下午 3 点 30 分时下班,但接班的同事却没来,他只能硬扛着上第二轮。

也许是长时间工作后过于疲惫,也许是还没适应新岗位,值班员面对监视器给出的代码信息一头雾水。但他还是立刻拿起无线电对讲器,呼叫离圣坛只有几英尺远的保安:"去阁楼检查一下有没有火情!"保安立刻往圣器收藏室的阁楼跑去,但什么也没发现。

原来，他跑错了地方。失火的地点在教堂主厅正上方木阁，这名教堂警卫却径直跑到了教堂主建筑群旁边的圣器室上的另一个小木阁楼……

跑错地方的教堂警卫回报没有发现火源之后，此时距离火警警报已经过去 4min。值班员打电话给了自己的上司，对方没接，此时距离火警警报已经 10min。

此时，没找到火源的警卫已在原地等待了 25min 后，安保公司上司看到了未接来电，把电话拨了回来，告诉他起火地点判断错误，搞清后下令"从圣器室的木阁楼回来，去主厅上的木阁楼上查看火源"。

最后，教堂警卫用无线电通信呼叫了火警安保人员，让其致电消防部门。那时是 6 点 48 分，距离红色警示灯点亮"Feu"（着火）已过去了 30min。

等保安气喘吁吁地爬上主阁楼的 300 级楼梯，发现火势已经不可能用一个灭火器来控制。这个地方全是由古橡木搭建成的，被巴黎圣母院俗称为"森林"。他们赶紧打给了消防部，此时距离警报响起，已经过去了半小时，"森林"已成一片火海。

而这一个小时里最令人感到讽刺的是，巴黎圣母院的火警安保公司打消防电话的时间是 6 点 48 分，而事实上早在 6 点 44 分，圣母院附近的群众就已经从外面看到火情。从发现火情，到判断起火点，再到消防员赶来，花了不止半个小时，而全球网友对于火灾的反应速度，却只用了几分钟。"我觉得巴黎圣母院着火了"，当天 6:52，有人在社交媒体上发了一条视频。视频显示在短短几分钟内，随着西风带来的浓重烟雾，圣母院的塔楼开始变得模糊不清。

这时，圣母院所在的巴黎第四区区长威尔先生刚刚开完会，从市政厅出来。他抬头看见了烟雾，立刻向圣母院跑去，一边掏出电话打给巴黎市长安娜·伊达尔戈。威尔回忆，"当时我的感觉是，有某种比生命更重要的东西在消逝，就像是世界末日一样。"

晚上 7 点不到，消防队下士长米丽娅姆·胡津斯基抵达现场时，圣母院周围已经聚集了数百名震惊的围观者。火舌已蹿上了屋顶。胡津斯基率领的小队是第一批抵达现场并前往阁楼的人。消防队员立即将水龙带插入大教堂的消防干喉中，后者是一种中空的垂直管道，可以把水抽运到建筑上方着火的区域。胡津斯基扛着 55 磅（约合 25kg）的装备外加一台呼吸器爬上了教堂北侧耳堂漆黑的楼梯。去年秋天她在巴黎圣母院进行过演习，所以对教堂结构很熟悉。爬楼梯时，她发现阁楼上没有设置防火墙来防止火势蔓延——此前教堂拒绝了用防火墙来保护具有历史意义的木梁结构。她意识到，如此凶猛的火势将很快把阁楼吞噬。

到了晚上 9 时 45 分，火势得到了控制。经过几百名消防队员的彻夜扑救，直到第二天黎明，大火才熄灭。这座屹立了 850 年的古老建筑，屋顶已不复存在，石质墙体随时面临崩塌的危险，幸运的是，整场火灾中没有人殒命，圣母院的主体结构也得以保存，里面的重要艺术藏品也转移到了安全的地方。

3 天之后，米利安姆和勒梅尔等人和当天奋战的几百名队员一起，在爱丽舍宫接受了总统的嘉奖。无数的巴黎市民来到消防站，给这些勇士送去食物和礼物，以表达谢意。世界各地也传来了慰问的信息。然而，这次火灾到底是一次意外，还是注定会发生的事件？

### 三、背景资料

火灾过后的 3 个月里，调查人员做了约 100 次面谈，并仔细检查了废墟，寻找起火原因。他们猜测可能是塔尖里的电钟或是电梯短路引起了火灾。现场消防人员推测，施工可能是造成火灾的因素之一。当时，巴黎圣母院正在进行一场耗资1.2亿欧元的大规模修缮工程，施工时产生的明火、焊接产生的火花，以及脚手架上的易燃材料，都是潜在的火源。警方称在事发现场发现了重要线索——烟头，装修工地上一般易燃垃圾较多，在圣母院出现烟头是违反相关规定的，而且在现场发现的不是1个，而是7个，是负责巴黎圣母院装修的承包商Le Bras Freres的工人遗留在现场的。

近几年，巴黎为保护圣母院做过许多预防措施，包括制定应对恐怖袭击的方案，应对"黄马甲运动"的备案等，消防部也制定过灭火方案，还在2018年于圣母院进行过两次火警实地演习。

"消防电子系统完全有能力探测到极为少量的烟雾，但人类反应的迟钝却是无法预测的。就算你花了再多钱来探测火灾，如果不及时采取正确行动的话，一切都是白费。"在评论此次事件时，美国的防火专业专家格伦·科尔贝特这样认为。

法国历史专家让-米歇尔·雷尼奥则认为："是缺乏必要的防火安全措施，才导致火势迅速蔓延。"如果圣母院内部都设置了消防喷头，情况可能会大不相同。

据《纽约时报》的调查，当地官员当初之所以决定，不在巴黎圣母院内建造防火墙，也不安装自动喷水灭火系统，是担心电线会对木建筑造成太大的风险。"每个人都知道，阁楼是建筑最脆弱的部分。"巴黎历史协会会长皮埃尔·乌希尔表示，主阁楼"森林"无法安装任何电气设备。

实际上，许多地方的大教堂都已经安装了这类设备。

曾在巴黎圣母院工作的埃里克·萨蒙透露，他现在工作的斯特拉斯堡大教堂已经安装了防火墙，这样就能将屋顶分成五个部分。如果其中某处出现火情，防火墙能起到隔绝作用，不让火势蔓延到整个教堂。纽约市的圣帕特里克大教堂最近也安装了喷水灭火系统，并在其木质屋顶上涂了阻燃剂。华盛顿国家大教堂也有安装的计划。

而公众和内部人士对于报警工作失误的指责，也一直没有停歇。圣母院的工作人员指责Elytis公司消防安保工作的失误，认为正是他们职工对于起火点的误导，才浪费了宝贵的营救时间。

教堂工作人员说，火警安保公司Elytis的雇员从未提到过大教堂屋顶框架。圣母院一名发言人安德烈·菲诺表示："他们有几个人有步话机，大家都听到了（阁楼中殿圣器室）这几个词。"别的就没有了。

而Elytis首席执行官阿尔诺·德马雷特则坚持认为，他的员工的通知是正确的："圣母院只有一个木制框架，就在主阁楼上。要不是教堂警卫先跑去圣器收藏室的阁楼，就不会错失这么多时间窗口。"德马雷特还透露，火灾发生几天后，公司已经接到过两起死亡威胁电话了，职工们至今还处于惶恐中。

巴黎圣母院的肖维院长则以配合调查为由，拒绝让圣母院的职工单独接受采访。"不然有些人可能会丢工作的。"他说

其实，巴黎圣母院已经不是第一次出问题了。2015年2月9日在安全登记表上有一条记录：巡逻人员在阁楼中发现了易燃物品，并在附近发现了烟头。由于发现及时，没有酿成大祸。

这也是巴黎文化事务部为圣母院制订24h安保组计划时，规定要有两名工作人员的

原因。因为一个人是无法既监控面板,又在教堂内巡逻的。可惜的是,这个规定在Elytis公司接手后并未严格遵守。当值班人员缩减至1名时,有时轮班的同事没来,岗位甚至会处于空缺状态。安全登记表上就显示,2015年10月18日,整个下午和晚上,安保室都是无人值守的。

同样在安全登记表中,有一条显示火灾预警系统预报了错误的地点,这种现象在2015年春季非常频繁,但是这些并没有得到重视。2015年5月27日,当Elytis的职工再次上报此故障时,反而受到了上司的指责:"你这样会搅黄公司和巴黎圣母院的合作的!"

《纽约时报》咨询过的几名消防专家都表示,正是这个火警系统的问题酿成了这场灾难。"这场灾难几乎是不可避免的。"消防专家阿尔伯特·西莫尼这样批评。"唯一让我惊讶的是,这场灾难没有发生得更早。"

法国历史学家戈马尔(Claude Gauvard)认为,各方利益冲突可能影响圣母院重建工作。他表示:"巴黎圣母院由多个单位管辖,大主教管区、巴黎政府、历史博物馆等都能插手,这将增加维护的复杂度。"这种"多龙治水"的局面,已经让大教堂年久失修。戈马尔说:"各方注意力都聚焦于巴黎圣母院,这已经导致了让所有人都满意的维护方案一直难觅踪迹。多年来,大教堂没有得到该有的维护。"

### 四、历史不容假设,但事后反思可以鉴今

下面仅从防火管理角度,就《纽约时报》所透露的上述信息做如下分析。

#### (一)假如,报警指示的火警范围可以更准确些……

通常,吸气式探测器显示的报警类型包括:预警、警告、火警1、火警2。第一次报警应该是指警告,只显示了报警位置所属圣母院四大分区中的一处——"Attic Nave Sacristy(圣器室收藏室)",范围太大;第二次报警是火警1——"ZDA-110-3-15-1",这只是圣母院若干吸气式报警探测器中的一个探测器的一路采样管的编码,这样的采样管回路共有160多条,范围仍然很大;第三次报警是火警2——Aspirating framework(吸气框架),只说明了报警信息来自吸气式探测器,没有提供任何有效信息。

吸气式感烟火灾探测器探测可高达$0.001\%obs/m$,比点式感烟探测器灵敏度高2000倍以上,并且对绝大多数物质燃烧产生的烟雾都一样敏感。因此,巴黎圣母院使用吸气式感烟火灾探测器是合理的。由吸气式感烟火灾探测器的原理可知,每个采样孔相当于一个点型感烟火灾探测器,探测器的灵敏度为采样管上全部采样孔所共有,因为采样孔的灵敏度=探测器灵敏度×采样孔数量,对于一定的空间结构,探测器的响应性能主要取决于采样管的管径与长度和采样孔间距与孔径。GB 50116规定,单管长度不宜超过100m,单管上的采样孔数量不宜超过25个。按高灵敏度探测器管道内气流速度$1\sim3m/s$计算,最不远点采样孔报警时间最短也要100s,GB 50166也规定,在采样管最末端(最不利处)采样孔加入试验烟。探测器或其控制装置应在120s内发出火灾报警信号。

吸气式探测器是按管路报警的,一个探测器保护的面积越大、管路越长、采样孔越多,灵敏度就越低,报警位置就越不准确,巴黎圣母院看来就属于这种情况。

如何解决?首先,通过限制灵敏度、限制保护面积、限制管路长度、限制孔间距等,把探测器的报警区域尽量控制在一个目视区域内。其次,在探测器和管路的编码——"物

理地址"和组织内部通用的、没有歧义的房间名称——"逻辑地址"之间建立明确的对应关系，最好是通过图文显示的方式，以红色闪烁等方式直观呈现。

### (二) 假如，巴黎圣母院的吸气式报警系统按这样设计安装

设计吸气式感烟探测器时应选择高灵敏型吸气式感烟探测器，并严格限制采样管长度、单个采样孔的保护面积和采样孔间距等参数，一个探测单元的采样管总长不应超过200m，采样孔总数不应超过100个；单管长度不应超过100m，单管上的采样孔数量不应超过25个，在单独房间内设置采样孔时，不应少于2个，并应保证最不利点采样孔的灵敏度 $m \leqslant 0.8\%obs/m$。采样孔孔径与孔间距应按确认的设计软件或方法设计，孔径最小不应小于2.5mm，最大不应超过5.0mm，并应考虑到采样孔位置与探测器的距离和安装高度等因素和尽可能将探测器一路采样管的报警区域限制在一个目视区域内，以便报警信息的位置确认。

### (三) 假如，监控室值班员合格……

也许是长时间工作后过于疲惫，也许是还没适应新岗位，值班员面对监视器给出的代码信息一头雾水。但他还是立刻拿起无线电对讲器，呼叫离圣坛只有几英尺远的保安："去阁楼检查一下有没有火情！"教堂保安立刻往圣器收藏室的阁楼跑去，但什么也没发现。

消防控制室是建筑消防的监视和指挥控制中心，当地规范没有要求同时2个人值班已经非常宽松了。一个值班人员还是新上岗三天的职工，超时工作，对报警信息与教堂位置的对应关系不熟悉……为这场火灾埋下隐患。在不能落实具体地点的情况下，又因为除了上司谁都不认识，没有通过讲机或电话询问别人。加之接连收到3次同一地址的警报，误报的可能性就很小了，这名值班员除了等待上司回电话外，却既没有呼叫消防队，也没有查到实际对应地址。可见中控室内没有张贴"编码对照表"，也没有人对他进行消防档案交接。岗前教育培训如：岗位职责、教堂火灾报警及联动系统交底、应急处置程序、施工现场特殊管理等。

### (四) 假如，保安公司主管或圣母院领导及时介入……

消防控制室值班员除了等待上司回电话外什么都没做，说明没有备份热线，应急处置流程也没有公示，新入职员工不知道该问谁。但教堂工作人员既然听到了"阁楼中殿圣器室"报警，也未有所警惕，这样的情况说明了以下几种可能：圣母院报警系统经常误报、认为是现场施工造成的、圣母院很久都未遇到火警不相信是真的、消防安全意识群体淡漠……

### (五) 假如，隐患排查整改到位并视隐患如明火……

调查人员猜测可能是塔尖里的电钟或是电梯短路引起了火灾。现场消防人员推测，施工可能是造成火灾的因素之一。

暴露出来如此多的隐患甚至显患，竟然没有引起足够的重视，这又一次验证了著名的"海因里希事故三角形法则"，严重事故、轻微事故、未遂事故之比为1：29：300；还有墨菲法则，如果某件事有可能变坏的话，这种可能就会成为现实。它的极端表述是：如果坏事有可能发生，不管这种可能性有多小，它总会发生，并造成最大可能的破坏。

### (六) 其他，假如

假如重点部位可以重点防护，所有在重点部位发生的报警都能够"升级响应"、优

先处置；假如施工现场管理更加严格，特别是电气线路敷设、电气设备"一机一闸一保护"、严禁吸烟、随时清理可燃物等；假如消防安全主体责任分解到位，消防投入到位，可能已经做了阻燃处理、局部增加了喷淋系统、增加了防火墙等；假如这座百年文物建筑的全员安全意识较强，像杜邦公司那样信守杜邦十条：①所有安全事故都可以预防；②各级管理层对各自的安全直接负责；③所有危险隐患都可以控制；④安全是被雇用的条件之一；⑤职工必须接受严格的安全培训；⑥各级主管必须进行安全审核；⑦发现不安全因素必须立即纠正；⑧工作外的安全和工作中的安全同样重要；⑨良好的安全等于良好的业绩；⑩安全工作以人为本。假如巴黎圣母院建立了消防安全信息化管理系统，安保人员的行动轨迹反映在中控室大屏上，硬件和管理短板反映在各级管理人员的手机上，运用大数据、云计算、区块链、室内定位等技术，依托室内电子地图、BIM、手机应用软件等信息系统，实现各类消防信息的呈现、汇总、统计、分析等"一张网"，如：消防风险一张网分析、隐患排查一张网管控、消防设施一张网运维、教育培训一张网考评、应急预案的一张网管理、档案资料一张网索引、自改自评一张网呈报、大型活动一张网决策等，不断提高重点单位消防安全现代化管理水平。

## 15. 特殊作业管理制度

### 15.1 目的

为规范重点单位各类特殊作业的安全管理，控制和消除作业中的潜在风险，防止事故发生，特制定本制度。

### 15.2 适用范围

适用于重点单位范围内容易发生火灾的作业和消防相关作业的管理。

### 15.3 职责

**15.3.1** 消防安全管理人负责特殊作业的审批管理。

**15.3.2** 消防安全归口部门负责编写特殊作业的实施细则。

**15.3.3** 各职能部门负责落实、执行本制度，保障各项制度安全实施。

**15.3.4** 消防安全归口部门负责对本制度的培训。

**15.3.5** 作业相关人员必须对整个作业过程负责。

### 15.4 控制程序

**15.4.1 作业管理**

**15.4.1.1** 重点单位的消防安全特殊作业包括：容易发生火灾的作业，主要有临时用电作业、动火作业、动燃气作业、涉及易燃易爆危险物品的作业等；发生事故对文物或公众有重大影响的消防相关作业，主要有特种作业、特种设备作业、文物周边作业等。

**15.4.1.2** 重点单位严格执行《临时用电作业安全管理规定》《动火作业安全管理规定》《动燃气作业安全管理规定》《易燃易爆危险物品作业安全管理规定》《特种作业安全管理规定》《特种设备作业安全管理规定》《文物周边作业安全管理规定》等7类作业管理规定。

**15.4.1.3** 按照"谁主管，谁负责"的原则，相关部门和单位应对相关区域内作业人员、车辆及相关作业状况实行有效监督，对其人员的行为和设施负责，确保各项工作符合安全要求。

15.4.1.4 相关区域的作业人员应按规定配备、穿戴好相应的劳动防护用品，并在指定的区域内工作。

15.4.1.5 进入相关区域作业的人员作业前应清楚各种标识所表示的含义，作业完成后，作业负责人应确认作业现场处于安全状态。

15.4.1.6 消防安全归口部门应对进入相关区域作业的人员进行不定期抽查，不符合要求者不得作业。

15.4.2 作业人员管理

15.4.2.1 项目负责人

项目负责人对作业过程负全面管理责任，应在作业前详细了解作业内容、作业部位及周围情况，参与作业风险分析、安全措施的制定和落实，向作业人员交代作业任务和作业安全注意事项；作业完成后，组织检查现场，确认无遗留隐患，方可离开作业现场。

15.4.2.2 实施人

独立承担作业必须持有作业证，并在相关安全作业证上签字。实施人接到安全作业证后，应核对证上各项内容是否落实，审批手续是否完备。若发现不具备条件，有权拒绝作业，并向消防安全归口部门报告。实施人必须随身携带安全作业许可证，严禁无证作业及审批手续不完备的作业。作业前，实施人应主动向作业点所在部门当班领导交验安全作业许可证，经其签字验证后方可进行作业。

15.4.2.3 监护人

监护人由作业点所在部门指定责任心强、有经验、熟悉现场、掌握相关安全知识的人员担任。监护人所在位置应便于观察整个作业现场，必要时可增设监护人。

监护人负责作业现场的监护和检查，发现异常情况应立即通知实施人停止作业，及时联系有关人员采取措施。监护人必须坚守岗位，不准离岗。在作业期间，不准兼做其他工作，在作业完成后，要会同有关人员清理作业现场，清除残火，确认无遗留火种后方可离开现场。

15.4.2.4 安全员

执行作业的部门和作业点所在的安全员应负责对各类作业进行风险分析，安排人员亲自到现场取样分析，分析合格后，负责办理相关作业证，并检查相关作业规定的执行情况和安全措施落实情况，随时纠正违章作业，特种作业时，安全员必须到现场。

15.4.2.5 作业的审查批准人

各类作业的各级作业审查批准人审批作业时，必须亲自到现场，了解作业部位及周围情况，审查并明确作业等级，检查、完善安全措施，审查《安全作业许可证》和分析结果是否符合要求和是否正确。在确认准确无误后，方可签字批准作业。

15.5 相关文件

《特种作业许可证》（略）

《动火作业安全管理规定》（略）

《动燃气作业安全管理规定》（略）

《易燃易爆危险物品作业安全管理规定》（略）

《特种设备作业安全管理规定》（略）

《文物周边作业安全管理规定》（略）
《特种设备作业安全管理规定》（略）

## 16. 消防安全重点部位管理制度

**16.1 目的**

为加强和规范重点单位重点部位的消防安全管理工作，确保重点部位的防火安全，减少和避免火灾事故的发生，特制定本制度。

**16.2 范围**

适用于重点单位划分的所有消防安全重点部位、区域。

**16.3 职责**

**16.3.1** 消防安全归口部门负责重点部位的确定和标识。

**16.3.2** 各职能部门负责火灾、消防安全风险分析。

**16.3.3** 消防安全归口部门负责制定重点部位的管理规定和实施细则。

**16.3.4** 各职能部门负责管控措施的实施和检查。

**16.4 程序**

**16.4.1 重点部位的确定**

重点单位的下列部位确定为消防安全重点部位。

容易发生火灾的部位，主要有用火及用燃气部位、食物烹饪烘烤区、电气设备管线密集部位、火灾负荷较大的展台、锅炉房、制冷机房、车库、电动（汽）车充电位等。

一旦发生火灾可能造成重大伤害的部位，主要有大型活动时的人员密集区域和疏散瓶颈区域等。

发生事故对文物有重大影响的部位，主要有档案室等。

对消防安全有重要保障作用的部位，主要有消防控制室、变压器室、配电间、消防水泵房、柴油发电机房、油库等。

经性能化设计等特殊消防设计的部位。

对消防安全有重要影响的其他部位。

**16.4.2 重点部位的管理**

**16.4.2.1** 消防安全重点部位的消防安全管理应明确责任部门和责任人，了解可能存在的问题及其治理方案。

**16.4.2.2** 消防安全重点部位应设置明显的防火标志（如"禁烟禁火"等各种文字、符号的警告标志。），标明"消防安全重点部位"、防火责任人和联系方式等。

**16.4.2.3** 消防安全重点部位应配备相应的灭火器材、装备和个人防护器材。

**16.4.2.4** 消防安全重点部位应制定和完善事故应急处置操作程序。

**16.4.2.5** 消防安全重点部位应每2h进行一次防火巡查，加强夜间巡查，并填写《消防安全重点部位防火巡查工作记录》。

**16.4.2.6** 消防安全重点部位应制定和完善用火、大功率或密集用电、用燃气、用可燃液体、涉及易燃易爆危险物品等相关的管理规程、事故应急处置操作程序，落实特殊防控措施，纳入隐患排查、防火巡查、检查管理。

**16.4.2.7** 大型活动对重点部位的管理包括以下几项。

大型活动全过程，应紧盯重点部位和各种特殊作业，落实严控明火、严管用电、严查用气、严禁堆积杂物、严禁堵塞通道等措施。

**16.4.2.8** 应急管理对重点部位的管理包括以下几项。

发生在重点部位、特殊作业和大型活动现场的事故，预案等级（除五级外）应提升一级。

预案应明确重点部位的财产防护、人员救护、工艺操作、事故控制、控火灭火等方面的应急处置措施。

重点单位应编制总预案，重点单位内各部门应结合岗位消防危险性编写分预案，消防安全重点部位、特殊作业部位应编写专项预案。

针对火灾和消防相关风险较大的重点部位应制定现场处置方案，并编制重点岗位、人员应急处置卡，发放并培训到人。

重点单位分区平面图应反映总平面图内消防安全重点部位灭火、应急和疏散行动部署情况，主要包括消防安全重点部位及周围环境的平面布局，应急避难空间、各级消防水源、各级供水燃气供热管网的主要控制阀、各级配电箱、各种灭火设施器材的数量分布，水带铺设路线和人员物资疏散路线等。

**16.4.2.9** 风险管控及隐患排查治理对重点部位的管理包括以下几项。

重点单位在正常状态下，应将重点部位作为日常高风险管控范围，将施工现场、布、撤展现场和涉及特殊作业的场所纳入动态重点管控范围内，并根据实际情况及时按相关程序调整和公示。

重点单位应全面分析本单位火灾危险性、可能发生的消防相关事故类型及危害程度，确定消防安全重点部位和风险源，并形成消防风险评估清单。

**16.4.3** 各消防安全重点部位的管理规定

《锅炉房防火安全管理规定》

《餐饮场所和其他燃气场所防火安全管理规定》

《汽车库防火安全管理规定》

《变配电室防火安全管理规定》

《柴油发电机房防火安全管理规定》

《制冷机房防火安全管理规定》

《大功率或密集用电防火安全管理规定》

**16.5** 相关文件

《重点部位清单》（略）

《消防安全重点部位工作记录》（略）

《重点部位标识卡》（略）

## 17. 消防控制室管理制度

**17.1** 目的

为加强重点单位消防控制室消防设施操作人员的管理工作，特制定本制度。

**17.2** 范围

适用于重点单位消防控制室内的消防设施操作员（微型消防站人员）、安保人员。

## 17.3 职责

**17.3.1** 遵守重点单位消防控制室的各项管理制度,熟练掌握消防控制室各项管理规程与应急处置程序。

**17.3.2** 及时确认火警信号,确认后应立即报火警,并实施相应级别的应急预案。

**17.3.3** 熟练掌握火灾自动报警系统等消防设施的各项功能和操作规程,按照相关规定测试自动消防设施,对发现的隐患或故障,及时记录并通知相关部门排除,不能及时排除的应立即向上级报告。

**17.3.4** 做好消防控制室的各类信息和值班情况记录。

**17.3.5** 消防控制室负责人应对消防控制室的各项管理工作负责,并应全面掌握重点单位火灾自动报警系统和各类消防相关设施的运行状况。

## 17.4 程序

**17.4.1** 消防控制室管理应保证 24h 专人值班,每班不少于 2 人,并符合 GB 25506、GB 25201 的规定,确保当值人员处于应急准备状态。应急状态下,按照应急指挥部要求将其设置在"自动"状态。

**17.4.2** 禁止对消防控制室报警控制设备的喇叭、蜂鸣器等声光警报器件进行遮蔽、隔离、断线或旁路等处理,确保警报器件处于正常工作状态。对于故障设备、设施应及时通知消防维保单位或应急维修部门进行修复,并对于过程和结果进行记录。

**17.4.3** 禁止将消防控制室的消防电话、消防应急广播、消防记录打印机等设备挪作他用。消防图形显示装置中专用于报警显示的计算机,严禁安装无关软件。

**17.4.4** 消防控制室内应配备有关消防设备用房、电气设备室(井)、通往屋顶和地下室等部位和消防设施的锁具钥匙,防火卷帘控制箱(盒)钥匙,消防电源、控制箱(柜)、开关等专用钥匙,接合器、室外消火栓等消防设施专用开启工具等,并应分类标识。

**17.4.5** 消防控制室应配备小型灭火器、防毒面具、消防帽、简单破拆工具、灭火毯、手提消防电话、手持扩音器、充电手电筒、对讲机等消防专用装备、器材。

**17.4.6** 重点单位的消防控制室与属地应急救援机构、周边单位专(兼)职消防队、微型消防站、主办方、参展方、协作方、服务方等之间应建立双向的信息联络沟通机制,确保紧急情况下信息畅通与及时响应。设有多个消防控制室的重点单位,各消防控制室之间应建立可靠、快捷的信息传达联络机制。

**17.4.7** 消防控制室应存放重点单位的总平面布局图、建筑消防设施平面布置图、建筑消防设施系统图,同时存放一套消防档案。

**17.4.8** 消防控制室严禁吸烟或动用明火,应在消防控制室设置相关标识。

**17.4.9** 消防控制室值班员要求有以下几项:

**17.4.9.1** 熟练掌握全部自动报警的显示信息与实际位置的对应关系,并熟悉各种快速到位的途径。

**17.4.9.2** 熟练掌握消防系统自动联动逻辑关系、启动条件与流程,熟练掌握联动控制器总线和专线手动启停按钮与现场消防设备的对应关系以及应急手动启动操作流程。

**17.4.9.3** 熟悉重点单位内各系统各级消防给水控制阀门、室外消火栓、接合器的位置及其对应区域。

17.4.9.4 熟悉重点单位应急管理分级方法和相应的应急准备、应急处置流程与职责。

17.4.9.5 掌握内外部信息联络和消防广播方式，熟悉不同情景下的沟通流程和表述方式。

17.5 相关文件

《消防控制室管理记录》（略）

《重点单位消防档案》（略）

## 18. 消防设施管理制度

18.1 目的

为加强重点单位消防设施的管理，确保消防设施完好有效，防止事故发生，确保文物、人员、财产的安全，特制定本制度。

18.2 范围

本制度适用于重点单位消防设施的巡查、检查、检测、维修、保养、报废、更新、建档等活动。

18.3 职责

18.3.1 消防安全归口部门负责组织制定消防设施管理制度并监督执行。

18.3.2 相关部门每年12月份提交下一年度消防设施设备维护保养计划。

18.3.3 消防安全归口部门负责培训交底工作。

18.3.4 相关部门负责安责险的投放工作。

18.3.5 相关部门负责消防设施的更新建档工作。

18.3.6 相关职能部门负责具体执行本制度。

18.3.7 消防安全归口部门、消防科室负责建立消防设施的电子台账。

18.4 程序

18.4.1 消防设施的设置

18.4.1.1 重点单位消防设施的要求。

18.4.1.1.1 应符合消防系统分类及执行标准和相关国家及行业标准的要求。

18.4.1.1.2 重点单位消防设施的设计与设置应符合 GB 50016 的要求。

18.4.1.1.3 重点单位消防设施维护管理应符合 GB 25201 的要求。

18.4.1.1.4 重点单位消防系统排查应符合 XF 503 的要求。

18.4.2 消防设施的管理

18.4.2.1 维护程序

（1）引用本手册消防安全控制室管理制度中消防设施作业指导培训。

（2）协调系统设备生产厂家做好培训与交底。

（3）制定消防设施作业安全规程。组织相关设备生产厂家、工程保修单位、消防设施维修保养单位等相关方，针对消防设施维修保养过程中可能出现的、重点单位不可接受的消防相关事故风险的全部内容进行梳理，形成消防设施作业安全规程，并以此作为附件。

（4）签订消防作业安全责任书。与相关方签订消防作业安全责任书，明确各方责任与后果承担方式,重点单位应据此实施有效监督并在实践中不断完善。

(5)投放安责险。重点单位宜协调消防设施生产厂家、工程保修单位、消防设施维修保养单位等相关方,通过投保安责险的方式,分担或化解因处置不确定性火灾风险导致的气体灭火系统误喷、火灾事故、跑水事故造成的损失等消防相关损失,推动重点单位消防体系的本质安全,并纳入消防安全经费投入管理。

**18.4.2.2 消防设施的检查、检测、维修**

**18.4.2.2.1 检(维)修前准备**

根据设备检(维)修项目要求,按照"五定"管理,即定检(维)修方案、定检(维)修人员、定安全措施、定检修质量、定检修制度。

进行检(维)修前,检(维)修项目负责人应按照检(维)修方案要求,对检(维)修作业项目进行风险评价,确立应采取的有效风险控制措施,并组织检(维)修人员到现场,交代清楚检(维)修项目、任务、检(维)修方案以及安全防护措施,落实检(维)修各项安全措施。

检(维)修项目负责人应对检(维)修安全工作负全面责任,并指定专人负责整个检(维)修过程的安全工作。

设备检(维)修若需要进行高处作业、临时用电作业或不可避免动火作业,则必须要按照相应规定执行《高处作业许可证》《临时用电作业许可证》或《动火作业许可证》。

**18.4.2.2.2 检(维)修前的安全教育**

检(维)修前必须对参加检(维)修作业的人员进行安全教育,内容包括:

(1)有关检(维)修的安全规章制度;

(2)检(维)修作业现场和作业过程中可能存在或出现的不安全因素或对策;

(3)个人防护用品和用具的正确佩戴和使用;

(4)检(维)修作业项目、人员、检维修方案和安全措施;

(5)制定文物保护方案。

**18.4.2.2.3 检(维)修前的安全检查和措施**

(1)检查各种工器具,凡不符合作业安全要求的工器具不得使用。

(2)采取可靠断电措施,切断需检(维)修设备上的电器电源,并经启动复查确定无电后,在电源开关处挂上"禁止合闸,有人工作"的标志牌并上锁。

(3)对检(维)修作业使用的防护器材、消防器材、通信、照明设备等器材设备应经专人检查,保证安全可靠,并合理放置。

(4)应对检(维)修现场进行检查,保证无安全隐患。

(5)对检(维)修所使用的移动式电器工具,应配有漏电保护装置。

(6)应检查、清理检(维)修现场的消防通道、行车通道,保证畅通无阻。

(7)夜间维修应设有足够亮度的照明。

**18.4.2.2.4 检(维)修作业中和结束的安全要求**

(1)参加检(维)修人员应穿戴好劳动保护用品。

(2)检(维)修作业人员应遵守检(维)修安全操作规程。

(3)电气设备检维修应遵守电气设备安全工作规定。

（4）严禁扩大作业范围或转移作业地点。

（5）对安全措施不落实，作业环境不符合安全要求的，作业人员有权拒绝作业。

（6）检（维）修结束后，检（维）修项目责任人会同有关检（维）修人员检查检（维）修项目是否有遗漏，工器具和材料是否遗漏在设备内。

（7）检（维）修工作结束后，应及时搬走所用的工器具，拆除临时电源、临时照明设备等。

（8）检（维）修结束后应及时清理杂物、垃圾。

（9）检（维）修后应对设备进行调试，并保持检（维）修有关记录。

**18.4.2.2.5　检（维）修设备拆装规定**

（1）拆装设备零件要分类摆放整齐。

（2）拆装工作要防止物件滑落，禁止上下抛掷设备零部件和工具。

（3）按照检（维）修设备的相关技术图纸和说明书进行拆、装。

（4）安全设施不得随意拆除、挪用或弃置不用，因检（维）修拆除的，检（维）修完毕后应立即复原。

**18.4.2.2.6　安全检（维）修时机**

（1）设备设施运行不正常，出现故障时应进行检（维）修。

（2）发生较大设备事故，必须进行检（维）修。

（3）新购入设备试运行时，应进行检（维）修。

**18.4.2.2.7　安全检（维）修频次**

安全检（维）修一般每季度一次。

**18.4.2.3　安全检（维）修禁令**

（1）不佩戴安全帽，不穿工作服以及穿凉鞋、高跟鞋者禁止进入现场。

（2）上班前饮酒者禁止进入现场。

（3）在作业中，禁止打闹或有碍作业的行为。

（4）检（维）修现场禁止吸烟。

（5）禁止用汽油或其他有机溶剂（如天那水、酒精等）清洗设备、机具和衣物。

（6）禁止随意泼洒油品、化学危险品。

（7）禁止阻塞消防通道。

（8）禁止挪用或损坏消防工具、设备。

（9）现场器材禁止为私活所用。

**18.4.3　重点单位相关消防设施的维护保养要求**

**18.4.3.1　消防供配电设施**

（1）柴油发电机房内的柴油发电机应定期维护保养，每月至少试验启动一次，每次不少于30min，确保应急情况下能够正常使用。

（2）重点单位应加强发电机、应急电源和各类消防设备用蓄电池的下列日常检查与维护保养工作。

（3）设置蓄电池的场所应保持干燥、通风，避免阳光直射。

（4）每季度检查火灾自动报警系统的备用电源蓄电池，不应有变形、鼓胀现象。

（5）每季度通过模拟启动发电机、投入应急电源和消防电源主备电切换等测试方法，记录并跟踪观测蓄电池在标准负载工况下的持续工作时间，检查备用蓄电池电量，不正常时应更换同规格的备用蓄电池。

（6）按设备说明书提供的方法、周期对蓄电池进行充、放电等日常维护保养工作。

（7）每季度检查电池极柱和接线头，连接应可靠，外观应有金属光泽。及时清除电池极柱周围出现的糊状物，并涂抹凡士林等保护剂减缓氧化过程。

（8）及时更换超过规定使用年限的蓄电池或没有达到报废年限，但出现表面明显变形、锈蚀、漏液和电量不合格的蓄电池。

**18.4.3.2　火灾自动报警系统**

（1）重点单位在选择火灾自动报警系统时，应综合评价包含控制器和图文显示装置的二次编程等维护工作对生产厂家的依赖程度、探测器清洗或直接更新的技术经济方案比选、回路扩展能力和通信协议对大数据平台的友好性在内的主要技术和商务特性。

（2）重点单位的档案室和信息机房等重点部位应设置吸气式感烟火灾探测器。重点单位在选择吸气式感烟火灾探测器时，应综合评价包含使用寿命和过滤器的维护与更新在内的主要技术和商务特性。

（3）对于因装修、布展等需要，按设计要求永久或临时改变的报警或控制设备的位置、名称、类型、联动逻辑关系等，重点单位应及时变更火灾自动报警系统、图文显示装置的内容和相应图纸资料档案等，确保与实际情况一致。

（4）重点单位内的防爆场所使用的催化燃烧式可燃气体探测器，应委托专门机构根据产品使用说明书要求的周期且不超过一年标定一次，标定应采用经计量认证并与被检测气体相匹配的标准样气。

（5）每季度应检查一次控制器内部和现场端子箱等的端子线标，线标应清晰且易于辨认。

**18.4.3.3　消防应急广播系统**

（1）重点单位应设置可直接通过按键选择广播区域的应急广播分区控制装置，消防控制室应明确广播条件和相应内容。

（2）重点单位应在应急广播系统内预先录制中文（包括方言）和英文等自动广播内容。

（3）文物修复室、档案室等涉及文物的有人工作的重要部位宜设置可与重点单位内公众场所区分播放的消防分区广播。

**18.4.3.4　消防给水及消火栓系统**

（1）重点单位的消防稳压泵组的主、备泵应具备自动交替运行功能，稳压泵的启、停应由压力开关控制，启、停压力设定值应符合设计文件要求。

（2）重点单位的消防水箱、消防水池应设置水位传感器和信号远传装置。消防水泵的进水总管、试验回流管上应设置压力传感器。试验消火栓出口应设置末端动水压力监测装置，其他消防给水分区末端消火栓宜设置压力传感器。消防给水管道上设置的压力传感器应在系统管道上接出支管或利用原有压力表的连接支管，支管的长度不宜大于500mm，并应在压力传感器前设置检修阀门。

（3）全年最低气温低于4℃地区的重点单位宜采用干式室内消火栓系统，采用湿式消火栓系统给水系统时应有可靠的防冻措施。

（4）重点单位应每月检查全部电动机加压泵、柴油机加压泵，并分别通过试验回流装置手动启泵运转1次，连续运行时间不应少于5min，运行5min时的轴承座外表面温度不应超过70℃，温升不应超过35℃，检查泵轴密封，不应出现线状滴漏；每季度应对照设计文件和说明书，分别校核全部消防水泵在零流量、额定流量、1.5倍额定流量工况下的扬程，应满足设计要求。

（5）重点单位全部消防泵组的消防电源和控制装置应处于自动状态，消防控制室应设置能通过手动专线启动每组消防给水泵的按钮，并明确消防泵组的手动启动条件。

（6）重点单位应每季度或在大雨过后，检查室外地下消火栓井，及时排除井内积水。应每季度使用专用工具全开全闭2次室外消火栓控制阀门，保持其灵活性，必要时在阀杆施涂润滑油脂。

#### 18.4.3.5 自动喷水灭火系统

（1）重点单位应全部采用预作用自动喷水灭火系统，管道坡度不应小于0.4%，且应坡向排水管；当局部区域难以靠重力自流排尽时，应装设带阀门的排水管，使用压缩空气进行管网吹扫。

（2）重点单位的预作用自动喷水灭火系统应设置气压维持装置，以监测管道的严密性，配水管道的气压值不宜小于0.03MPa且不宜大于0.05MPa。管网快速排气阀的设置应确保符合最不利配水支管充水时间不大于2min的要求，且应位置合理或采取可靠的措施，防止水渍损害。

（3）重点单位预作用系统使用的空气压缩机应参照说明书按下列要求保养：
①每月排放储气罐中的冷凝水；
②每季度检查、更换空气过滤器、清洁冷却器；
③每季度检查皮带松紧度，如皮带有明显裂纹或失去弹性，应更换；
④每季度补充、更换润滑油，并根据使用条件，必要时更换润滑油过滤器；
⑤重点单位的每组雨淋系统在干管出水口处应设置符合系统设计流量的旁路试验装置，并设置相应的排水措施。消防控制室应设置能通过手动专线启动每个预作用阀组和雨淋阀组的按钮，并应明确手动启动条件；
⑥重点单位的每组自动跟踪定位射流灭火系统，在射水装置入口处应设置符合系统设计流量的旁路试验装置，并设置相应的排水措施；
⑦重点单位全部自动跟踪定位射流灭火系统的消防电源和控制装置应处于自动状态，消防控制室应设置能通过手动专线启动每套系统的按钮，并明确手动应急启动条件；
⑧重点单位每个报警阀组控制的最不利配水支管处应设置末端试水动压监测和信号传输装置。

#### 18.4.3.6 防排烟系统

（1）重点单位应将防排烟风机和排烟防火阀设置在风机房内，如条件限制必须置于室外或屋面时，应采取可靠的防雨、防晒和防尘措施，并加强维护。重点单位应每季度进行一次手动关闭、复位试验，动作应灵敏可靠、关闭严密，并适时清洁、润滑执行机构。

(2) 重点单位全部防排烟风机的消防电源和控制装置应处于自动状态，消防控制室应设置能通过手动专线启动每台防排烟风机的按钮，并能连锁启动相应的排烟防火阀和排烟阀等，消防控制室应明确防排烟系统的手动应急启动条件。

**18.4.3.7 气体灭火系统**

(1) 重点单位气体灭火系统的全部容器阀驱动装置都应处于能随时启动的准备状态，消防控制室应设置能通过手动专线启动每个防护区气体灭火系统的按钮，并明确手动应急启动条件。

(2) 重点单位涉及文物的气体灭火系统防护区应设置专用泄压口，应采用无源泄压口，泄压面积应经过设计计算确定，并符合 GB 50370 的要求。

(3) 重点单位宜设置气体灭火系统压力泄漏传感器或灭火剂质量传感器。

(4) 文物的布置不宜正对喷头出口射流方向，且喷口距离文物、展品表面不应小于 0.5m。

(5) 气体灭火系统在测试、维修前应根据竣工图纸等资料仔细核对防护区、瓶组、启动瓶、选择阀、触发装置、现场控制器和启动按钮、模块等组件的标识与逻辑位置之间的对应关系，防止误操作。

(6) 在进行维修保养或检测工作时，不应在开启现场气体灭火控制盘箱（柜）门的情况下，在 0.5m 内使用对讲机、手机等通信器材。在可能造成误动作时，应采取插保险销、止动销或者断开控制线等措施后方可进行；维修保养后应恢复正常，确保系统处于准工作状态。

(7) 搬运消防气瓶时，应设置好瓶帽等瓶阀保护措施（有防护罩的气瓶除外），轻装轻卸，严禁抛、滑、滚、碰、撞、敲击气瓶。

(8) 运输消防气瓶时，应防止暴晒，整齐放置，横放时，瓶端朝向一致；立放时，要妥善固定，防止气瓶倾倒。

(9) 每次喷放测试或灭火后，应更换同规格的密封膜片及全部密封圈，并按 XF 1203 的规定由合格充装机构重新充装灭火剂和驱动气体，超过检验有效期的消防气瓶还应委托符合 TSGR 0006 规定条件的气瓶检验机构，按 GB/T 13075 或 GB/T 13004 的要求检验，取得合格检验报告后方可再次投入使用。

(10) 重点单位内下列消防气瓶每五年检验一次：

①盛装符合 GB 20128 要求的 IG01、IG100、IG55、IG541 等惰性气体灭火剂的气瓶；

②盛装符合 GB 18614 要求的七氟丙烷（HFC227ea）灭火剂、GB 25971 六氟丙烷（HFC236fa）灭火剂的气瓶；

③盛装符合 GB 4065 要求的二氟一氯一溴甲烷灭火剂（1211 灭火剂）、符合 GB 6051 要求的三氟一溴甲烷灭火剂（1301 灭火剂）和盛装全氟己酮灭火剂的气瓶。

(11) 重点单位内下列消防气瓶每三年检验一次：

①盛装符合 GB 4396 要求的二氧化碳灭火剂的气瓶；

②盛装其他液化气体灭火剂和混合气体灭火剂的气瓶；

③承担气瓶定期检验的检验机构，应符合 GB/T 12135 的要求，并取得国家特种设备安全监督管理部门的核准。

#### 18.4.3.8 电气火灾监控系统

(1) 重点单位的施工现场、布、撤展和大型活动期间，宜在末端配电箱内需控制用电负荷的回路上，增设有线或无线负载电流和测温式探测装置，并能够在消防控制室集中监控。

(2) 应根据对重点单位内配电系统的负荷类型、功率、谐波含量、配电线路使用年限与长度等实际情况进行综合分析的结果，确定剩余电流式火灾监控探测器的设置位置与报警参数，以降低误报。

#### 18.4.3.9 厨房设备灭火系统

重点单位厨房内设置的自动灭火系统应处于自动状态，消防控制室应设置能通过手动专线启动每路厨房的燃气切断装置和厨房灭火系统的按钮，并明确手动应急启动条件。

### 18.5 相关文件

《消防设备设施台账》（略）

《消防设施维保作业指导书》（略）

《消防设备设施检查记录》（略）

《消防设施检查报告》（略）

《委托检测和维修保养合同台账》（略）

《委托检测和维修保养合同》（略）

《消防设施设备维修计划》（略）

《设备设施维修保养记录表》（略）

《火灾和消防相关隐患》（略）

### 18.6 火灾和消防相关隐患

#### 18.6.1 参观通道疏散指示标识未设置在无障碍物墙面，照度不足

标准要求：

依据《建筑消防设施维护保养规程》（DB11/T 1620—2019）5.12.2.2，疏散指示标志灯具：

a) 每月检查疏散指示标志灯具外观和安装情况，应完好、牢固；

b) 每季度检查自带蓄电池供电式疏散指示标志灯具工作状态是否正常；

c) 每季度检查集中电源供电式疏散指示标志灯具工作状态是否正常；

d) 每年检查自带蓄电池供电式疏散指示标志灯具的电池是否满足功能要求。

#### 18.6.2 灭火器放置在不易拿到的位置

标准要求：

依据《气体消防系统选用、安装与建筑灭火器配置》（07S207）5.1，灭火器应设置在位置明显和便于取用的地点，且不得影响安全疏散。对有视线障碍的灭火器设置点，应设置指示其位置的发光标志。

#### 18.6.3 接线箱：多股线压接、无现场指示线标

标准要求：

依据《建筑消防设施维修保养规程》（DB11/T 1620—2019）5.2.2.1，火灾报警控制器类设备 b)，每月检查控制器外部线路应无缺损，接线端子应无松脱，线标端子标识应清晰，外部接口接触良好。

**18.6.4 消防联动控制盘、总线盘与报警主机逻辑关系是否全部一致。**
标准要求：
依据《建筑消防设施检测评定规程》(DB 11/1345—2016) 5.3.8，消防电气控制装置功能：消防电梯、非消防电梯的回降控制装置、切断非消防电源的控制装置等相关系统的联动控制应依据消防设备联动控制逻辑设计文件的要求，检查系统设备的动作及消防。

**18.6.5 联动控制器接受及显示系统联动反馈情况**
标准要求：
依据《建筑消防设施维修保养规程》(DB11/T 1620—2019) 5.11.2.6，风管检查要求：a) 每年检查风管应完好；b) 每年检查风管吊、支架应牢固；c) 每年检查无机玻璃风管质量，检查面积不少于风管面积的 30%，风管表面应光洁、无明显泛霜、结露和分层现象。

**18.6.6 报警主机与图形显示装置 CRT 编程不同步**
标准要求：
依据《建筑消防设施检测评定规程》(DB 11/1354—2016) 5.3.23，消防控制室图形显示装置：操作显示装置使其显示建筑总平面图布局图、各楼层平面图和系统图，图中应明确标示出报警区域、疏散路线、主要部位、显示各消防设备（设施）的名称、物理位置和状态信息。

**18.6.7 排烟风机入口处排烟防火阀卡滞**
标准要求：
依据《建筑防烟排烟系统技术标准》(GB 51251—2017) 9.0.4，每半年应对全部排烟防火阀、送风阀或送风口、排烟阀或排烟口进行自动和手动启动试验一次，手动关闭、复位试验，阀门动作应灵敏、可靠，关闭应严密。

**18.6.8 消火栓管道橡塑保温材料不到位**
标准要求：
依据《消防给水及消火栓系统技术规程》(GB 50974—2014) 12.3.19，架空管道的安装位置应符合设计要求，并应符合下列规定：消防给水管可能发生冰冻时，应采取防冻技术措施。

**18.6.9 消防管道连接处位于电气线槽、配电柜上方**
标准要求：
依据《20kV 及以下变电所设计规范》(GB 50053—2013) 6.4.1，高/低压配电室、变压器室、电容器室、控制室内不应有无关的管道和线路通过。

**18.6.10 报警主机电池待机时长无法满足要求**
标准要求：
依据《建筑消防设施维修保养规程》(DB11/T 1620—2019) 5.2.2.10，电池 a) 每季度检查火灾自动报警系统的备用蓄电池，不应有变形鼓胀现象；b) 每季度对消防电源进行主备电切换测试，记录备电在标准负载下的持续工作时间，检查备用蓄电池电量状态是否正常；c) 每季度检查电池极柱和接线头，连接应可靠，外观应有金属光泽。

**18.6.11 排烟风口执行器组件不全**

标准要求：

依据《建筑消防设施维修保养规程》（DB 11/T 1620—2019）5.11.2.5，送风口、排烟阀或排烟口 d）每半年检查旋转机构，应灵活可靠；e）每半年检查制动机构、限位器，应符合设计要求；f）每半年进行手动开启、复位试验，动作应灵敏可靠；h）每半年检查手动驱动装置，应安装牢固，零配件完好。

**18.6.12 排烟风机软连接破损**

标准要求：

依据《建筑消防设施维修保养规程》（DB 11/T 1620—2019）5.11.2.6，风管 a）每年检查风管应完好；c）每年检查无机玻璃风管质量，检查面积不少于风管面积的30%，风管表面应光洁、无明显泛霜、结露和分层现象。

**18.6.13 室外排烟风机模块放置在配电柜内，污染严重，电气设备老化严重**

标准要求：

依据《火灾自动报警系统施工及验收标准》（GB 50166—2019）3.3.17，模块或模块箱的安装应符合下列规定：1 同一报警区域内的模块宜集中安装在金属箱内，不应安装在配电柜（箱）或控制柜（箱）内。

**18.6.14 室外风机控制柜（箱）门脱落**

标准要求：

依据《建筑消防设施维修保养规程》（DB 11/T 1620—2019）5.11.2.7，风机控制柜 a）每月检查控制柜，应设置在易于操作、检查、维修的位置，无变形、损伤、腐蚀；b）每月检查线路图及操作说明，应齐全；c）每月检查电压、电流表指针，应在规定范围内；d）每月检查开关，应无变形、损伤，标识应清晰，工作应正常。

**18.6.15 排烟风机接线管无端盖**

标准要求：

依据《建筑消防设施维修保养规程》（DB 11/T 1620—2019）5.11.2.1，风机 d）每月检查电动机接线应无松动，外壳应无腐蚀。

**18.6.16 排烟风机接线丢失，风机启动失效**

标准要求：

依据《建筑消防设施维修保养规程》（DB 11/T 1620—2019）5.11.2.1，风机 i）每季度进行一次功能检测试验及供电线路检查。

**18.6.17 风机控制柜手自动旋钮损坏**

标准要求：

依据《建筑消防设施维修保养规程》（DB 11/T 1620—2019）5.11.2.7，风机控制柜 a）每月检查控制柜，应设置在易于操作、检查、维修的位置，无变形、损伤、腐蚀；b）每月检查线路图及操作说明，应齐全；c）每月检查电压、电流表指针，应在规定范围内；d）每月检查开关，应无变形、损伤，标识应清晰，工作应正常；e）每月检查继电器，应无脱落、松动，接点无烧损，转换开关功能应正常。

**18.6.18 排烟风口内杂物堆积，影响设备使用**

标准要求：

依据《建筑消防设施维修保养规程》（DB 11/T 1620—2019）5.11.2.5，送风口、排烟阀或排烟口 a）每半年检查送风口、排烟口，应牢固、平整、无变形、损伤，周围无遮挡物；b）每半年检查风管与排烟口连接部位法兰，应无损伤；c）每半年检查阀体、叶片、执行机构，应完整、清洁。

**18.6.19 灭火器压力不足、锈蚀**

标准要求：

依据《建筑消防设施检测评定规程》（DB 11/1354—2016）5.21.3，有效期，灭火器应在有效使用期内，压力表指针应在绿色区域范围内，经过维修的灭火器应有维修标志；5.21.4，外观灭火器筒体无明显锈蚀和凹凸等损伤，手柄、插销、铅封、压力表等组件齐全完好，灭火器标识应清晰、完整。

**18.6.20 气体灭火系统储气钢瓶压力不足**

标准要求：

依据《建筑消防设施维修保养规程》（DB 11/T 1620—2019）5.9.2.1，贮存装置，e）每月检查 IG541、七氟丙烷等灭火剂和驱动气体贮存容器的压力表，指针应处于绿色区域内且不得小于设计贮存压力的 90%。

**18.6.21 灭火器缺失**

标准要求：

依据《建筑灭火器配置设计规范》（GB 50140—2005）6.1.1，一个计算单元内配置的灭火器数量不得少于 2 具。

**18.6.22 消防车道被占用**

标准要求：

依据《大型商业综合体消防安全管理规则（试行）》（应急消〔2019〕314 号）：

第五章 灭火和应急救援设施管理

第二十九条 大型商业综合体建筑四周不得违章搭建建筑，不得占用防火间距、消防车道、消防车登高操作场地，禁止在消防车道、消防车登高操作场地设置停车泊位、构筑物、固定隔离桩等障碍物，禁止在消防车道上方、登高操作面设置妨碍消防车作业的架空管线、广告牌、装饰物、树木等障碍物。

**18.6.23 气瓶内表面锈蚀**

**18.6.24 气瓶瓶体存在缺陷**

**18.6.25 气密性试验时阀门及释放口等处泄漏**

**18.6.26 密封材料检验时发现老化裂纹、锈蚀、密封面损坏等问题**

**18.6.27 假药剂释放**

**18.6.28 消防水泵漏水、锈蚀严重**

标准要求：

依据《建筑消防设施维修保养规程》（DB 11/T 1620—2019）5.3.2.2，消防水泵检查要求；g）每月检查电动机泵供电电源，通过试验回流装置手动启泵运转 1 次，在额定工况下连续运行时间不应少于 5 分钟，运行 5 分钟时的轴承座外表面温度不应超过 70℃，温升不应超过 35℃，检查泵轴密封，不应出现线状滴漏。

**18.6.29 水泵控制柜泡水、管线浸泡、未封堵**

标准要求：

依据《消防给水及消火栓系统技术规范》(GB 50974—2014)11.0.10，消防水泵控制柜应采取防止被水淹没的措施。在高温潮湿环境下，消防水泵控制柜内应设置自动防潮除湿的装置。

**18.6.30 湿式报警阀多项隐患（明拉线、报警管路关闭无法启泵，阀门未设置启闭标识，主供水阀关闭）**

标准要求：

依据《建筑消防设施维修保养规程》(DB 11/T 1620—2019)5.4.2.1，报警阀组检查要求：f)每月检查报警阀上游的水源控制阀，应锁定在全开位置；g)每月检查自动喷水系统全部控制阀及其启闭状态，应采用铅封、锁链等方式固定在规定状态且无泄漏现象；i)每季度检查报警阀外观，不应有锈蚀现象。

**18.6.31 防火门闭门器脱落、顺序器丢失、门体变形严重、被锁闭**

标准要求：

依据《文物建筑消防安全管理》(XF/T 1463—2018)7 消防安全检查7.1.2，防火巡查应包括以下内容：b)疏散通道、安全出口、消防道路是否畅通；

依据《防火卷帘、防火门、防火窗施工及验收规范》(GB 50877—2014)6.3.1，常闭防火门，从门的任意一侧手动开启，应自动关闭。当装有信号反馈装置时，开、关状态信号应反馈到消防控制室。

**18.6.32 疏散通道被遮挡**

标准要求：

依据《文物建筑消防安全管理》(XF/T 1463—2018)7 消防安全检查7.1.2，防火巡查应包括以下内容：b)疏散通道、安全出口、消防道路是否畅通。

**18.6.33 展厅装修的遗留隐患：设置格栅的吊顶喷淋头的设置标准**

标准要求：

依据《自动喷水灭火系统设计规范》(GB 50084—2017)7.1.13，装设网格、栅板类通透性吊顶的场所，当通透面积占吊顶总面积的比例大于70%时，喷头应设置在吊顶上方，并符合下列规定：1 通透性吊顶开口部位的净宽度不应小于10毫米，且开口部位的厚度不应大于开口的最小宽度；

依据《自动喷水灭火系统施工及验收规范》(GB 50261—2017)5.2.9，当梁、通风管道、排管、桥架宽度大于1.2米时，增设的喷头应安装在其腹面以下部位。格栅吊顶设置有遮挡物，因此，喷淋头应设置在吊顶下方。

**18.6.34 文化长廊转角处未设置疏散指示标志，参观走廊无标志**

标准要求：

依据《消防应急照明和疏散指示系统技术标准》(GB 51309—2018)4.5.11，方向标志灯的安装应符合下列规定：

(1) 应保证标志灯的箭头指示方向与疏散指示方案一致。

(2) 安装在疏散走道、通道两侧的墙面或柱面上时，标志灯底边距地面的高度应小于1m。

(3) 安装在疏散走道、通道上方时：

①室内高度不大于 3.5m 的场所，标志灯底边距地面的高度宜为 2.2m～2.5m；

②室内高度大于 3.5m 的场所，特大型、大型、中型标志灯底边距地面高度不宜小于 3m，且不宜大于 6m。

(4) 当安装在疏散走道、通道转角处的上方或两侧时，标志灯与转角处边墙的距离不应大于 1m。

**18.6.35 疏散通道障碍物影响疏散**

标准要求：

依据《人员密集场所消防安全管理》（XF 654—2006）7.5.2，安全疏散设施管理应符合下列要求：7.5.2.1 确保疏散通道、安全出口的畅通，禁止占用、堵塞疏散通道和楼梯间。

**18.6.36 防火封堵不到位**

标准要求：

依据《建筑设计防火规范》[GB 50016—2014（2018 年版）] 6.1.5，防火墙上不应开设门、窗、洞口，确需开设时，应设置不可开启或火灾时能自动关闭的甲级防火门、窗。可燃气体和甲、乙、丙类液体的管道严禁穿过防火墙。防火墙内不应设置排气道。

6.1.6 除本规范第 6.1.5 条规定外的其他管道不宜穿过防火墙，确需穿过时，应采用防火封堵材料将墙与管道之间的空隙紧密填实，穿过防火墙处的管道保温材料，应采用不燃材料；当管道为难燃及可燃材料时，应在防火墙两侧的管道上采取防火措施。

**18.6.37 消火栓水带老化，接扣丢失，软管卷盘枪头丢失，消火栓主供水管阀门被关闭。**

标准要求：

依据《消防给水及消火栓系统技术规范》（GB 50974—2014）14.0.6，阀门的维护管理应符合下列规定：（3）系统上所有的控制阀门均应采用铅封或锁链固定在开启或规定的状态，每月应对铅封、锁链进行一次检查，当有破坏或损坏时应及时修理更换；（4）每季度应对室外阀门井中进水管上的控制阀门进行一次检查，并应核实其处于全开启状态；（5）每天应对水源控制阀、报警阀组进行外观检查，并应保证系统处于无故障状态。

**18.6.38 厨房自动灭火系统停用**

标准要求：

依据《厨房设备灭火装置技术规程》（CECS233—2007）6.2.4，当采用厨房设备专用灭火剂时，每 3 年应更换灭火剂；6.2.5，对检查和试验中发现的问题应及时解决，对损坏或不合格的装置组件应立即更换，并应使装置恢复到正常工作状态。

**18.6.39 库房内消防设施遮挡**

标准要求：

(1) 依据《机关、团体、企业、事业单位消防安全管理规定》（中华人民共和国公安部令第 61 号）第二十六条，机关、团体、事业单位应当至少每季度进行一次防火检查，其他单位应当至少每月进行一次防火检查。检查的内容应当包括安全疏散通道、疏散指示标志、应急照明和安全出口情况。

(2) 依据《建筑消防设施的维护管理》(GB 25201—2010) 4.2条，建筑物的产权单位或受其委托管理建筑消防设施的单位，应明确建筑消防设施的维护管理归口部门、管理人员及其工作职责，建立建筑消防设施值班、巡查、检测、维修、保养、建档等制度，确保建筑消防设施正常运行。

**18.6.40 展厅布、撤展动火作业**

标准要求：

依据《博物馆建筑设计规范》(JGJ 66—2015) 7.1.5，重点单位建筑设计应满足重点单位对一切火源、电源和各种易燃易爆物进行严格管理的要求，并应符合下列规定：

(1) 除工艺特殊要求外，建筑内不得设置明火设施，不得使用和储存火灾危险性为甲类、乙类的物品；

(2) 档案室、展品展具制作与维修用房中因工艺要求设置明火设施，或使用、储藏火灾危险性为甲类、乙类物品时，应采取防火和安全措施，且应符合现行国家标准《建筑设计防火规范》(GB 50016) 的规定。

**18.6.41 室外消防设施阀门井长期泡水，维护管理不到位**

标准要求：

(1) 依据《消防给水及消火栓系统技术规范》(GB 50974—2014) 14.0.6，阀门的维护管理应符合下列规定：④每季度应对室外阀门井中进水管上的控制阀门进行一次检查，并应核实其处于全开启状态。

(2) 依据《建筑消防设施的维护管理》(GB 25201—2010) 4.2，建筑物的产权单位或受其委托管理建筑消防设施的单位，应明确建筑消防设施的维护管理归口部门、管理人员及其工作职责，建立建筑消防设施值班、巡查、检测、维修、保养、建档等制度，确保建筑消防设施正常运行。

**18.6.42 水泵接合器老化运行**

标准要求：

依据《消防给水及消火栓系统技术规范》(GB 50974—2014) 14.0.8，每季度应对消防水泵接合器的接口及附件进行检查一次，并应保证接口完好、无渗漏、闷盖齐全；14.0.12，消火栓、消防水泵接合器、消防水泵房、消防水泵、减压阀、报警阀和阀门等，应有明确的标识。

依据《建筑消防设施维修保养规程》(DB 11/T 1620—2019) 5.3.1.4，水泵接合器维修方法：a) 水泵接合器渗漏，应更换损坏、老化的密封件，接口、闷盖、开启工具等配件缺失应补齐；b) 最低气温低于5℃前应检查防冻措施，如有缺损应及时修补复原；c) 局部锈蚀应使用砂纸打磨除锈后再重新补漆。

**18.6.43 室外消火栓被遮挡，无防护措施，无永久标识**

标准要求：

依据《建筑消防设施的维护管理》(GB 25201—2010) 4.2，建筑物的产权单位或受其委托管理建筑消防设施的单位，应明确建筑消防设施的维护管理归口部门、管理人员及其工作职责，建立建筑消防设施值班、巡查、检测、维修、保养、建档等制度。确保建筑消防设施正常运行。

依据《建筑消防设施维修保养规程》（DB 11/T 1620—2019）5.3.2.5，室外消火栓检查要求：

a）每日检查室外消火栓周围环境，清理、移除障碍物；
b）每月检查室外消火栓表面、支架及连接法兰，不应有锈蚀现象；
c）每月检查室外消火栓标识，应完整、清晰；
d）最低气温低于5℃前应检查防冻设施；
g）每季度和大雨过后应检查地下室外消火栓井，井内应无积水。

**18.6.44　疏散逃生指示标识损坏**

标准要求：

（1）依据《机关、团体、企业、事业单位消防安全管理规定》（中华人民共和国公安部令第61号）第二十六条，机关、团体、事业单位应当至少每季度进行一次防火检查，其他单位应当至少每月进行一次防火检查。检查的内容应当包括安全疏散通道、疏散指示标志、应急照明和安全出口情况。

（2）依据《建筑消防设施的维护管理》（GB 25201—2010）4.2，建筑物的产权单位或受其委托管理建筑消防设施的单位，应明确建筑消防设施的维护管理归口部门、管理人员及其工作职责，建立建筑消防设施值班、巡查、检测、维修、保养、建档等制度，以确保建筑消防设施正常运行。

依据《人员密集场所消防安全管理》（XF 654—2006）7.6.2.3，室外消火栓不应埋压、圈占；距室外消火栓、水泵接合器2.0米范围内不得设置影响其正常使用的障碍物。

**18.6.45　消防报警控制器故障运行**

标准要求：

依据《人员密集场所消防安全管理》（XF 654—2006）7.6.2.5，应确保消防设施和消防电源始终处于正常运行状态；需要维修时，应采取相应的措施，维修完成后，应立即恢复到正常运行状态。

依据《人员密集场所消防安全管理》（XF 654—2006）7.6.2.4，展品、商品、货柜，广告箱牌，生产设备等的设置不得影响防火门、防火卷帘、室内消火栓、灭火剂喷头、机械排烟口和送风口、自然排烟窗、火灾探测器、手动火灾报警按钮、声光报警装置等消防设施的正常使用。

**18.6.46　自动寻址消防炮未启用，感烟探测器外罩未摘除**

标准要求：

依据《人员密集场所消防安全管理》（XF 654—2006）7.6.2.5，应确保消防设施和消防电源始终处于正常运行状态；需要维修时，应采取相应的措施，维修完成后，应立即恢复到正常运行状态。

依据《人员密集场所消防安全管理》（XF 654—2006）7.6.2.4，展品、商品、货柜，广告箱牌，生产设备等的设置不得影响防火门、防火卷帘、室内消火栓、灭火剂喷头、机械排烟口和送风口、自然排烟窗、火灾探测器、手动火灾报警按钮、声光报警装置等消防设施的正常使用。

**18.6.47　柴油发电机被停用**

标准要求：

依据《人员密集场所消防安全管理》（XF 654—2006）7.6.2.5，应确保消防设施和消防电源始终处于正常运行状态；需要维修时，应采取相应的措施，维修完成后，应立即恢复到正常运行状态；《建筑消防设施的维护管理》（GB 25201—2010）4.2，建筑物的产权单位或受其委托管理建筑消防设施的单位，应明确建筑消防设施的维护管理归口部门、管理人员及其工作职责，建立建筑消防设施值班、巡查、检测、维修、保养、建档等制度，确保建筑消防设施正常运行。

### 18.6.48 气体灭火控制盘被停用

标准要求：

依据《人员密集场所消防安全管理》（XF 654—2006）7.6.2.5，应确保消防设施和消防电源始终处于正常运行状态；需要维修时，应采取相应的措施，维修完成后，应立即恢复到正常运行状态；《建筑消防设施的维护管理》（GB 25201—2010）第4.2条，建筑物的产权单位或受其委托管理建筑消防设施的单位，应明确建筑消防设施的维护管理归口部门、管理人员及其工作职责，建立建筑消防设施值班、巡查、检测、维修、保养、建档等制度，确保建筑消防设施正常运行。

### 18.6.49 喷淋头上面悬挂异物

标准要求：

依据《建筑消防设施的维护管理》（GB 25201—2010）4.2，建筑物的产权单位或受其委托管理建筑消防设施的单位，应明确建筑消防设施的维护管理归口部门、管理人员及其工作职责，建立建筑消防设施值班、巡查、检测、维修、保养、建档等制度，确保建筑消防设施正常运行。

依据《人员密集场所消防安全管理》（XF 654—2006）7.6.2.4，展品、商品、货柜，广告箱牌，生产设备等的设置不得影响防火门、防火卷帘、室内消火栓、灭火剂喷头、机械排烟口和送风口、自然排烟窗、火灾探测器、手动火灾报警按钮、声光报警装置等消防设施的正常使用。

### 18.6.50 探测器上面悬挂异物

标准要求：

依据《建筑消防设施的维护管理》（GB 25201—2010）4.2，建筑物的产权单位或受其委托管理建筑消防设施的单位，应明确建筑消防设施的维护管理归口部门、管理人员及其工作职责，建立建筑消防设施值班、巡查、检测、维修、保养、建档等制度，确保建筑消防设施正常运行。

依据《人员密集场所消防安全管理》（XF 654—2006）7.6.2.4，展品、商品、货柜，广告箱牌，生产设备等的设置不得影响防火门、防火卷帘、室内消火栓、灭火剂喷头、机械排烟口和送风口、自然排烟窗、火灾探测器、手动火灾报警按钮、声光报警装置等消防设施的正常使用。

### 18.6.51 应急照明装置被拆除

标准要求：

（1）依据《机关、团体、企业、事业单位消防安全管理规定》（中华人民共和国公安部令第61号）第二十六条，机关、团体、事业单位应当至少每季度进行一次防火检查，其他单位应当至少每月进行一次防火检查。检查的内容应当包括安全疏散通道、疏散指示标志、应急照明和安全出口情况。

（2）依据《建筑消防设施的维护管理》（GB 25201—2010）4.2，建筑物的产权单位或受其委托管理建筑消防设施的单位，应明确建筑消防设施的维护管理归口部门、管理人员及其工作职责，建立建筑消防设施值班、巡查、检测、维修、保养、建档等制度，确保建筑消防设施正常运行。

**18.6.52 水泵控制柜断电**
标准要求：

依据《人员密集场所消防安全管理》（XF 654—2006）7.6.2.5，应确保消防设施和消防电源始终处于正常运行状态；需要维修时，应采取相应的措施，维修完成后，应立即恢复到正常运行状态。

依据《消防给水及消火栓系统技术规范》（GB 50974—2014）14.0.4，消防水泵和稳压泵等供水设施的维护管理应符合下列规定：①每月应手动启动消防水泵运转一次，并应检查供电电源的情况；②每周应模拟消防水泵自动控制的条件自动启动消防水泵运转一次，且应自动记录自动巡检情况，每月应检测记录。

依据《文物建筑消防安全管理》（XF/T 1463—2018）8.3.6，消防水池、天然水源等消防水源应确保水量充足；消防泵出水管阀门、消防给水系统管道上的阀门应常开；消防水泵组等消防设备的控制装置及配电柜开关应处于自动位置。

**18.6.53 消防水泵重复接地线老化**
标准要求：

（1）依据《消防给水及消火栓系统技术规范》（GB 50974—2014）12.2.7，消防水泵控制柜的检验应符合下列要求：13 金属柜体上应有接地点，且其标志、线号标记、线径应按现行行业标准《固定消防给水设备的性能要求和试验方法 第2部分：消防自动恒压给水设备》（GA 30.2）的有关规定检测绝缘电阻；控制柜中带电端子与机壳之间的绝缘电阻应大于 $20M\Omega$，电源接线端子与地之间的绝缘电阻应大于 $50M\Omega$。

（2）依据《旋转电机 定额和性能》（GB 755—2008）第11.1、第14款强制性条款规定，除了（1）具有附加绝缘的电机，或（2）安装在具有附加绝缘的成套装置中的电机，或（3）额定电压交流50V及以下或直流120V及以下的电机和打算用于SELV电路的电机以外，应具有接地端子或其他设备以连接防护导线或接地导线。

（3）依据《机械电气安全 机械电气设备 第1部分：通用技术条件》（全部为强制性条款）（GB 5226.1—2019）第5.2款规定，电气设备应根据配电系统连接外部保护接地系统或连接外部保护导线。

（4）依据《家用和类似用途电器的安全 第1部分：通用要求》（全部为强制性条款）（GB 4706.1—2005）第27.1款规定电机家用时：万一绝缘失效可能带电的OI类和I类器具的易触及金属部件，应永久并可靠地连接到器具内的一个接线端子，或器具输入插口的接地触点。OI类器具指至少整体具有基本绝缘并带有一个接地端子的器具，但其电源软线不带接地导线，插头也无接地插脚。I类器具指其电击防护不仅依靠基本绝缘而且包括一个附加安全防护措施的器具，其防护措施是将易触及的导电部件连接到设施固定布线中的接地保护体上，以使得万一基本绝缘失效，易触及的导电部件不会带电。

(5)《爆炸性环境 第1部分：设备通用要求》（GB 3836.1—2010）第15款要求防爆电机需要内外接地。

**18.6.54 电气火灾监控系统设备脱落**

标准要求：

依据《建筑电气工程施工质量验收规范》（GB 50303—2015）17.2.2，导线与设备或器具的连接应符合下列规定：（1）截面面积在10平方毫米及以下的单股铜芯线和单股铝/铝合金芯线可直接与设备或器具的端子连接。（2）截面面积在2.5平方毫米及以下的多芯铜芯线应接续端子或拧紧搪锡后再与设备或器具的端子连接。（3）截面面积大于2.5平方毫米的多芯铜芯线，除设备自带插接式端子外，应接续端子后与设备或器具的端子连接；多芯铜芯线与插接式端子连接前，端部应拧紧搪锡。（4）多芯铝芯线应接续端子后与设备、器具的端子连接，多芯铝芯线接续端子前应去除氧化层并涂抗氧化剂，连接完成后应清洁干净。（5）每个设备或器具的端子接线不多于2根导线或2个导线端子。

**18.6.55 微型消防站配备不全**

标准要求：

依据《消防安全重点单位 微型消防站建设标准（试行）》，三、站房器材（一）微型消防站应设置人员值守、器材存放等用房，可与消防控制室合用；有条件的，可单独设置。（二）微型消防站应根据扑救初起火灾需要，配备一定数量的灭火器、水枪、水带等灭火器材；配置外线电话、手持对讲机等通信器材；有条件的站点可选配消防头盔、灭火防护服、防护靴、破拆工具等器材。（三）微型消防站应在建筑物内部和避难层设置消防器材存放点，可根据需要在建筑之间分区域设置消防器材存放点。（四）有条件的微型消防站可根据实际选配消防车辆。

**18.6.56 疏散指示标志接线乱**

标准要求：

(1) 依据《消防应急照明和疏散指示系统技术标准》（GB 51309—2018）4.3.1，系统线路的防护方式应符合下列规定：①系统线路暗敷时，应采用金属管、可弯曲金属电气导管或$B_1$级及以上的刚性塑料管保护；②系统线路明敷设时，应采用金属管、可弯曲金属电气导管或槽盒保护；③矿物绝缘类不燃性电缆可直接明敷。

(2) 依据《消防应急照明和疏散指示系统》（GB 17945—2010）6.15.1，电缆入口应适合于导线管（或电缆、软线）保护套引入，使芯线完全得到保护，并且当导线管（或电缆、软线）安装完成后，电缆入口的防尘或防水保护等级应与灯具的防护等级相同。

**18.6.57 手动报警按钮脱落**

标准要求：

(1) 依据《中华人民共和国消防法》第十六条第（二）款，按照国家标准、行业标准配置消防设施、器材，设置消防安全标志，并定期组织检验、维修，确保完好有效。(2) 依据《人员密集场所消防安全管理》（GA 654—2006）第5.4.5条，组织实施对本场所消防设施、灭火器材和消防安全标志的维护保养，确保其完好有效和处于正常运行状态，确保疏散通道和安全出口畅通。（3）依据《建筑消防设施的维护管理》（GB

25201—2010)第4.2条,建筑物的产权单位或受其委托管理建筑消防设施的单位,应明确建筑消防设施的维护管理归口部门、管理人员及其工作职责,建立建筑消防设施值班、巡查、检测、维修、保养、建档等制度。确保建筑消防设施正常运行。

**18.6.58　灭火器无保护措施**

标准要求:

(1) 依据《建筑灭火器配置设计规范》(GB 50140—2005)第5.1.4条,灭火器不宜设置在潮湿或强腐蚀性的地点。当必须设置时,应有相应的保护措施。灭火器设置在室外时,应有相应的保护措施。

(2) 依据《建筑灭火器配置验收及检查规范》(GB 50444—2008)第3.4.3条,设置在室外的灭火器应采取防湿、防寒、防晒等相应保护措施。

(3) 依据《建筑灭火器配置验收及检查规范》(GB 50444—2008)第5.2.3条,日常巡检发现灭火器被挪动,缺少零部件,或灭火器配置场所的使用性质发生变化等情况时,应及时处置。

**18.6.59　室外灭火器箱锈蚀严重**

标准要求:

(1) 依据《机关、团体、企业、事业单位消防安全管理规定》(中华人民共和国公安部令第61号)第二十七条,单位应当按照建筑消防设施检查维修保养有关规定的要求,对建筑消防设施的完好有效情况进行检查和维修保养。

(2) 依据《灭火器箱》(GA 139—2009)第5.3.6条,灭火器箱表面应具有抗腐蚀能力。用不耐腐蚀的金属材料制造的灭火器箱表面应进行涂装处理,其涂层应光滑平整,色泽均匀,无流痕、龟裂、气泡、划痕、碰伤和剥落等缺陷。

**18.6.60　作业现场抽烟**

标准要求:

(1) 依据《中华人民共和国消防法》第二十一条,禁止在具有火灾、爆炸危险的场所吸烟、使用明火。(2) 依据《建筑施工安全检查标准》(JGJ 59—2011)第3.2.3.3条,施工现场应设置专门的吸烟处,严禁随意吸烟。(3) 依据《石油化工建设工程施工安全技术规范》(GB 50484—2008)第3.1.9条,禁止烟火的场所不得携带火种、不得吸烟。(4) 依据《建设工程施工现场消防安全技术规范》(GB 50720—2011)第6.4.5条,施工现场严禁吸烟。

**18.6.61　试验消火栓压力低**

标准要求:

(1) 依据《人员密集场所消防安全管理》(GA 654—2006)第5.4.5条,组织实施对本场所消防设施、灭火器材和消防安全标志的维护保养,确保其完好有效和处于正常运行状态,确保疏散通道和安全出口畅通。(2) 依据《消防给水及消火栓系统技术规范》(GB 50974—2014)第7.4.12条,室内消火栓栓口压力和消防水枪充实水柱,应符合下列规定:1)消火栓栓口动压力不应大于0.50兆帕,但当大于0.70兆帕时应设置减压装置;2)高层建筑、厂房、库房和室内净空高度超过8m的民用建筑等场所的消火栓栓口动压,不应小于0.35MPa,且消防水枪充实水柱应按13m计算;其他场所的消火栓栓口动压不应小于0.25MPa,且消防水枪充实水柱应按10m计算。

**18.6.62** 展厅装修遮挡消防设施

标准要求：

（1）依据《中华人民共和国消防法》第二十八条，任何单位、个人不得埋压、圈占、遮挡消火栓。（2）依据《人员密集场所消防安全管理》（GA 654—2006）第 7.6.2.3 条，室外消火栓不应埋压、圈占；距室外消火栓、水泵接合器 2.0 米范围内不得设置影响其正常使用的障碍物。（3）依据《仓库防火安全管理规则》（公安部令第 6 号）第五十三条，仓库的消防设施、器材，应当由专人管理，负责检查、维修、保养、更换和添置，保证完好有效，严禁圈占、埋压和挪用。

**18.6.63** 消防控制室设置一人值班

标准要求：

依据《建筑消防设施的维护管理》（GB 25201—2010）5.2，消防控制室值班时间和人员应符合以下要求：a）实行每日 24 小时值班制度。值班人员应通过消防行业特有工种职业技能鉴定，持有初级技能以上等级的职业资格证书。b）每班工作时间应不大于 8 小时，每班人员应不少于 2 人，值班人员对火灾报警控制器进行日检查、接班、交班时，应填写《消防控制室值班记录表》的相关内容。值班期间每 2 小时记录一次消防控制室内消防设备的运行情况，及时记录消防控制室内消防设备的火警或故障情况。

**18.6.64** 文物库房改建后设置的喷水系统保护不到位

标准要求：

依据《自动喷水灭火系统设计规范》（GB 50084—2017）5.0.7，设置自动喷水灭火系统的仓库及类似场所，当采用货架储存时应采用钢制货架，并应采用通透层板，且层板中通透部分的面积不应小于层板总面积的 50%。当采用木制货架或采用封闭层板货架时，其系统设置应按堆垛储物仓库确定。5.0.8，货架仓库的最大净空高度或最大储物高度超过本规范第 5.0.5 条的规定时，应设货架内置洒水喷头，且货架内置洒水喷头上方的层间隔板应为实层板。

**18.6.65** 钢结构防火涂层不足

标准要求：

依据《建筑钢结构防火技术规范》（GB 51249—2017）3.1.1，钢结构构件的设计耐火极限应根据建筑的耐火等级，按现行国家标准《建筑设计防火规范》（GB 50016）的规定确定。柱间支撑的设计耐火极限应与柱相同，楼盖支撑的设计耐火极限应与梁相同，屋盖支撑和系杆的设计耐火极限应与屋顶承重构件相同；3.1.2，钢结构构件的耐火极限经验算低于设计耐火极限时，应采取防火保护措施；3.1.3，钢结构节点的防火保护应与被连接构件中防火保护要求最高者相同。

## 19. 安全疏散、避难逃生与救援管理制度

### 19.1 目的

为规范本重点单位安全疏散、避难逃生与救援设施的隐患排查、巡查、检查、维护和建档，特制定本制度。

### 19.2 范围

适用于本重点单位消防安全疏散、避难与救援的控制。

19.3 职责

19.3.1 消防安全归口部门负责本制度的建立。

19.3.2 相关部门负责安全疏散设施的管理。

19.3.3 各职能部门负责对安全疏散设施进行日常巡查、检查。

19.4 内容

19.4.1 重点单位安全疏散、避难逃生与救援设施的隐患排查、巡查、检查、维护和建档等工作，确保符合 GB 50016、XF 654 的要求。

19.4.2 具体要求：

①疏散通道、安全出口应保持畅通，禁止堆放物品、锁闭出口、设置障碍物。不应遮挡、覆盖疏散指示标志。

②常用疏散通道、物流通道、安全出口处的疏散门采用常开式防火门时，应确保在发生火灾时自动关闭并反馈信号。

③常闭式防火门应保持常闭，门上应有正确启闭状态的标识，闭门器、顺序器应完好有效。

④疏散门、疏散通道及其尽端墙面上不应有镜面反光类材料、误导人员视线等影响人员安全疏散行动的装饰物，疏散通道上空不应悬挂可能遮挡人员视线的物体及其他可燃物，疏散通道侧墙和顶部不应设置影响疏散的凸出装饰物。

⑤安全出口、疏散通道、疏散楼梯间不应通过安装栅栏等障碍物的方式进行人员导流，人员导流分隔区应有在火灾时自动开启的门或可易于打开的栏杆。

⑥展厅、放映厅和电梯厅等入口应设置厅平面疏散指示图，疏散指示图上应标明疏散路线、安全出口和疏散门、人员所在位置和必要的文字说明。

⑦除休息座椅外，有顶棚的步行街上、中庭内、自动扶梯下方严禁设置店铺、摊位、游乐设施，严禁堆放可燃物。

⑧举办展览、演出等活动时，应事先根据场所的疏散能力核定容纳人数，活动期间应对人数进行控制，采取防止超员的措施。

⑨重点单位平时需要控制人员随意出入的安全出口、疏散门或设置门禁系统的疏散门，应保证火灾时能从内部直接向外推开，并应在门上设置"紧急出口"标识和使用提示。

可根据实际需要选用以下方法之一或其他等效的方法：

设置安全控制与报警逃生门锁系统；

设置能远程控制和现场手动开启的电磁门锁装置，且与火灾自动报警系统联动；

设置推闩式外开门。

其他：

①重点单位建筑四周不应违章搭建建筑，不应占用防火间距、消防车道、消防车登高操作场地，禁止在消防车道、消防车登高操作场地设置停车泊位、构筑物、固定隔离桩等障碍物，禁止在消防车道上方、登高操作面设置妨碍消防车作业的架空管线、广告牌、装饰物、树木等障碍物。

②重点单位的户外广告牌、外立面装饰不应采用易燃可燃材料制作，不应妨碍人员逃生、排烟和灭火救援，不应改变或破坏建筑立面防火构造。

③重点单位外墙上的灭火救援窗、灭火救援破拆口不应被遮挡，室内外的相应位置

应有明显标识。

④室外消火栓不应被埋压、圈占，室外消火栓、消防水泵接合器两侧沿道路方向各3米范围内不应有影响其正常使用的障碍物或停放机动车辆。

**19.5 相关文件**

《安全疏散、避难逃生与救援设施台账》（略）

《安全疏散、避难逃生与救援设施检查记录》（略）

《平面疏散指示图》（略）

《防止超员的措施》（略）

《"紧急出口"标识和使用提示》（略）

《安全疏散、避难逃生日常巡检记录表》（略）

## 20. 施工现场管理制度

**20.1 目的**

为了认真贯彻消防工作"以人为本、关口前移，综合治理、防微杜渐，全员有责、平安文物"的指导原则，使每个职工懂得消防工作的重要性，增强群众防范意识，把事故消灭在萌芽状态，现结合施工现场的实际情况，特制定本制度。

**20.2 范围**

适用于本重点单位各施工现场的消防管理。

**20.3 职责**

**20.3.1** 施工现场负责人全面负责施工现场的消防安全工作。

**20.3.2** 消防安全归口部门负责对施工现场的管理。

**20.3.3** 相关部门负责对施工现场进行日常检查。

**20.4 程序**

**20.4.1** 重点单位应建立施工现场管理制度，明确施工现场消防安全的责任主体。

**20.4.2** 加强日常培训交底、消防安全检查，对施工现场总平面布局、临建设施、安全疏散、临时消防设施、作业防火等施工现场消防安全管理进行总体规划、统一管理，确保施工现场消防安全管理应符合 GB 50720 的规定。

**20.4.3** 对于使用难燃外墙保温材料且采用与基层墙体、装饰层之间有空腔的建筑外墙外保温系统的重点单位建筑应禁止在其外墙动火用电。

**20.4.4** 重点单位建筑在进行外保温系统施工时，应采取禁止或者限制使用该建筑的有效措施。

**20.4.5** 禁止使用易燃、可燃材料作为重点单位建筑外墙保温材料。

**20.4.6** 禁止在其建筑内及周边禁放区域燃放烟花爆竹。

**20.4.7** 禁止在重点单位外墙周围堆放可燃物。

**20.5 相关文件**

《培训交底记录表》（略）

《消防安全检查记录》（略）

《施工现场总平面布局图》（略）

《临时消防设施清单》（略）

《施工现场检查记录》（略）
《布、撤展等施工特殊作业管理隐患治理》（略）

## 21. 布、撤展管理制度

**21.1　目的**

为规范重点单位布、撤展活动，落实施工单位在布、撤展期间消防安全措施，确保布、撤展工作顺利开展。

**21.2　范围**

适用于本重点单位的各类布、撤展活动。

**21.3　职责**

**21.3.1** 消防安全管理人负责与施工单位签订消防安全承诺书。

**21.3.2** 消防安全归口部门负责本制度的执行和检查。

**21.3.3** 消防安全归口部门负责建立施工现场消防安全管理档案。

**21.4　程序**

**21.4.1** 消防归口部门负责与主办单位，布、撤展施工单位及各展览单元负责单位签订消防安全承诺书，落实各自消防安全职责。

**21.4.2** 消防归口部门向主办单位发送《相关方告知书》，确保满足本重点单位的消防管理要求。

**21.4.3** 岗前培训：进场前，应对各工种施工人员进行消防安全教育培训；施工前，应向作业人员进行消防安全技术交底，特殊人员应持有效执业证书上岗。

**21.4.4** 主办单位、布（施）展施工单位应做好施工现场消防相关记录，并建立施工现场消防安全管理档案。

**21.4.5** 每日巡查、检查

主办单位，布、撤展施工单位，监理单位，各展览单元负责单位应制定每日巡查、检查制度，配合重点单位加强对布展区域的消防安全检查工作，接到重点单位下发的隐患通知单后，应按期整改，并将整改结果及时回复，接受复查。

**21.4.6** 夜间、非施工期间应根据具体情况落实人员看护值守。展览期间逐个展厅、逐个展览单元划分责任区、确定责任人，落实巡查、看护与断电等工作。

**21.4.7** 消防安全技术要求

展位搭建应符合本示范文件的规定。

**21.4.7.1** 消防设施与安全疏散

**21.4.7.1.1** 布、撤展应满足重点单位原设计的防火分区要求。

**21.4.7.1.2** 布、撤展不应擅自改动、拆除、遮挡消防设施，不应妨碍消防设施的正常使用。因特殊要求改变时，应符合国家、行业和属地现行有关标准的规定。

**21.4.7.1.3** 主办单位，布、撤展施工单位应结合现场具备使用条件的永久性消防设施、设备，根据 GB 50016、GB 50720 的要求配备现场消防设施、设备、器材，确保完好有效并处于应急准备状态。

**21.4.7.1.4** 楼梯间和防火门、灭火器材箱、室内消火栓箱、火灾报警按钮等消防设施的操作面 1.4m 范围内，不应布置任何展位、展品。

21.4.7.1.5 布展时不应占用和堵塞消防疏散通道、安全出口，不应遮挡重点单位内的消防设施及各种标志，防火卷帘下方不应存放物品。

21.4.7.1.6 室外布展严禁阻挡、圈占、影响消防车道、扑救场地、室外消火栓和接合器等消防设施。

21.4.7.1.7 主办单位，布、撤展施工单位应根据 GB 50016、XF 654 的要求设计现场的安全疏散及人员流动方案，设计过程中应明确场地疏散宽度、疏散距离及安全出口、疏散门的数量与宽度，展厅内疏散通道、环形通道的宽度不小于 3m，并协调重点单位做好人员流量限制和人员疏导工作。

21.4.7.1.8 成组布置的展位之间的通道宽度应根据最高峰人流量进行计算得出，但一般疏散通道宽度不应小于 3m 的宽度，主疏散通道宽度不应小于 5m，并应保证环通，避免袋型走道的出现。

21.4.7.1.9 大型展板、图表长度不应超过 20m，高度不应超过 3.5m，与墙的距离不应小于 0.6m，且不应堆物，便于维修检查。

21.4.7.2 布展材料

21.4.7.2.1 布展材料的燃烧性能等级不应低于难燃型，对于少量局部使用的饰面板、基础面板应做阻燃处理，确保达到不燃或难燃标准。

21.4.7.2.2 展厅内所有窗帘、装饰性彩带、彩旗等纺织品、展台装饰材料及特殊膜制品应使用阻燃或难燃的材料，或经过防火处理，其标识与燃烧性能均不应低于 GB 20286 要求的 $B_1$ 级标准（难燃），并须在施工申报时提供该材料样品及国家权威材料检测机构提供的产品检验报告。

21.4.7.2.3 重点单位内严禁使用易燃易爆物品，禁止调漆或用易燃试剂进行清洗作业。

布、撤展期间严禁在重点单位内存放易燃材料，并应在文物或展品进场前及时清理展厅内施工垃圾及展品包装物等。

21.4.7.3 配电装置与电气线路

21.4.7.3.1 电气产品的安装、使用和线路、管道的设计应符合 GB 50054、GB 50055 的规定。

布展涉及电气安装的，施工单位应具有电气安装资质，电工应持有相关部门核发的资格证书，电工等级应与工程的难易程度和技术复杂性相适应。

21.4.7.3.2 电气设施安装应符合 GB 50303、JGJ 46 的规定。

21.4.7.3.3 主办单位及重点单位施工管理部门应结合供电实际情况，严格控制用电总负荷，严格审定并合理分配各展位的用电负荷，参展单位不应私自调整电气设备或临时增加用电设备。

21.4.7.3.4 配电箱、插座应固定安装在明显、方便操作与检查的位置，且宜安装于不燃材料基础上，安装于 $B_1$ 级以下（含 $B_1$ 级）不燃材料基础上时，应采用 A 级材料隔绝或封堵。导线应经过配电箱的穿线开口穿出，进出箱体的开口应有护口保护，并采取封堵措施。

21.4.7.3.5 配电箱内各相线不应接触裸露导体，且各相线之间也应尽量避免接触。

21.4.7.3.6 导线相互连接处应采用接线端子连接，每个端子接线不应超过两根，且应为等线径，多股线应采用铜接头终端端子连接并搪锡。电线与电气设备的连接、开关与插座的连接应确保牢固，且应在每个展位加装漏电保护断路器。

21.4.7.3.7 施工期间使用的每台电气机具设备都应单独设置漏电保护断路器，负荷较大的设备，应经重点单位核定同意后，设置过载保护装置。开关、插座及配电盘等应设在公众人员不易触及和便于工作人员操作的地方，周围不应存放可燃物。

21.4.7.3.8 通道上敷设的电气线路应穿金属管保护，并采用过线桥，不应直接敷设在地毯下。金属管两端应加护口保护。展位的电源线应采用双层护套线，并穿金属管进行保护。

21.4.7.3.9 配电箱门与箱体之间，金属管（桥架）与配电箱、金属构件之间应做电气跨接，并安全接地。各电气回路应有专用保护地线，并与接地体相连。

21.4.7.3.10 重点单位使用的单相两孔插座，面对插座的右孔或上孔应与相线连接，左孔或下孔应与中性导体（N）连接；单相三孔插座，面对插座的右孔应与相线连接，左孔应与中性导体（N）连接。

21.4.7.3.11 电气隐蔽工程应严格遵守技术规范要求，并提交检查验收记录，现场需留有散热孔、检查口等复查通道。展览举办前应进行满负荷通电测试，检测中发现的问题应及时整改，展览活动超过一个月的，展览期间应定期进行复检，确保临时用电安全。

21.4.7.3.12 布展区域宜加装有线或无线电气、感烟等火灾探测系统。

21.4.7.4 用电设备与灯具

21.4.7.4.1 场馆内不应擅自使用电锯、电刨、电焊、气焊等工具。

21.4.7.4.2 每一回路接装灯具的功率总和不应超过其最大负荷量，并应尽可能均匀分配三相负荷。

灯具布置应避开固定可燃物，白炽灯、高压汞灯与可燃物之间应保持50cm以上的间隔，室内不应使用卤钨灯。

21.4.7.4.3 日光灯、高压汞灯和金属卤化物灯配用的镇流器，电子电气装置严禁直接固定在可燃物上、柜台、展览橱窗内。装在展览里的灯具，应将整流装置、镇流器等移出置于箱外易于散热的位置。吊灯、筒灯、射灯与搭建的展台之间应保持1.0m以上的防火间距。

21.4.7.4.4 在可燃物较多或临时展棚内，禁止使用功率60W以上的白炽灯、卤钨灯、高压钠灯、金属卤光源、荧光高压汞灯等灯具。露天场地如采用卤钨灯时，灯管附近所用的导线应采用以玻璃丝、石棉、瓷管等为绝缘材料的耐热线，且应与易燃物、可燃物之间至少保持1.0m的防火间距。灯具正下方不应放置展台、展品等可燃物。

21.4.7.4.5 露天展览用的照明灯具及其电气设备应选用防雨型，所采取的其他防雨措施不应影响电气设备的散热。

21.4.7.4.6 筒灯、石英灯应有隔热防护，广告牌、灯箱、灯柱内应留有对流的散热孔。

21.4.7.4.7 展区内安装高温灯具应加有效保护措施。高温、强光灯具的引出线应采用耐高温套管，且应装在专用金属架上，周围不可放置可燃物。高温灯具要加防护罩。高温、强光灯具安装高度应在 2.5m 以上。严禁使用霓虹灯作为展台装饰照明，灯具及发热部件安装时应使用 A 级材料与可燃构件进行隔热处理，需 24h 供电的展品或设备设施应经重点单位审核批准。

21.4.7.5 特装展台与室外展区

21.4.7.5.1 布展现场的特装不应影响消防设施的正常使用，因特殊需求必须吊顶时，应提前向重点单位申报。

21.4.7.5.2 特装搭建的结构、造型、灯箱以及沙盘、模型等组合结构，应在场外制作、现场拼装，重点单位内尽量避免动火、动电气焊作业。

21.4.7.5.3 电动沙盘、彩灯及声、光控制装置等展具所用的电源变压器，应设置在展台、展箱及展品模型外的非可燃材料壳、罩内，且应保持良好通风。主接入电源需加装配电开关，配电开关应设置在独立的金属外壳配电箱内，且应配备漏电保护装置。

21.4.7.5.4 每处特装展具应预留检修门，并设置在特装展具的总配电箱附近，便于及时人工断电操作。

21.4.7.5.5 特装展具应采用难燃或阻燃材料制作。金属外壳应独立设置保护接地。

21.4.7.5.6 特装展具使用的灯具及其发热部件，如镇流器、低压变压器等发热元件应与可燃结构保持安全距离或设置 A 级材料隔离层。

21.4.7.5.7 特装展具使用的电线电缆应为三芯低卤、无烟、阻燃护套线，且动力电线缆应穿金属软管保护，多股线缆连接应涮锡处理后使用端子连接；弱电线路应穿黄蜡管等保护；布景箱、灯箱应设有散热检查孔。

21.4.7.5.8 要在特装展具合适的位置设置不少于一处直径 15cm 的排气口或多处直径不小于 3cm 的散热孔，以便于观察和散热。

21.4.7.5.9 现场特装展具使用木制等可燃基材的，应在其表面涂刷防火阻燃涂料，厚度不少于 3mm，且应采用石棉垫等隔离；特装展具的制作严禁使用聚苯或聚氨酯等易燃材料。

21.4.7.5.10 特装展具内部所有的插座应有阻燃标识并符合国家标准，且不应直接安装在可燃板材上。

21.4.7.5.11 特装展具生产制作单位应做好现场应急处置方案和交底培训，并与沙盘及模型质检报告、安全承诺书、材料及配件合格证明文件等相关资料汇总，建立并提交档案备查。

21.4.7.5.12 布展结束后及展会运行期间，大型特装展具应根据情况配备相应技术人员留守，负责日常巡查检查、技术故障检修和突发情况处置。

21.4.7.5.13 每日展览通电前应对本单位特装展具进行全面检查；展览期间，应定时巡检，并制作、填写消防安全巡查检查记录；每日展览结束后，闭馆后应断电，确保安全。

21.4.7.5.14 大型特装展具在不必要连续运行时应暂停设备，以降低事故隐患。

21.4.7.5.15 特装展具内部不应存放除必要的电气设备以外的任何可燃、易燃杂物，不应在特装展具内部对手机等设备进行充电。

**21.4.7.5.16** 主办单位，布、撤展施工单位和监理单位应根据实际情况与重点单位共同制定室外布展区域安全管理规定。

**21.4.7.5.17** 室外布展区域应配置足够的灭火器材，禁止遮挡、埋压、圈占室外消火栓和接合器，保证消防车道畅通，划定明火、电气焊作业区域，禁止违规操作并安排专人看护。

**21.5 相关文件**

引用施工现场管理制度文件。

## 22. 大型活动管理制度

**22.1 目的**

为了切实做好消防工作，保证大型活动的顺利开展，根据《中华人民共和国消防法》和相关消防规定，特制定本制度。

**22.2 范围**

本制度适用于本重点单位大型活动的消防管理。

**22.3 职责**

**22.3.1** 重点单位消防安全责任人负责组建大型活动领导小组，处理大型活动的消防事宜。

**22.3.2** 消防安全管理人负责与主办方建立消防工作协调与沟通机制。

**22.3.3** 消防归口部门负责大型活动的培训、检查和实施。

**22.4 程序**

**22.4.1 申请**

在开展大型活动前，消防安全归口部门按规定向有关部门申请安全许可。

**22.4.2 建立组织架构**

由重点单位消防安全责任人组建保障工作领导小组，负责统筹安排重点单位的消防安全管理工作，明确现场管理、协调、后勤、教育培训、信息和应急处置等工作的责任分工。

**22.4.3 培训**

由消防安全归口部门组织全员进行思想教育和能力培训，包括以下几个方面：
①大型活动消防安全保障的方针、原则与目标；
②目标分解与组织保障；
③工作要点、重点与难点和应对措施；
④熟练掌握消防规则，消防技术和消防器材的使用方法。

**22.4.4 具体要求**

**22.4.4.1** 在大型活动开展期间，将在现场配备消防设施、器材，各人员做到有能力迅速扑灭初起火灾和有效地进行人员财产的疏散转移。

**22.4.4.2** 严禁在活动期间将消防器材进行遮挡或覆盖。

**22.4.4.3** 根据活动期间配齐灭火器、消防桶等消防器材，由专人保管，全体职工要爱护消防设施，禁止毁坏、偷盗消防设施，不能将消防设施挪作他用。除发生事故外，任何人不得私自动用。

**22.4.4.4** 按消防器材管理措施对消防器材应经常检查，发现丢失、损坏应立即补充并上报领导。

22.4.4.5 需要增设电气线路时，必须符合安全规定，严禁乱拉、乱接临时用电线路。

22.4.4.6 将容易发生火灾，且一旦发生火灾可能严重危及人身和财产安全以及对消防安全有重大影响的部位确定为重点部位，应根据上述情况确定重点部位，实行严格管理。

22.4.4.7 制定符合本次大型活动实际情况的灭火和应急疏散预案，并组织灭火和应急疏散预案演习，组织全员学习、熟悉灭火和应急疏散预案。

22.4.4.8 每次组织预案演练前应精心开会部署，明确分工。

22.4.4.9 演练结束后应召开讲评会，认真总结预案演练的情况，发现不足之处应及时修改和完善预案。

22.4.4.10 各部门对存在的火灾隐患应当及时予以消除。在火灾隐患未消除前，各部门应当落实防范措施，确保隐患整改期间的消防安全，对确无能力解决的重大火灾隐患应当提出解决方案，及时向消防安全责任人报告。

22.4.5 改进

大型活动结束后，重点单位应及时组织各部门整理全过程记录档案，依据职责分工与执行效果，全面评价考核各参与部门、科室、岗位、人员的工作绩效，总结短板、经验和教训，及时开展有针对性的教育培训，并形成专项报告，并根据报告适时启动重点单位规章制度文件的修订流程，推进重点单位消防安全管理标准化体系的持续改进。

22.5 相关文件

《大型活动应急预案》（引用预案）

《大型活动演练记录》（引用预案）

《教育培训、交底记录表》（引用教育培训）

《大型活动归档》（引用档案）

## 23. 安全用电管理制度

23.1 目的

为规范重点单位安全用电管理，防止事故发生，确保安全用电，特制定本制度。

23.2 范围

适用于本重点单位的用电管理。

23.3 职责

23.3.1 消防安全归口部门负责制定本重点单位的安全用电管理方案。

23.3.2 相关职能部门负责对文物建筑进行电气火灾隐患排查。

23.3.3 消防安全归口部门负责对安全用电进行监控管理。

23.4 程序

23.4.1 制定安全用电方案

23.4.1.1 消防安全归口部门负责组织各相关部门根据馆舍内各部位的实际用电情况进行系统的、全面的电气火灾隐患排查。

23.4.1.2 木结构、砖木结构重点单位应按照《关于加强文物建筑电气防火工作的通知》（文物督发〔2017〕3号）的规定组织对文物建筑进行电气火灾隐患排查，其他重点单位应符合《重点单位消防安全管理标准化示范文件》中附录F"重点单位电气火灾隐患排查要求"的有关规定。

**23.4.1.3** 消防安全归口部门负责按规定维护防雷、避雷设施与接地系统，每年委托专业机构检测一次，并保存检测记录。

**23.4.1.4** 针对排查结果制定的安全用电管理方案应包括对配电装置、低压配电线路、用电设备、接地和等电位联结、照明装置的日常使用、巡查、检查、隐患整改等内容，并符合本示范文件中5.5风险管控及隐患排查治理的要求。

**23.4.2 安全用电措施**

**23.4.2.1** 重点单位应针对在电气火灾隐患排查中发现的电缆、导线或接线端子超过允许温升值的隐患（在低负载率时应按满载折算后的温升值判断，方法见《重点单位消防安全管理标准化示范文件》附录F"重点单位电气火灾隐患排查要求"），制订专门的整改及防控措施，不能立即整改合格的，重点单位宜在相应回路加装负载电流互感器、温度传感器和有线或无线信号传输装置，进行实时在线监控。

**23.4.2.2** 本重点单位实行配电室24h电工值班制度，严格交接班制度，做好值班记录，发现问题应及时处理，确保用电安全。

**23.4.2.3** 消防安全归口部门应针对不同部位的用电情况，定期组织各部门、科室开展电气防火培训，确保全部从业人员都能掌握本岗位应知应会的电气火灾隐患识别和处理方法或反馈流程。

**23.4.2.4** 消防安全归口部门组织各部门逐个核准每一房间的最大用电量及准用电器，并公示、建档、巡查。

**23.4.2.5** 本重点单位从业人员在发现破损、焦糊、异响的插座、开关等电气异常情况都有及时反馈的责任。

**23.4.2.6** 重点单位内展厅、档案室、资料室和可燃物较多的办公室等房间在无人值守时应断电，如因特殊情况需要通电的，应由相关部门批准并加强监测。

**23.4.2.7** 配电室、各类竖井、桥架、管道等穿墙或穿楼板的防火封堵应完好严密，并符合GB/T 51410的要求，重点单位应每年组织检查，及时修补或更换缺损、失效的防火封堵材料。

**23.4.2.8** 消防职能人员每天对安全用电和设施情况进检查，并填写《安全用电检查记录》。

**23.5 相关文件**

《重点单位各回路安全用电方案及负荷清单》（略）

《安全用电隐患排查表》（略）

《电气检查记录表》（略）

《维护防雷、避雷设施与接地系统检测报告》（略）

《培训记录》（电气防火）（引用培训）

《安全日常安全用电隐患排查治理》（略）

**23.6 安全日常用电隐患排查治理**

**23.6.1** 箱体跨接不可靠，开关回路无标识或标识不清，见下图。

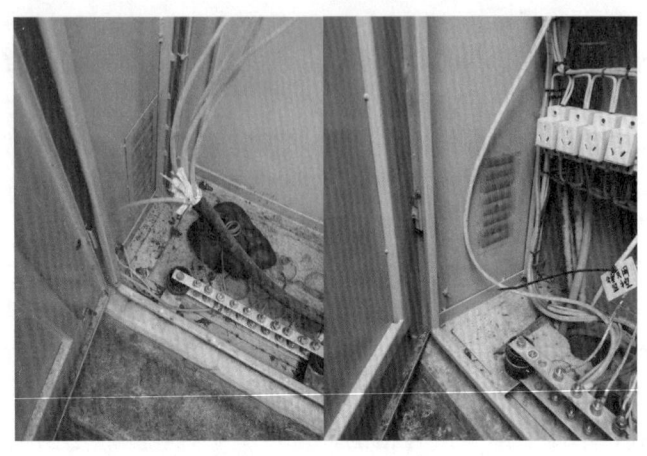

标准要求:

依据《电气防火检测技术规范》(DB11/T 065—2010) 4.4,低压配电装置 4.4.1,一般要求:低压配电装置应符合国家现行的技术标准,并满足下列要求:e)金属外壳、框架应接零(PEN)或接地(PE)。

**23.6.2** 电箱内配线导体截面过小,和载流容量不匹配,见下图。

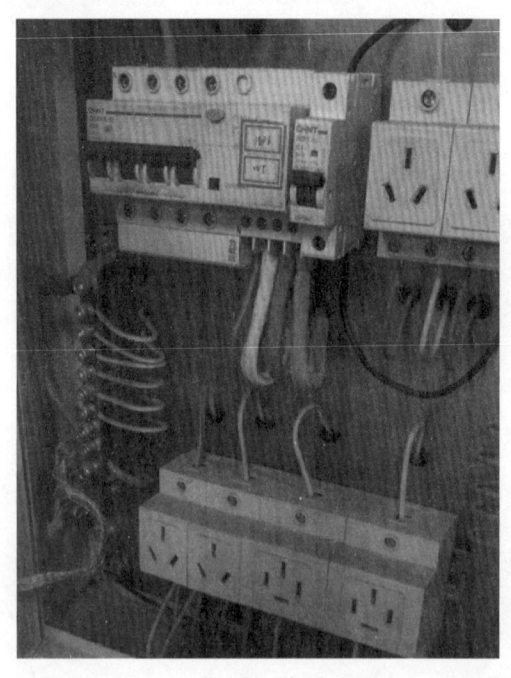

标准要求:

依据《低压配电设计规范》(GB 50054—2011) 3.2.2,选择导体截面,应符合下列要求:①按敷设方式及环境条件确定的导体载流量,不应小于计算电流;②导体应满足线路保护的要求;③导体应满足动稳定与热稳定的要求;配线应选择和载流容量相匹配的导体。

**23.6.3** 配电盘内电源线压接导体裸露过多,见下图。

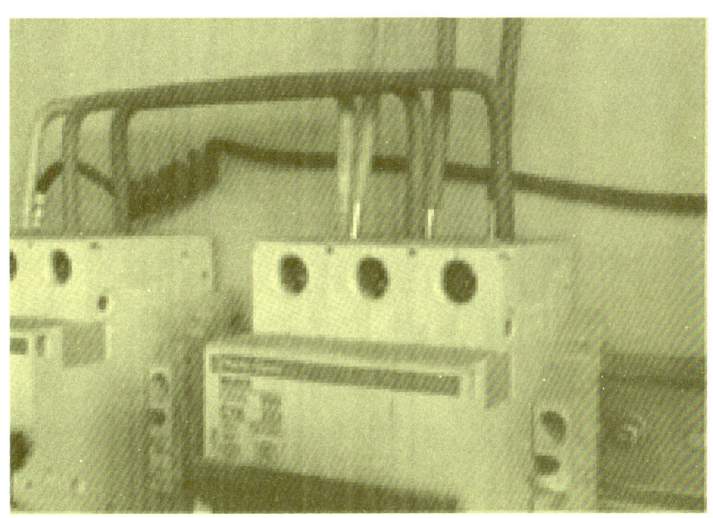

标准要求:

依据《电气装置安装工程盘、柜及二次回路接线施工及验收规范》(GB 50171—2012) 5.0.1,盘、柜上的电器安装应符合下列规定:1. 电器元件质量应良好,型号、规格应符合设计要求,外观应完好,附件应整齐,排列应整齐,固定应牢固,密封应良好。接线应牢靠,导线剥离长短适中,并全部压入接线端,保证牢靠。

**23.6.4** 接线端子压线螺栓小,容易脱落,连接不可靠,见下图。

标准要求:

更换匹配的螺栓,保证连接牢固可靠。依据《电气装置安装工程盘、柜及二次回路接线施工及验收规范》(GB 50171—2012) 5.0.1,盘、柜上的电器安装应符合下列规定:电器元件质量应良好,型号、规格应符合设计要求,外观应完好,附件应整齐,排列应整齐,固定应牢固,密封应良好。

**23.6.5** 配电箱多股不同等径线压接，见下图。

标准要求：

依据《电气防火检测技术规范》(DB11/T 065—2010) 4.4，低压配电装置 4.4.1 一般要求，低压配电装置应符合国家现行的技术标准，并满足下列要求：同一端子上导线连接不多于2根，防松垫圈等零件齐全。

**23.6.6** 开关无标识，见下图。

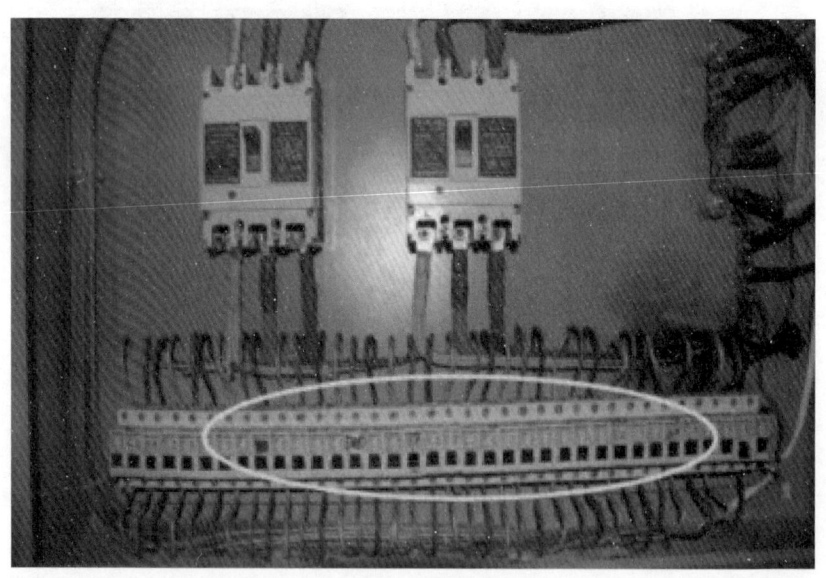

标准要求：

依据《电气装置安装工程 盘、柜及二次回路接线施工及验收规范》(GB 50171—2012) 5.0.4，盘、柜的正面和背面各电器、端子排应标明编号、名称、用途及操作位置，且字迹应清晰、工整，不易脱色。

**23.6.7** 可挠性金属管或柔性金属管与线管或器具连接未采用专用卡箍，见下图。

标准规范：

依据《电气防火检测技术规范》(DB 11/T 065—2010) 5.2.1.6，可挠性金属管和柔性金属管配线应符合下列要求：

c) 可挠性金属管或柔性金属管与管、盒（箱）、器具连接时，应采用专用卡箍连接。

**23.6.8** 配电房门口没有设置挡鼠板，见下图。

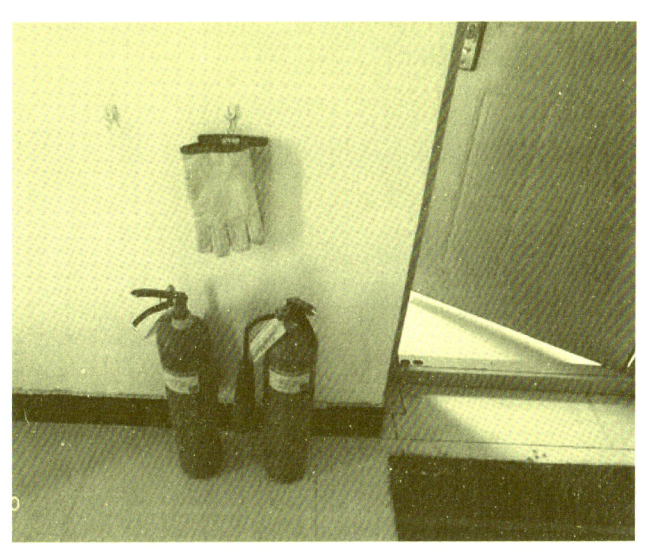

标准要求：

依据《低压配电设计规范》(GB 50054—2011) 4.3.7，配电室的门、窗关闭应密合；与室外相通的洞、通风孔应防止鼠、蛇类等小动物进入网罩，其防护等级不宜低于现行国家标准《外壳防护等级（IP 代码）》(GB 4208—2017) 规定的 IP3X 级。直接与室外露天相通的通风孔尚应采取防止雨/雪飘入的措施。在配电房门口设置挡鼠板，防止小动物意外进入。

**23.6.9** 配电室内配电柜前地面没有铺设绝缘垫,见下图。

标准要求:

依据《电力安全工作规程 发电厂和变电站电气部分》(GB 26860—2011) 6.13.2.4,进入作业现场应将使用的带电作业工具放置在防潮的帆布或绝缘垫上,防止绝缘工具在使用中脏污和受潮。在配电室内电柜前铺设绝缘垫,便于操作、检修时人或带电作业工具放于绝缘垫上。

**23.6.10** 配电室堆放杂物,见下图。

标准要求:

依据《变配电室安全管理规范》(DB 11527—2015) 5.3.1,变配电室内环境整洁,场地平整,设备间不应存放与运行无关的物品,巡视道路畅通。

**23.6.11** 高压配电室采用的是木质门,并且开启方向错误,见下图。

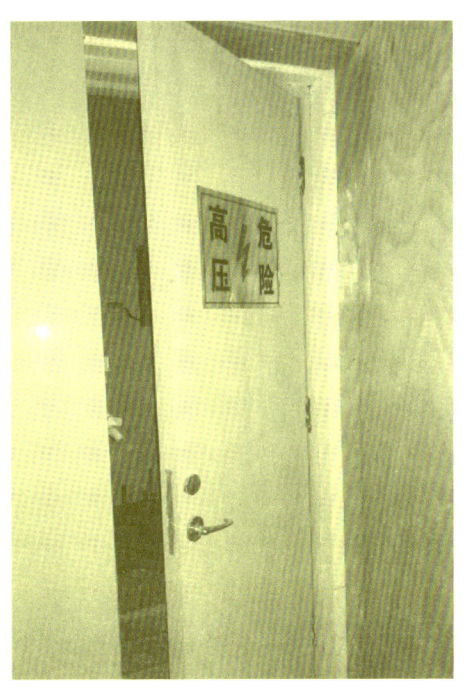

标准要求:

依据《变配电室安全管理规范》(DB11/T 527—2015) 5.8.1,变配电室出入口的两门应为防火门,金属门或铁皮门应做保护接地,门向外开。

**23.6.12** 绿线使用不规范,见下图。

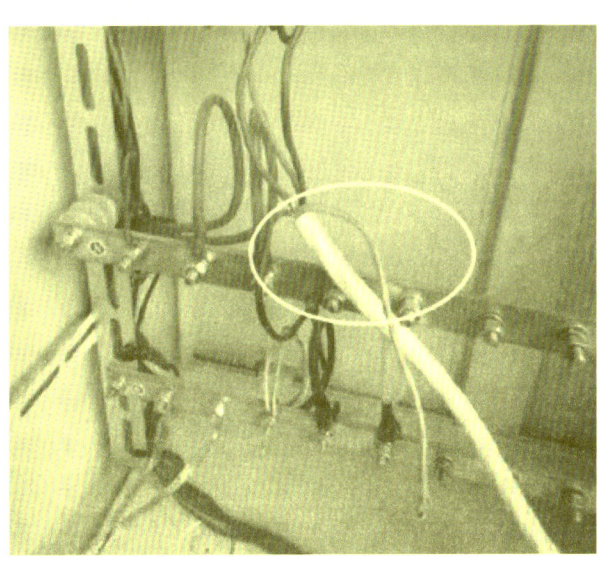

标准要求:

依据《用电安全导则》(GB/T 13869—2017) 6.13,电缆中黄绿双色线在任何情况下只能作为保护接地线。

**23.6.13** 电箱内三相接线柱之间没有做好隔离防护,见下图。

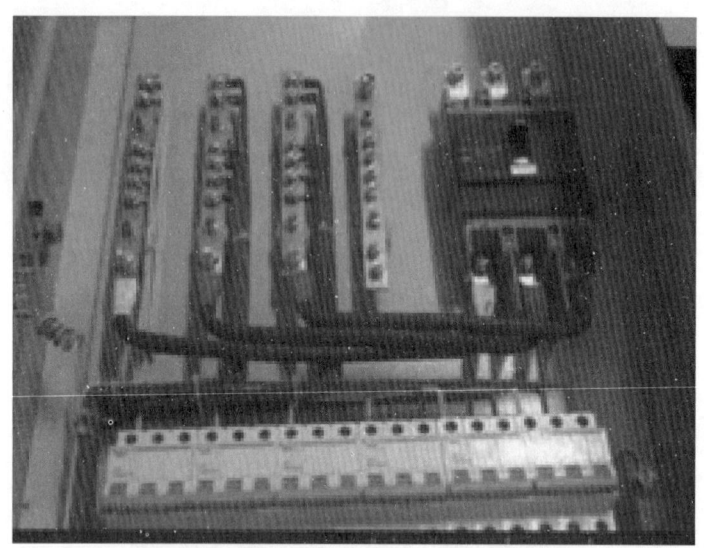

标准要求:

依据《低压配电设计规范》(GB 50054—2011) 5.1.2,标称电压超过交流方均根值 25V 容易被触及的裸带电体,应设置遮栏或外护物。在相线之间设置隔离防护措施,避免相线发生接触。

**23.6.14** 电线拆除后未进行保护,见下图。

标准要求:

依据《用电安全导则》(GB/T 13869—2017) 6 用电产品的维修,用电产品拆除时,应对原来的电源端作妥善处理,不应使任何可能带电的导电部分外露。

**23.6.15** 使用湿抹布擦拭配电箱、配电柜等带电电气设备,见下图。

**23.6.16** 电箱无任何标识,外壳为可燃材料制成,见下图。

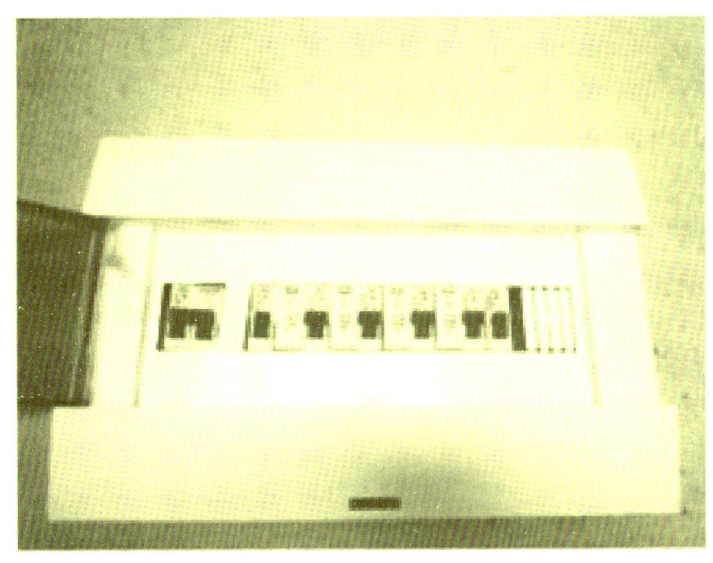

标准要求:

依据《建筑电气工程施工质量验收规范》(GB 50303—2015) 3.4.3,当验收建筑电气工程时,应核查各项质量控制资料,且资料内容应真实、齐全、完整;主要设备、器具、材料的合格证和进场验收记录。依据《用电安全导则》(GB/T 13869—2017) 5.1,用电产品的设计制造应符合规定,如需要强制性认证的,应取得认证证书或标志。非强制认证的产品应具备有效的检验报告。依据《用电安全导则》(GB/T 13869—2017) 5.2,用电产品应具有符合规定的铭牌或标志,以满足安装、使用和维护的要求。物流仓储场所使用的电气设备应选用具有生产许可证或CCC证书的合格电气产品,与物流生仓储场所的火灾危险性相适应。

**23.6.17** 铜线和铝线直接连接在一起，化学反应造成由于接触电阻增加而发生火灾，见下图。

标准要求：

依据《电气防火检测技术规范》（DB11/T 065—2010）5.3，导线与导线、导线与设备、器具的连接 5.3.1 直观检查 5.3.1.1 导线与导线连接应符合下列要求：b）铜、铝导线连接处，应采取铜、铝过渡接续措施。

**23.6.18** 电工操作配电柜、检修线路等无人监护，见下图。

标准要求：

依据《施工现场临时用电安全技术规范（附条文说明）》（JGJ 46—2005）3.2.2，安装、巡检、维修和拆除临时用电设备和线路，必须由电工完成，并应有人监护。电工等级应同工程的难易程度和技术复杂性相适应。

**23.6.19** 电动机周围及底座下较多可燃物，见下图。

标准要求：

依据《电气防火检测技术规范》（DB11/T 065—2010）6.2 电动机 6.2.1 一般要求 6.2.1.1 电动机应安装在牢固的机座上，机座周围应有适当的通道，与其他低压带电体、可燃物之间的距离不应小于 1.0m，并应保持干燥清洁。

**23.6.20** 利用拉拽电源线的方式拔出插头，见下图。

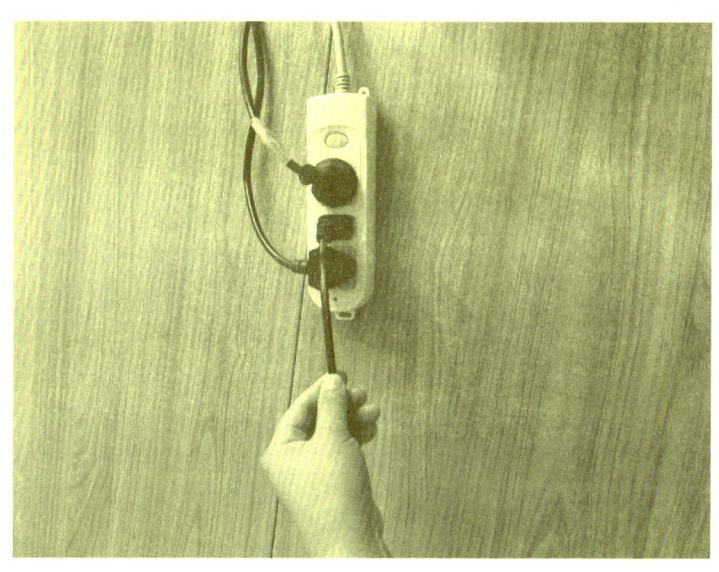

标准要求：

依据《用电安全导则》（GB/T 13869—2017）6.15，插拔插头时，应保证电气设备和电气装置处于非工作状态，同时人体不得触及插头的导电极，并避免对电源线施加外力。禁止利用拉拽电源线的方式拔出插头，应用手捏住插头予以拔出。

**23.6.21** 电动车私接电线充电，见下图。

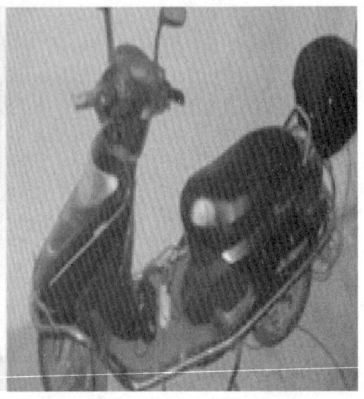

标准要求：

依据《用电安全导则》（GB/T 13869—2017）6.4，任何用电产品在运行过程中，应有必要的监控或监视措施；用电产品不允许超负荷运行。禁止在库房内对电动自行车、叉车等充电，应在安全的地方设置叉车充电房，见下图。

**23.6.22** 燃气热水器安放在室内，见下图。

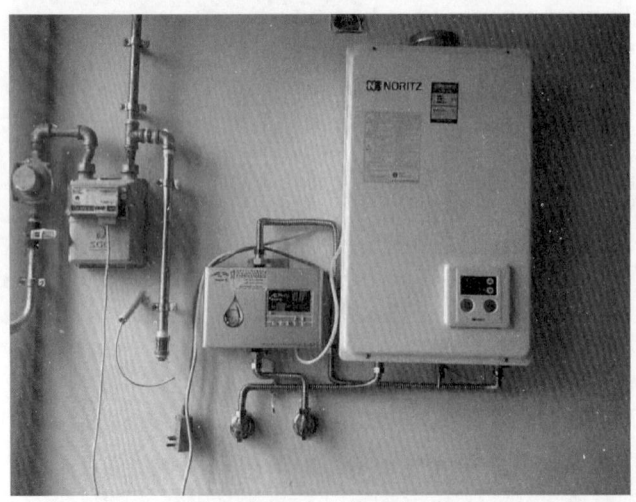

标准要求:

依据《家用燃气快速热水器》(GB 6932—2015) 中的相关要求:

(1) 直排式热水器属禁用产品,一律不进行改装;

(2) 烟道式热水器必须安装烟道,方可改装;

(3) 热水器必须安装通向室外的独立烟道,禁止接入公用烟道。

**23.6.23** 电热器具与可燃物较近,见下图。

标准要求:

依据《电气防火检测技术规范》(DB11/T 065—2010) 6.4.1.2,低于 3kW 的可移动式电热器具应符合下列规定:a) 电热器具应放在不燃材料制作的工作台上,与周围可燃物应保持 0.3m 以上的距离;b) 电热器具应采用专用插座,引出线应采用石棉、瓷管等耐高温绝缘套管保护。

**23.6.24** 使用非标插头插座,生产型号被国家明令淘汰的电器插座,见下图。

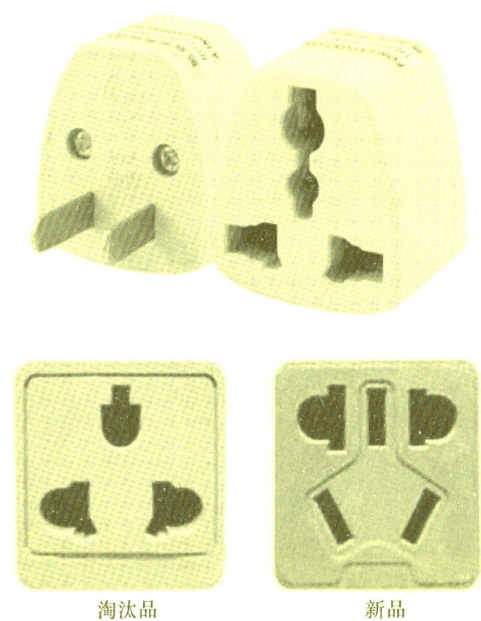

淘汰品　　　新品

标准要求：

依据《用电安全导则》(GB/T 13869—2017) 5.1，用电产品的设计制造应符合规定，如需要强制性认证的，应取得认证证书或标志。非强制认证的产品应具备有效的检验报告。三孔插座配备两脚插头，缺保护接地插脚，此类非标插头插座禁止使用，防止电器接地漏电引起电气火灾等事故。

依据《家用和类似用途插头插座 第 1 部分：通用要求》(GB 2099.1—2021) 10.1，固定式插座，插合时的插头和移动式插座应能做到，当其按正常使用要求安装和（或）布线后，其结构和设计应使得带电部件是不易触及的。即便在拆除了那些不用工具就可以被拆下的部件之后也应如此。当插头完全地插入插座时，插头的带电部件应是不易触及的。

**23.6.25** 插排电源线破损，用绝缘胶简单包扎，见下图。

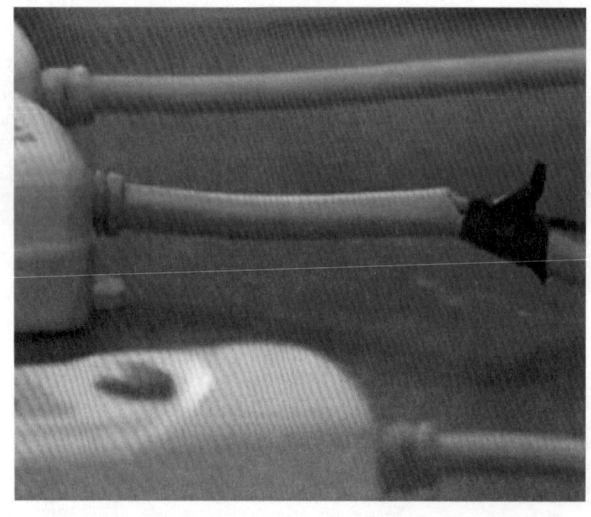

标准要求：

依据《用电安全导则》(GB/T 13869)，电气线路应具有足够的绝缘强度、机械强度和导电能力，其安装应符合相应产品标准的规定。当系统接地的形式采用保护接地系统（T 系统）时，应在电路采用剩余电流保护器进行保护，并且保护应具有选择性。

**23.6.26** 办公室使用大功率用电设备，并且用完未及时拔掉电源，见下图。

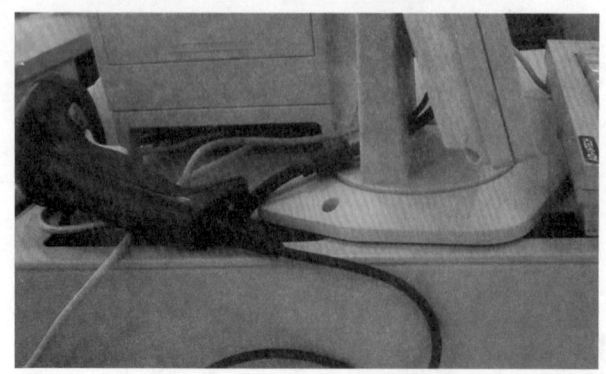

标准要求:

依据《用电安全导则》(GB/T 13869),正确选用用电产品的规格型式、容量和保护方式(如过载保护等),不得擅自更改用电产品的结构原有配置的电气线路以及保护装置的整定值和保护元件的规格等。

选择用电产品,应确认其符合产品使用说明书规定的环境要求和使用条件,并根据产品使用说明书的描述,了解使用时可能出现的危险及应采取的预防措施。用电产品检修后重新使用前应再次确认。

用电产品应该在规定的使用寿命期间内使用,超过使用寿命期限的应及时报废或更换,必要时按照相关规定延长使用寿命。

任何用电产品在运行过程中,应有必要的监控或监视措施;用电产品不允许超负荷运行;用电产品因停电或故障等情况而停止运行时,应及时切断电源。在查明原因、排除故障,并确认已恢复正常后才能重新接通电源。

正常运行时会产生飞溅火花或外壳表面温度较高的用电产品,使用时应远离可燃物质或采取相应的密闭、隔离等措施,用完后及时切断电源。

## 24. 易燃易爆危险物品管理制度

### 24.1 目的

为了加强对易燃易爆物品的安全管理,有效预防和控制易燃易爆物品造成的危害,防止事故的发生,保护文物、生命、财产安全,根据《化学危险品安全管理条例》《易燃易爆化学物品消防安全监督管理办法》,特制定本制度。

### 24.2 范围

适用于本重点单位易燃易爆危险物品的日常管理。

### 24.3 职责

**24.3.1** 消防安全责任人对易燃易爆危险物品的管理负总责。

**24.3.2** 消防安全归口部门负责本制度的制定和实施。

**24.3.3** 消防安全归口部门负责对制度进行宣传贯彻。

24.3.4 相关部门负责对易燃易爆危险物品的监督和审批。

24.4 程序

24.4.1 基础要求

24.4.1.1 重点单位严禁展出易燃易爆危险物品，确实需要展出时，可用非燃烧物品、非危险物品或模型代替。

24.4.1.2 重点单位内严禁储存易燃易爆物品。各种油漆、稀释剂等易燃危险物品，施工现场必须使用时，应符合《重点单位消防安全管理标准化示范文件》中附录 G "重点单位易燃易爆危险物品管理要求"的相关规定。

24.4.1.3 严禁参观人员携带易燃易爆危险物品进入展区。

24.4.1.4 严禁使用和存放瓶装液化石油气。

24.4.1.5 机械展品如内燃机车、汽车、拖拉机及各类汽油、柴油发动机等均应在室外展出，油箱内的燃油不应超过一天操作及发动时的用量。若在室内展出，不应操作、维修，油箱内不应存油，蓄电池也应拆除；确定管理、监督、审批的归口职能部门，明确采购核准、使用监管、领用审批、储存检查、销毁监督等环节的管理职责。

24.4.2 具体要求

24.4.2.1 在重点单位内使用易燃易爆危险物品的部门，应根据易燃易爆危险物品的种类、性能，设置相应的通风、防火、防爆防毒、监测、报警、降温、防潮、避雷、防静电、隔离操作等安全措施，并根据需要建立消防和应急机制。

24.4.2.2 使用易燃易爆危险物品的单位和个人，应遵守各项安全管理制度和操作规程，严格用火、用电管理制度，应配备相应安全防护措施和用具。

24.4.2.3 盛装易燃易爆危险物品的容器，在使用前后应进行检查，消除隐患，防止火灾爆炸、中毒等事故发生，并设有必要的防爆、泄压设施，同时应按照环境保护法的规定，妥善处理废水、废气、废渣，不应随意堆放。

24.4.2.4 在重点单位内使用易燃易爆危险物品的单位和个人，应具备下列条件：

24.4.2.4.1 使用易燃易爆危险物品的建筑物和场所应符合 GB 50016 和有关专业防火规范的相关规定。

24.4.2.4.2 使用易燃易爆危险物品的场所的防雷设施应符合 GB 50057 的相关规定，电气安装应符合 GB 50257 的相关规定，电气设备应符合国家电气防爆标准的相关规定。

24.4.2.4.3 科研实验设备与装置应按国家有关规定设置消防设施，定期保养、校验。

24.4.2.4.4 易产生静电的科研实验设备与装置，应按规定设置静电导除设施，并定期进行检查。

24.4.2.4.5 涉及易燃易爆危险物品的科研实验技术人员应经过专项消防安全培训，才能上岗。

24.4.3 易燃易爆危险物品的领用、购买和储存

24.4.3.1 易燃易爆危险物品要严格领用程序，领用、使用单位（部门）要严格保管制度，应设立专用保管柜、实行双人监督保管。

24.4.3.2 重点单位应使用的易燃易爆危险物品应统一购买，任何部门和个人不应

私自购买易燃易爆危险物品。

24.4.3.3　重点单位对采购的易燃易爆危险物品应统一储存，储存地点及配套设施应符合 GB 50016 的相关规定，并根据物品的种类、性质，采取相应的通风、防爆、泄压、防火、防雷、报警、灭火、防晒、调温、消除静电、防护围堤等安全措施。

24.4.3.4　所有过期、失效、报废的易燃易爆危险物品和各类气体钢瓶由重点单位统一交付有关单位处理。

24.4.3.5　重点单位因施工现场必须使用易燃易爆危险物品时，应由施工单位提出申请，履行许可审批手续并按相关要求严格监督管理。

24.4.4　易燃易爆危险物品的运输、防护和储存

24.4.4.1　易燃易爆危险物品装卸时应轻拿轻放。包装容器不应倒置、挤压，防止撞击、扔摔和在地上滚动，以保持容器封闭完好；对遇热、遇潮容易引起燃烧、爆炸和产生有害气体的化学危险品，应采取隔热、防潮措施。

24.4.4.2　运输时不应与易燃物、可燃物及酸碱物资、油脂混装。

24.4.4.3　易燃易爆危险物品应分类按不同性质专库存放（如油漆、稀料不能与其他物品同库存放）。库房应有锁，门应向外开，并应有警示标志，库房内严禁住人。

24.4.4.4　专用库房不应与生活区其他设施设在一起。库房内应阴凉、干燥、通风，地面应是不发火花地面并应有防渗措施。库管员应经常检查易燃易爆危险物品的包装情况。发现渗漏、破损等及时采取措施，库房内应有相应的灭火器材。

24.4.4.5　氧气瓶、乙炔瓶的使用和存放应执行 GB 50720 的相关规定，保持安全距离。钢瓶头部防止油污，减压阀、回火阀应保持完好。施工现场使用的储装气体的罐瓶及其附件应合格、完好和有效；严禁使用减压器及其他附件缺损的氧气瓶，严禁使用乙炔专用减压器、回火防止器及其他附件缺损的乙炔瓶。

氧气瓶、乙炔瓶之间的工作间距不小于 5m，两瓶与明火作业之间的距离不小于 10m，建筑工程内禁止存放氧气瓶、乙炔瓶。

24.4.4.6　易燃易爆危险物品的储存与发放应由专人负责，并进行账目及出入库流向登记，存放情况每日统计。

24.4.4.7　未使完的易燃易爆危险物品禁止在施工现场存放，应封闭在容器内退回仓库。

24.4.4.8　室内使用油漆及其有机溶剂、乙二胺、冷底子油等易挥发、易燃气体的物资作业时，应保持良好通风，作业场所严禁明火，并应避免产生静电。

24.4.4.9　施工现场存放易燃、可燃材料的库房，木工加工场所、油漆配料房及防水作业场所应使用防爆型灯具。

24.5　相关文件

《消防安全教育培训记录、签到表》（略）

《易燃易爆危险物品台账》（略）

## 25. 专（兼）职消防队与微型消防站管理制度

25.1　目的

为规范重点单位专（兼）职消防队与微型消防站的建设与管理，确保快速处置初起

火灾，提升重点单位火灾自我防范能力，并在应急救援部门的指导下，协同建立灭火救援联勤联动体系，并参与周边区域灭火和应急救援处置工作，特制定本制度。

**25.2 范围**

适用于本重点单位专（兼）职消防队与微型消防站的建设与管理。

**25.3 职责**

**25.3.1** 消防安全负责人负责建立专（兼）职消防队或志愿消防队和微型消防站，并配备相应的消防设施和器材。

**25.3.2** 消防安全管理人负责管理专（兼）职消防队或志愿消防队。

**25.3.3** 消防安全归口部门负责组织专（兼）职消防队与微型消防站的学习和培训。

**25.4 内容**

**25.4.1 建设原则**

重点单位以"救早、灭小"为目标，按照"有人员、有器材、有战斗力"标准建设，达到"1分钟响应启动、3分钟到场扑救、5分钟协同作战"的要求，遵循利于执勤备防、安全实用的原则建设微型消防站。

**25.4.2 建设要求**

专职消防队的建设应结合实际情况，参照相关标准在当地应急救援机构的指导下进行，专职消防队员可由本单位在编工作人员或者合同制人员担任，并应通过有关部门组织的专业培训，符合国家规定的条件。重点单位专职消防队建成后应及时报当地消防救援机构验收，并优先接受应急部门的调度。

**25.4.3 专（兼）职消防队员（队）管理制度**

**25.4.3.1** 重点单位专（兼）职消防队在重点单位消防安全管理委员会的领导下，履行工作职责。专（兼）职消防队由重点单位职工及相关单位人员等组成，重点单位所有保安员均为专（兼）职消防队员。

**25.4.3.2** 专（兼）职消防队员应熟悉重点单位灭火与应急疏散预案和本人在义务消防组织中的职责分工。

**25.4.3.3** 积极参加重点单位组织的消防业务培训及灭火和应急疏散演练；掌握防火基本知识和灭火与疏散技能，熟练使用灭火器材及消防设施。

**25.4.3.4** 消防安全归口部门对专（兼）职消防队员每半年进行一次培训。

**25.4.3.5** 协助本部门、本岗位消防责任人做好部门、岗位日常消防安全工作，宣传消防安全常识，督促他人共同遵守。

**25.4.3.6** 发生火灾时须立即赶赴现场，服从现场指挥，积极参加扑救火灾、疏散人员、救助伤患、保护现场等工作。

**25.4.4 专（兼）职消防队职责**

**25.4.4.1** 专（兼）职消防队有计划、有步骤、有要求地开展消防法规和业务学习，增强消防安全防范意识。

**25.4.4.2** 专（兼）职消防队必须熟悉重点单位的基本情况，掌握重点单位的消防设施情况，了解重点单位各区域消防器材的配备情况。

**25.4.4.3** 专（兼）职消防队成员熟悉并掌握各类消防器材的用途和使用方法，定期组织消防技能培训和演练，实施灭火和应急疏散预案的演练。

25.4.4.4 专（兼）职消防队负责扑救重点单位内初起火灾。负责维护火灾现场秩序，疏散火灾现场人员，保护火灾现场，配合开展火灾事故的调查工作。

25.4.4.5 专（兼）职消防队负责重点单位面上的防火巡查工作，协助开展消防安全大检查，及时纠正违反消防法规的行为，发现火灾隐患及时报告。

25.4.4.6 专（兼）职消防队员必须做到"四懂四会"：懂得岗位火灾的危险性；懂得预防火灾的措施；懂得扑救火灾的方法；懂得逃生疏散的方法。会使用消防器材；会报火警；会扑救初起火灾；会组织疏散逃生。

25.4.4.7 完成消防领导小组交办的其他消防安全工作。

25.4.5 专（兼）职消防队队长职责

25.4.5.1 在重点单位消防安全管理委员会和消防部门的指导下，落实"预防为主，防消结合"的原则，制定落实好安全防火措施。

25.4.5.2 根据办公场所用火、用电，物资储存的特点，区别不同情况，采取不同措施，有针对性地做好安全防火工作。

25.4.5.3 向相关人员进行安全防火宣传教育，普及消防常识，动员职工搞好群防群治。

25.4.5.4 协助本单位制定安全防火制度，落实安全措施，确保用火、用电安全，避免火灾事故发生。

25.4.5.5 进行防火检查，特别是重大节假日前后，要对重点部门进行全面检查，发现不安全因素及时解决，堵塞漏洞，消除隐患。

25.4.5.6 一旦发生火灾，立即报警，并积极组织扑救，同时引导消防车辆，配合消防队救援。

25.4.5.7 定期向重点单位领导报告安全防火工作，及时提出改进建议。

25.4.6 专（兼）职消防队员职责

25.4.6.1 专（兼）职消防队员均有义务和责任参与消防工作；发生火灾时紧急奔赴火灾现场待命，随时准备投入消防战斗。

25.4.6.2 学习有关消防知识，熟悉重点单位及本区域内消防设施、设备的功能、位置，熟悉灭火器具的摆放点，熟悉逃生路线和方法，掌握消防灭火器、消防栓、手动使用119报警的使用方法和程序等。

25.4.6.3 宣传贯彻消防规章制度，制止任何违反消防安全的行为，发现火灾隐患能整改的立即整改，不能整改的及时报告。

25.4.6.4 发现消防设施被破坏，应立即报告管理处进行处理。

25.4.6.5 积极参加重点单位组织的各项消防灭火训练活动，并向职工宣传消防知识和传授消防技能。

25.4.6.6 积极参加灭火战斗，抢救、疏散受灾人员及物资。

25.4.6.7 在灭火过程中一切服从命令，听从指挥，维护火场秩序，保护火灾事故现场。

25.4.6.8 积极参加防火安全宣传教育工作，提高防火意识。

25.4.7 微型消防站职责

25.4.7.1 宣传消防安全知识，提高群众自防自救能力，协助做好消防工作。

25.4.7.2 开展防火巡查，报告火灾隐患，提出整改意见和建议。

25.4.7.3 制定防护区域灭火预案，定期开展演练。

25.4.7.4 扑救初起火灾，协助保护火灾现场。

25.4.7.5 依法应当履行的其他职责。

25.4.8 重点单位微型消防站站长职责

25.4.8.1 组织制定执勤、管理制度，掌握人员和装备情况，组织开展灭火救援业务训练、落实安全措施。

25.4.8.2 组织开展防火巡查、消防宣传教育。

25.4.8.3 组织熟悉重点单位周边的道路、水源和单位情况以及灭火救援预案，掌握常见火灾及其他灾害事故的种类、特点及处置对策，组织建立微型消防站资料档案。

25.4.8.4 督促微型消防站队员落实值班备勤制度。

25.4.8.5 组织指挥初起火灾扑救和应急救援。

25.4.9 重点单位微型消防站值班员职责

25.4.9.1 按照分级预案的要求报警和向上级领导、政府监管部门报告火灾情况，及时发出出动信号，并做好记录。

25.4.9.2 熟悉灭火应急处置程序，接到火情信息后启动预案。

25.4.9.3 熟练使用和维护通信装备，及时发现故障并报修。

25.4.9.4 掌握重点单位周边的道路、水源、单位情况，熟记通信用语和有关单位、部门的联系方法。

25.4.9.5 及时整理灭火与应急救援工作档案。

25.4.9.6 及时向站长报告工作中的重要情况。

25.4.10 重点单位微型消防站消防员职责

25.4.10.1 根据职责分工，完成初起火灾扑救和应急救援任务。

25.4.10.2 熟悉重点单位周边的道路、水源和基本情况。

25.4.10.3 保持个人防护装备齐全和负责保养装备完整好用，掌握装备性能和操作使用方法。

25.4.10.4 负责防火巡查和消防宣传教育。

25.4.11 重点单位微型消防站驾驶员职责

25.4.11.1 熟悉重点单位周边的道路、水源、单位情况，熟悉灭火救援预案。

25.4.11.2 熟练掌握车辆构造及车载固定装备的技术性能和操作使用方法，能够及时排除一般故障。

25.4.11.3 负责车辆和车载固定灭火救援装备的维护保养，及时补充消防车辆的油、水、电、气和灭火剂。

25.4.12 微型消防站管理制度

25.4.12.1 微型消防站积极参与重点单位日常消防安全检查巡查、灭火应急演练、消防知识宣传，达到消防安全巡查队、灭火救援先遣队、消防知识宣传队"三队合一"的要求。微型消防站应按有关规定建成后或人员、装备有调整时，应及时报知主管部门备案。加强档案资料建设，有关建设情况、活动记录应及时存档。

**25.4.12.2 平时日常消防工作**

在平时，重点单位微型消防站可参照《重点单位消防安全管理标准化示范文件》中附录 A "重点单位各级人员消防安全职责"的相关要求开展日常消防安全工作，实行 24h 值班（备勤），分班编组，合理安排执勤力量，确保战斗力。确保值班电话畅通，值班电话不得用于与灭火救援无关的活动。

**25.4.12.3 应急快速救援职责**

以"1 分钟响应启动、3 分钟到场扑救、5 分钟协同作战"为原则，按照《重点单位消防安全管理标准化示范文件》中附录 J "重点单位应急管理要求"响应分级预案。微型消防站制定完善灭火救援调度指挥和通信联络，接受消防救援部门的统一调度，实施重点单位的消防应急处置或对周边单位提供协助。

**25.4.12.4 "1 分钟响应启动"程序要求**

重点单位微型消防站值班员接到火灾报警后，应立即发出火警指令，启动应急响应程序。就近调派火灾发生地点周边人员携带简易灭火装备 1min 内到场处置，通知微型消防站在岗人员立即出动。火灾确认后，应向当地 119 消防指挥中心报警。

**25.4.12.5 "3 分钟到场扑救"程序要求**

重点单位微型消防站力量配置在达到最低配备标准的基础上，还应满足 3min 到场灭火处置的要求，确有困难的，可将保安员、巡逻员等纳入微型消防站队伍。在接到火警报告或调派指令后，微型消防站队员应立即就近取用灭火救援和防护装备赶赴起火地点，按应急处置程序，开展人员疏散、火灾扑救等工作。

**25.4.12.6 "5 分钟协同作战"程序要求**

加入消防区域联防协作的重点单位微型消防站，在周边单位发生火灾后，应根据调派指令，在 5min 联动，携带灭火救援和防护装备赶赴起火地点协同作战。国家消防救援队到场后，重点单位微型消防站应服从其统一指挥，协助处置。

**25.4.13 微型消防站考评和奖惩**

**25.4.13.1** 微型消防站工作由重点单位消防安全归口部门进行考评，根据考评成绩实施奖励和处罚。

**25.4.13.2** 凡有下列情形之一，根据情况给予精神和物质奖励：

（1）认真履行岗位职责，严格落实消防安全制度，为消防安全作出突出成绩者；

（2）发现火灾隐患及时报告者；

（3）发现初起火灾及时采取有效措施处置，避免重大损失者；

（4）在火灾情况中判断正确，处置果断，扑救事迹突出者；

（5）积极参加消防宣传教育培训、演练；

（6）在日常工作中有其他优异成绩和突出表现者。

**25.4.13.3** 有下列情形之一者，根据情况予以处罚：

（1）不履行本岗位职责，不落实消防安全制度，对消防安全工作造成影响的；

（2）不会使用灭火器材灭火和不会报火警的；

（3）无故不参加消防培训、演练的。

**25.4.14 微型消防站消防安全教育培训**

**25.4.14.1** 站内工作人员每季度进行一次培训。

25.4.14.2　站内工作人员更换，新进人员须进行上岗前的消防安全培训。

25.4.14.3　下列人员应接受消防安全专门培训：

（1）微型消防站队长；

（2）消防控制室的值班、操作人员；

（3）其他依照规定应当接受消防安全专门培训的人员。

25.4.14.4　培训内容包括：

（1）有关消防法规、消防安全制度和保障消防安全的操作规程；

（2）消防站辖区内的火灾危险性和防火措施；

（3）有关消防设施的性能、灭火器材的使用方法；

（4）报火警、扑救初起火灾以及自救逃生的知识和技能；

（5）组织、引导相关人员疏散的知识和技能；

（6）辖区内建筑消防设施的基本情况，消防安全重点部位情况、消防水源情况、消防车通道等。

25.4.14.5　消防监控室值班操作员应进行专业培训，考试合格持证上岗。

25.4.14.6　培训方式包括：

（1）由微型消防站队长对辖区相关人员进行培训；

（2）邀请消防部门专业人员授课；

（3）结合本年度消防演练，组织培训；

（4）通过制作墙报、宣传栏、贴图画等方式进行消防安全教育。

25.4.15　微型消防站的防火检查

25.4.15.1　防火检查人员由站内队长和队员担任。

25.4.15.2　微型消防站每月至少对区域内的单位开展一次消防安全检查。

25.4.15.3　由队长对辖区内的消防安全状况、安全操作执行情况进行检查。

25.4.15.4　防火检查人员应当及时纠正违章行为，妥善处置火灾隐患。无法处置时，应当立即报告。

25.4.15.5　发现初起火灾应当立即报警，并及时扑救。

25.4.15.6　防火检查应填写检查记录，检查人员应当在检查记录上签名。

25.4.15.7　发现站内存在火灾隐患，应及时填写火灾隐患整改，以提示告知责任单位。

25.4.16　微型消防站的训练

25.4.16.1　每周开展一次消防设施、器材使用训练，熟练掌握站点内消防设施、器材的性能和使用方法。

25.4.16.2　每月开展一次灭火或疏散逃生训练，掌握初起火灾扑救方法和基本火场逃生方法。

25.4.16.3　每月开展一次熟悉消防站区域内道路、水源的工作，掌握本区域基本情况。

25.4.16.4　每季度开展一次灭火疏散预案实战演练，熟悉掌握本站点制定的灭火应急疏散预案内容。

25.4.16.5　总结每次灭火疏散演练和实战演练，找出不足之处，使之更加完善。

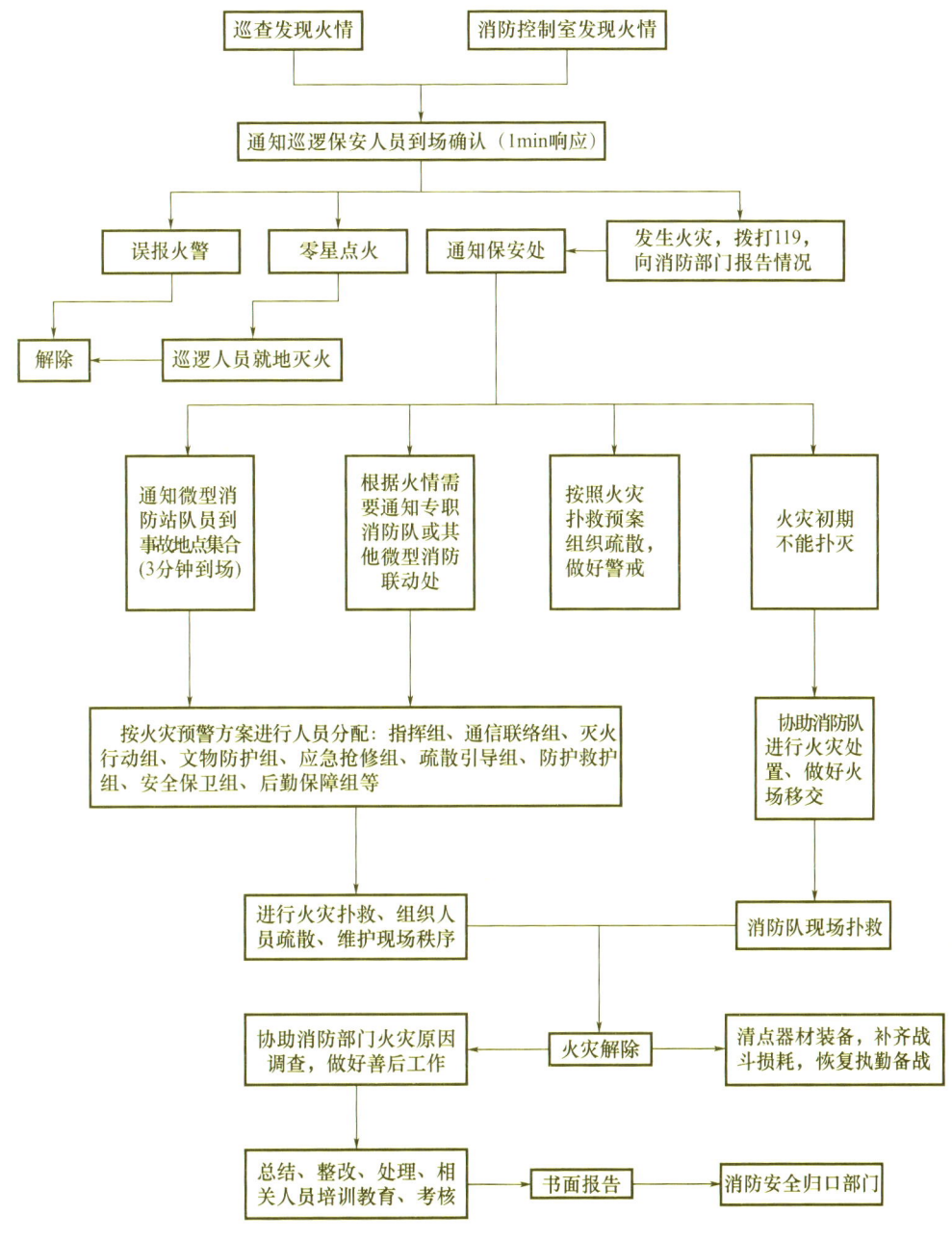

微型消防站火灾处理流程图

## 25.5 相关文件

25.5.1 《专（兼）职消防队业务技能学习表》（略）

25.5.2 《消防安全教育培训记录、签到表》（略）

引用消防教育培训制度中《消防安全教育培训记录》。

25.5.3 《志愿消防队队员登记表》（略）

25.5.4 《微型消防站训练内容及操作规程》（略）

> 辅助阅读内容

### 一、基础理论问答

1. 消防员使用的消防水源有哪些？

答：有天然水源、室外消火栓、消防水池三类。

2. 在火情侦察阶段消防员如何使用室内消火栓系统？

答：某高层建筑物发生火灾，如烟雾比较浓或火势比较猛烈且不利于侦察活动的开展时，消防员应就近迅速起动火灾报警按钮，由其向消防控制中心发出火灾报警信号或远距离启动消防泵，连接好室内消火栓，边排烟或灭火边进行火情侦察。

3. 室外消火栓一般应设置在什么位置？

答：应沿道路均匀布置，并宜靠近十字路口，道路宽度大于60m时，消火栓宜设置在道路两边，布置间距不应大于120m，距道路边缘不应大于2m，距建筑物外墙不宜小于5m。

4. 消防员如何启动室内消火栓系统？

答：一是常高压给水系统，不需要任何操作，接好水枪打开阀门即能满足充实水柱的要求；二是临时高压给水系统，在接好水带，打开消火栓阀门后，要通过消火栓箱内的远程启动按钮，启动消防泵，如通过远程起动按钮不能启动消防泵，应立即到泵房检查，采取手动起动消防泵。

5. 消防水喉的组成有哪些及如何使用？

答：消防水喉由阀门、卷盘、消防软管、小口径水枪组成。当发生火灾时，一名消防员可以打开阀门，另一名消防员可以打开卷盘，拉动消防软管，将小口径水枪对准火点进行灭火。

6. 什么是水泵接合器？分为哪几类？

答：水泵接合器是当消防泵出现故障或消防泵不能满足消防用水量时，消防车向室内管网补水的装置。水泵接合器分为地上式水泵接合器、地下式水泵接合器和墙壁式水泵接合器三种。

7. 水泵接合器一般设置在什么位置？

答：水泵接合器设置在消防泵的出水管上，宜设在报警阀组的前面，地上式水泵接合器形似地上消火栓，其栓身和栓口高出地面，一般设在建筑物周围附近，便于消防人员接近和使用的地方；地下式水泵接合器形似地下式消火栓，设在建筑物周围附近的专用井内，不占地方，适用于寒冷地区，设有明显标志；墙壁式水泵接合器形似室内消火栓，设在建筑物的外墙上，其高出地面的距离不宜小于0.7m，并与建筑物的门、窗、孔洞保持不小于1m的水平距离。

8. 消防员如何利用水泵接合器向楼内供水？

答：水泵接合器一般分区、分类、分段设置，当发生火灾时，消防员根据火灾现场的需要，在使用时首先要搞清楚该水泵接合器供水到那个区、段或管网，然后向水泵接合器内供水。消防车从室外消火栓上取水，通过水泵接合器将水加压送至室内消火栓给水管网或自动喷水灭火系统给水管网。启用一个水泵接合器，通常可启用相应的两个室内消火栓。

9. 什么是防火分区？作用是什么？

答：防火分区是指采用耐火性能较好的墙壁和楼板等构件划分出的，能在一定时间内防止火灾向同一建筑物的其余部分蔓延的局部区域。其作用主要是当建筑物一旦发生火灾时，有效地把火势控制在一定范围内，减少火灾损失，同时为人员安全疏散、消防扑救提供有利条件。

10. 消防员如何识别防火分区？

答：水平方向设有防火卷帘、实体墙、防火水幕带、防火门，竖向设有封闭楼梯间、防烟楼梯间、窗间墙、耐火楼板等构件围成的区域即为防火分区，设置水枪阵地时，可将防火分区边缘设为堵截火势的阵地位置。

11. 消防员如何使用固定排烟设施？

答：火场排烟难度大、要求高，且潜在火势蔓延的危险性，在使用固定排烟设施排烟时，应与起火单位的技术人员共同确定排烟方式、方法和时间，在任务明确且各岗位上的人员落实后方可实施。

12. 火灾烟气对消防员的危害有哪些？

答：火灾发生后，产生大量的烟气，使火场能见度降低，导致消防员缺氧、中毒，烟气的高温也直接威胁消防员的生命安全。

13. 当室温为多少摄氏度时，玻璃门窗会破裂？

答：当火场温度达到 200～300℃ 时，玻璃门窗会破裂，烟气从门窗的缺口处向室外和走廊蔓延。

14. 哪些建筑物内设有消防控制室？消防控制室一般位于建筑物的哪些部位？

答：设有自动报警系统和自动灭火系统或有火灾自动报警系统和机械防（排）烟设施的建筑，应设置消防控制室。设有消防控制室的建筑物，其消防控制室一般设置在建筑物内首层的靠外墙部位，有的也设置在建筑物的地下一层，并且有直通室外的安全出口。

15. 消防控制室的功能是什么？

答：消防控制室能够显示建筑总平面布局图，监视区域的建筑平面图、系统图，能够显示各个监视区域的主要部位和疏散路线，能够显示火灾自动报警系统、自动灭火系统等自动控制系统和各类消防设施的实时状态信息，并能够对各类联控系统进行控制操作。

16. 消防员如何利用消防控制室进行火情侦察？

答：发生火灾后，消防指战员可以进入消防控制室进行火情侦察，可以利用消防控制中心的监控设备和报警设备了解建筑物内部的烟雾流动和火势发展方向，大致判断燃烧范围和火势蔓延的主要方向。

17. 利用消防控制室进行火情侦察时，重点了解哪些情况？

答：利用消防控制室进行火情侦察时，可以通过消防控制室的信息接收和指令操作，重点了解自动喷水灭火系统、防排烟系统等自动消防设施的动作情况，消防电梯、消防电源的运行情况，大楼消防给水系统运行是否正常，消防泵是否启动等情况。

18. 发生火灾后，消防员在消防控制室可以实施哪些灭火战斗行动？

答：建筑物发生火灾后，消防员可以通过消防控制室进行火情侦察，启动消防泵进行供水，启动气体、泡沫、干粉等灭火系统进行灭火，启动防排烟系统进行排烟送风，开启防火门、防火卷帘，对消防电梯进行紧急迫降，通过消防广播系统引导人员疏散，并可以作为指挥部。

19. 消防员利用消防控制室实施灭火战斗行动时，应注意哪些问题？

答：消防指战员在灭火战斗行动中利用消防控制室实施灭火战斗行动时，不得擅自操作消防控制系统，一般应由专业人员操作，在利用火灾应急广播系统组织人员疏散时，要掌握警报发出的顺序，避免人员拥挤，在组织人员进攻时，要及时开通进攻路线中的消防设施和设备，避免进攻受阻。

20. 消防员如何利用火灾应急广播系统正确组织人员疏散？

答：消防员到达灭火现场后，在利用消防广播系统和警报系统组织人员疏散时，应按照"着火层、着火层上层、着火层下层"的顺序发出警报，其中是首层发生火灾的，应先接通本层、二层和地下层，地下楼层发生火灾的，应先接通地下室各层和首层，然后再视火情对局部楼层或全部楼层发出警报，并告诫疏散人员应遵循"靠右下"的原则，防止人流冲撞而出现踩踏事件。

21. 组织人员逃生和灭火救援行动的主要进攻途径有哪些？

答：火场中，组织人员逃生和灭火救援行动的主要进攻途径主要依靠建筑物的安全疏散设施，主要包括安全出口、疏散楼梯和楼梯间、高层建筑的避难层（间）和屋顶直升机停机坪、消防电梯、应急照明与安全疏散指示标志等。

22. 疏散楼梯有哪几种？

答：用于人员疏散或消防指战员进行灭火战斗行动的疏散楼梯有防烟楼梯（间）、封闭楼梯（间）和室外楼梯。

23. 消防员如何利用安全疏散设施组织人员疏散？

答：消防员到达现场后，可以利用应急广播系统稳定被困人员情绪，告知火灾信息，通过安全疏散指示标志指引被困人员选择正确的逃生方向，利用消防电梯、防烟楼梯间、封闭楼梯间等疏散通道安全逃生。

24. 如何正确选择疏散设施组织展开灭火进攻行动？

答：建筑物的疏散设施中，防烟楼梯间具有烟雾少、安全性能高的特点，消防电梯具有速度快等特点，是灭火救援进攻的最佳路线选择，在选择疏散楼梯间作为进攻方路线时，要尽量注意避免与疏散的人员发生冲撞。

25. 高层建筑火灾扑救中如何正确选择进攻路线？

答：高层建筑火灾进攻路线选择应以消防电梯为主，疏散楼梯间为次，其他途径为辅。为快速救人和灭火应首选消防电梯，在使用消防电梯有危险时，必须使用疏散楼梯，也可以根据火场情况选择其他途径。

26. 消防电梯有哪些性能参数？

答：消防电梯的全程行驶时间不得超过 60s，载重量不得小于 800kg，消防电梯应设有前室，前室内设有室内消火栓，消防电梯可以在每层停靠，消防电梯至少配置 2 路电源供电，电梯的轿厢内有与消防控制中心联系的对讲电话等。

27. 如何区分消防电梯与普通电梯？

答：大多数建筑中，由于消防电梯一般平时作为客梯或工作电梯使用，消防指战员一方面在进行"六熟悉"训练时要通过询问大楼内部的消防管理人员确认,发生火灾时可以直接辨别,另一方面也可以通过消防电梯在首层设有紧急按钮来确认。

28. 怎样正确使用消防电梯?

答:发生火灾后,消防指战员到达电梯间,确认消防电梯,敲碎消防电梯紧急按钮的外部防护罩,启动紧急按钮,消防电梯就能够迅速降至首层,在设有自动报警系统的建筑物内,消防电梯与火灾自动报警系统具有连锁功能,当探测器接收到火灾信号后,消防电梯能够自动迫降至首层,电梯门自动打开,消防指战员可以进入内部进行操作。

29. 在使用消防电梯进行登高时应当如何选择停靠楼层?

答:消防指战员在使用消防电梯进行登高和组织进攻时,必须注意消防电梯的停靠位置,应将消防电梯停靠在着火层下一、二层,然后再通过楼梯间进入着火层。

30. 火场中消防员如何运用自动喷水灭火系统?

答:设有自动喷水灭火系统的建筑物发生火灾后,消防员到场首先要检查自动喷水灭火系统是否启动,如果尚未启动,应派人前往消防控制室启动喷淋泵协助灭火,当喷淋泵不能启动时,要立即使用消防车与水喷淋泵结合器相结合的方式组织供水灭火。

31. 使用自动喷水灭火系统时应注意哪些方面?

答:使用自动喷水灭火系统灭火时,首先要确保喷淋流量,当喷头启动较多,流量不足时,应当利用水喷淋泵结合器向喷淋管网供水,保证喷射效果;其次要注意火场水渍损失。火扑灭后,要及时关闭相应区域的检修阀。

32. 灭火与应急救援任务的指导思想是什么?

答:救人第一,科学施救。

33. 初战"五个第一时间"指的是什么?

答:第一时间调集足够警力和有效装备;第一时间到场展开;第一时间实施救人;第一时间进行排烟降毒;第一时间控制灾情发展,最大限度地减少损失和危害。

34. 辖区情况"六熟悉"的主要内容是什么?

答:(1)熟悉场馆内救援条件及消防水源情况;(2)熟悉消防安全重点单位的数量、分类和分布情况;(3)熟悉消防安全重点单位建筑结构和使用情况;(4)熟悉消防安全重点单位重点部位情况;(5)熟悉消防安全重点单位内部消防设施和消防组织情况;(6)熟悉主要灾害事故的类型和处置对策、基本程序。

35. 灭火战术方法有哪些?

答:灭火战术方法包括堵截、突破、夹攻、合击、分割、围歼、排烟、破拆、封堵、监护、撤离。

36. 通常情况下,火情侦察可采取哪些方法?应查明哪些情况?

答:可以采取外部观察、询问知情人、利用消防控制中心侦察监控、深入内部侦察、仪器探测等方法。火情侦察应当查明下列情况:(1)有无人员被困,被困人员数量、所在位置和救援方法及防护措施;(2)燃烧的物质、范围,火势蔓延的途径和发展趋势以及可能造成的后果;(3)消防控制中心和内部消防设施启动及运行情况,现场有无带电设备,是否需要切断电源;(4)起火建(构)筑物的结构特点、毗连状况,抢救疏散人员的通道,内攻救人灭火的路线,有无坍塌危险;(5)有无爆炸、毒害、腐蚀、忌水、放射等危险物品以及可能造成污染等次生灾害;(6)有无需要保护的重点部位、重要物资及其受到火势威胁的情况。

37. 根据火场情况，可以采取哪些灭火的形式？

答：（1）准备展开：当从建筑外部看不到燃烧部位和火焰时，指挥员应当在组织火情侦察的同时，命令参战人员占领水源，将主要战斗装备摆放在消防车前，做好战斗展开的准备；（2）预先展开：从建筑外部能够看到火焰和烟雾时，指挥员在组织火情侦察的同时，命令参战人员携带战斗装备接近起火部位，铺设水带干线供水，做好进攻准备；（3）全面展开：基本掌握火场的情况后，指挥员应当确定作战意图，果断命令参战人员立即实施火灾扑救。

38. 根据火场情况，主要灭火力量应当部署在哪些重点部位？

答：（1）有人员受到火势威胁的地点及抢救、疏散的路线；（2）可能引起爆炸、毒害物质泄漏的部位；（3）重要物资受到火势威胁的部位；（4）火势蔓延方向以及可能造成重大损失的部位；（5）参战力量实施内攻救人灭火的部位；（6）毗邻建筑受到火势威胁的部位。

39. 火场救人有哪些规定？

答：（1）充分利用建筑物的安全疏散通道、安全出口、疏散楼梯、消防电梯、外墙门窗、阳台、避难层（间）等途径和举高消防车、消防梯，以及其他一切可以利用的救生装备进行施救；（2）采取排烟、防毒、射水等措施，减少烟雾、毒气、火势对被困人员的威胁；（3）稳定被困人员的情绪，防止跳楼或者因拥挤踩踏造成人员伤害；（4）进入燃烧区抢救被困人员时，应当仔细搜索各个部位，做好记录，防止遗漏；（5）对被救者采取防毒保护措施，对在救助过程中和已抢救疏散出的危重伤员应当由具备急救资质的人员进行现场急救，对遇难人员也应当及时搜寻、妥善保护。

40. 火场排烟有哪些规定？

答：（1）排烟前，应当查明火源的位置、火势蔓延的方向、烟雾扩散的范围，视情在烟雾流经的部位设置防御力量；（2）应当尽量利用建筑物内部的防、排烟系统和移动排烟设备进行防烟、排烟；（3）利用建筑物的外墙门窗、阳台等途径进行自然排烟时，应当注意风向，防止造成火势扩大蔓延；（4）利用破拆、喷雾水流、移动排烟设备等方法进行人工排烟时，应当注意安全。

41. 火场破拆的基本要求有哪些？

答：（1）为查明火源和燃烧的范围，以及抢救人员和疏散重要物资需要开辟通道时，可以对毗邻火灾现场的建（构）筑物、设施进行破拆；（2）当火势迅速蔓延且难以控制时，可以在火势蔓延的主要方向，根据火势蔓延的速度，选择适当位置拆除毗邻火灾现场的可燃建（构）筑物，开辟隔离带，阻断火势蔓延；（3）当发生火灾的建筑物或者局部出现倒塌的危险，直接威胁人身安全、妨碍灭火战斗行动时，可以进行破拆；（4）当发生火灾的建筑物内部聚集大量的高温浓烟时，为改变火势发展蔓延方向，定向排除高温浓烟，便于救人、灭火，应当选择不会引起火势扩大的部位进行破拆；（5）在破拆建（构）筑物时，应当注意承重构件，防止因误拆造成建（构）筑物倒塌；在有管道设备的建（构）筑物内部破拆时，应当注意保护管道，防止因管道损坏造成易燃可燃液体、气体以及毒害物质泄漏；（6）在破拆建（构）筑物和设施过程中，应当划出安全警戒区，设置安全警戒哨，并采取必要的保护措施。

42. 进行火场破拆时有哪些注意事项？

答：根据灭火行动的实际需要破拆时，必须正确使用破拆器材，合理实施破拆。（1）使用切割器具破拆时，必须佩戴面罩、手套，切割器具前方不得站人；（2）破拆门窗玻璃时，必须站在门窗侧面，从玻璃上方一角开始破拆；（3）玻璃幕墙一般不得随意破拆，如需破拆，必须在地面划出警戒区域；（4）在有燃烧爆炸危险的场所进行破拆时，必须使用无火花工具，并使用喷雾（开花）水枪进行掩护；（5）严禁盲目破拆承重构件。

43. 火场供水的基本原则是什么？

答：正确使用水源，确保重点、兼顾一般，力争快速、不间断。

44. 应急救援过程中，应通过侦察、检测等方法查明哪些情况？

答：（1）灾害事故的种类、危害程度、波及范围和可能造成的后果；（2）遇险和被困人员的位置、数量、危险程度以及救援途径、方法；（3）危险区域和防护等级，应当采取的防护措施；（4）贵重物资设备的位置、数量、危险状况以及抢救、疏散和保护的方法；（5）灾害事故现场及其周边的道路、水源、建（构）筑物结构以及电力、通信、气象等情况。

45. 应急救援过程中，现场救人基本要求是什么？

答：（1）根据现场不同情况，采取破拆、起重、支撑、牵引、起吊等方法施救；（2）当人员被倒塌的建筑构件、材料埋压或者被困于容易窒息、受伤的现场时，应当首先稳定被困人员情绪，并视情况迅速采取送风供氧、急救、提供饮水和食物等措施，然后设法采取有效的营救措施；（3）当不能确认遇险人员无生还可能时，严禁盲目使用大型挖掘机、铲车、推土机等机械设备和可能危及被困人员生命安全的救援方法；（4）当毒害物质泄漏现场时，应当使用防毒、救生等工具抢救中毒人员，并及时疏散染毒区域内的人员；（5）当在高空和水上救生时，应当充分利用可靠的设施、工具和专业救援装备，并采取相应的安全防护措施；（6）现场受伤人员应当由具备急救资质的人员进行现场急救，并立即通知医疗急救部门进行救治。

46. 当救援现场有易燃易爆或者毒害物质泄漏、扩散，可能导致爆炸、建筑倒塌和人员中毒等危险情况时，应采取哪些措施排除险情？

答：应当根据技术专家的意见和现场救援力量以及技术条件，及时采取冷却防爆、稀释中和、堵漏输转、关阀断料、加固排险、破拆清障、排烟送风等措施，尽快排除险情。

47. 发生火灾时哪些物质不能用水（直流水）扑救？非水溶性泡沫和抗溶性泡沫灭火剂分别适合于扑救哪些物质火灾？

答：（1）发生火灾时以下物质不能用水（直流水）扑救：①遇水燃烧物质火灾不能用水扑救；②不能用水冲击熔化的铁水、钢水；③可燃粉尘（面粉、铝粉、糖粉、煤粉等）沉积处火灾，带电高压电气设备、电气线路火灾，贮存大量浓硫酸、浓硝酸、浓盐酸等场所的火灾，轻于水且不溶于水的可燃液体火灾不能用直流水扑救；④高温生产装置、设备火灾不宜用直流水扑救。（2）非水溶性泡沫灭火剂，主要用于扑救固体物质和非水溶性液体火灾；抗溶性泡沫灭火剂，主要用于扑救醇、醚、酮等水溶性液体火灾。

48. 灭火救援中被火围困或在浓烟中迷失方向时如何自救？

答：（1）被火围困时的自救：①被火势封住退路时，要立即淋湿全身，再用棉衣被等需一定时间才能烧穿的物品遮挡裸露部位,然后快速通过火区;②在较高的楼上被火势围困时,可利用就近的阳台转移或利用落水管、绳索自救。(2)在浓烟中迷失方向时的自救:①利用通信工具、灯光或大声呼喊向外部救援人员发出求救信号,指示救援方位;②冷静回想进入时走过的路线,趴在地上听声音或风的流动方向,估算是否有足够沿原路返回的空气量;③无法沿原路返回时,应摸着墙壁向温度低、烟雾稀的方向运动。遇到出水的消防水带,应沿水带运动;④尽量不要脱下呼吸器面罩。无法呼吸必须脱下时,要尽量保持低姿势行动。

49. 火场疏散救人时可利用的疏散途径有哪些?

答:可充分利用建筑内的安全门、安全出口、疏散通道、自然楼梯、消防电梯、逃生滑梯、避难层等引导疏散被困人。

50. 进入燃烧区域的房间内搜救被困人员时,应重点搜寻的部位有哪些?

答:房间内的窗下、桌下、橱(柜)内、床上、床下、卫生间、厨房、墙角、窗下、门后等。

51. 建筑消防设施主要有哪些?

答:建筑消防设施主要有:消防供配电设施;火灾自动报警系统;消防供水设施;消火栓、消防炮;自动喷水灭火系统;泡沫灭火系统;气体灭火系统;机械加压送风系统;机械排烟系统;应急照明和疏散指示标志;应急广播系统;消防专用电话;防火门、防火窗、防火卷帘、防火阀;消防电梯、灭火器等。

52. 直流水枪、喷雾水枪分别适合于扑救什么火灾?

答:(1)直流水枪适用于远距离扑救一般物质火灾、建筑火灾、冷却大型设备、储罐等。(2)喷雾水枪适用于扑救一般物质火灾、中小型可燃液体和气体火灾,在一定条件下扑救带电电器火灾,火场排烟,还可形成水幕保护消防员、稀释浓烟及可燃气体和氧气的浓度。

53. 扑救带电设备、线路火灾射水时应注意哪些问题?

答:(1)灭火时,水枪喷嘴与带电体之间要保持安全距离;(2)使用直流水枪灭火时,如发现放电声或放电火花、有电击感,应采取卧姿射水,将水带与水枪的接合部金属触地,以防触电伤人;(3)避免人体与水流接触。

54. 扑救钢结构火灾时对钢构件应如何冷却?

答:利用车载消防炮远距离向房顶或窗口射水灭火、冷却降温,防止钢结构变形。冷却要均匀、全面,防止局部骤然变冷,导致钢构件收缩变形。

55. 楼层进攻时如何设置分水器阵地?

答:楼层进攻时的分水器位置通常设置在燃烧层或燃烧层的下一层。如果几层楼同时燃烧,担负下层进攻的战斗班则将分水器设置在下层楼梯间,担负上层堵截任务的战斗班则将分水器设在上层楼梯间。

56. 在扑救室内或密闭空间火灾时,为防止发生轰然倒塌造成伤害,如何正确地开启门?

答:开门前水枪必须供水到位。开门时可先用手背触摸门表面的温度,再慢慢打开一条门缝,查看是否有烟雾涌出。一旦发现有烟雾涌出,水枪立即喷射雾状水跟进。外开门时,开门人员应尽量隐蔽在门后。内开门时,开门人员可隐蔽在一侧墙后。强行踹门时，要先射雾状水掩护。

57. 高层重点单位建筑的火灾危险性有哪些？扑救重点单位建筑火灾的战术要求和措施有哪些？

答：（1）火灾危险性有火灾蔓延快，疏散困难；扑救难度大；火灾隐患多。（2）按照"以固为主、固移结合"的战术要求，积极疏散救助遇险人员，运用"上堵下防、内攻近战、内外结合、逐层消灭"的战术措施。

58. 大型场馆火灾如何扑救？

答：（1）多层独立建筑的大型商场火灾，内部应以楼梯口或电梯口作为水枪阵地控制火势。（2）相互毗连的大型商场火灾，力量部署应以下风方向为主，并设立第二道防线。（3）担负控制和进攻的水枪，应以直流水枪为主。掩护、冷却或排烟的水枪，应以喷雾水枪为主。（4）合理利用商场内部的固定消防设施。（5）利用举高、高喷消防车，控制从窗口、屋顶窜出的火焰，压制内部火势。

59. 强风天气下火灾有哪些特点？扑救时应注意什么？

答：（1）强风天气下火灾有以下特点：火灾跳跃式发展、易形成大面积火灾；火势多变、灭火战斗困难；建（构）筑物易在风力和火灾作用下倒塌；强风影响消防人员登高、射水等作战行动。（2）灭火时应注意：加强第一出动力量；正确选择消防车停靠位置及水枪阵地；安排专门人员负责保障工作。

60. 扑救砖木结构建筑火灾内攻时应怎样预防砸伤和摔伤事故？射水时应注意哪些问题？

答：（1）内攻人员进入前要使用直流水枪先上后下、左右晃动射流实施试探，击落悬垂、断裂或即将倒塌的建筑构件，防止砸伤人员。进入内部转移水枪阵地或延伸水带时，要探步前进，防止因踏空或木质地板烧损坠落而造成摔伤。（2）不要采用大口径水枪或水炮直接冲击承重墙和梁、柱等，防止房屋受冲击而倒塌。

61. 灭火作战行动的指导思想和作战原则是什么？

答：灭火作战行动必须贯彻"救人第一，科学施救"的指导思想和"先控制、后消灭，集中兵力，准确迅速，攻防并举、固移结合"的作战原则。

62. 如何进行火场评估？

答：指挥员初步掌握灾情后要及时对火情、第一到场力量进行评估，果断确定处置对策：当灭火实力大于火场需要的灭火力量时，应当快速进行战斗展开，迅速扑灭火灾；当灭火实力小于火场需要的灭火力量时，应将灭火力量部署在火场的主要方面，并请求增援。

63. 灭火战斗的战术方法展开时应遵循的要求有哪些？

答：（1）优先使用固定消防设施，开启自动防排烟系统，视情况携带转换接口；

（2）一般在距离火场40～150m范围内展开，举高类消防车展开时可视情况在40m范围内展开；

（3）在火场未能组织有效的供水前，每个中队出枪数一般不超过2支；

（4）水枪阵地前一般应设置分水器，每支水枪应预留1盘机动水带，内攻时每支水枪不少于2人操作，采用掩护进攻方式推进时两支水枪距离不得超过3m；

（5）消防车应沿路边停靠，水带铺设时优先使用靠路边一侧出水口，并采用延续法铺设水带，水带横穿公路时，必须使用水带保护桥或其他方式实施保护，必要时可实施交通管制；

（6）灭火通常采用先室外后室内、先上方后下方、先暴露部位后隐藏部位、先贵重物品后一般物品的射水原则；

（7）水枪手应把水流喷射到火焰根部，即把水流喷射到燃烧物体上，不能喷射到火焰上；在看不见火焰的情况下，不能盲目射水，要根据火场情况，及时变换水枪射流；

（8）采用泡沫扑救油罐火灾时，要向罐内侧的罐壁上喷射泡沫，使泡沫沿罐壁自动流淌到液面上覆盖火焰，不能用泡沫直接冲击燃烧的液面；

（9）采用泡沫消灭地面流散液体火灾时，应从近处开始，左右两侧同时喷射，逐步向远处推进；

（10）使用干粉灭火时，对准燃烧物体的火焰根部平行喷射。如果燃烧区火焰面积较大，可将干粉车停在距火源25～50m距离的上风位置，操纵干粉炮向左右两侧稍微平行摆动，使干粉完全覆盖燃烧区；向有遮蔽物的燃烧物体喷射干粉，干粉炮应居高临下实施。

64．人员搜救时要注意哪些问题？

答：当火场有人员被困时，必须按照"救人第一"的指导思想组织抢救疏散，并注意以下问题：

（1）救援人员编组不得少于2人，必须配齐个人防护装备和通信器材并指定负责人，视情况携带消防斧等破拆工具；

（2）进入内部搜救时必须佩戴双面罩空气呼吸器，应当仔细搜索各个部位，并用自喷荧光漆或其他方法做好搜索标记，防止遗漏或重复；

（3）在进入浓烟、高温或有毒区域搜救人员时，必须在水枪的配合下进行；

（4）一般应综合研判，区分轻重缓急，有序抢救被困人员；

（5）利用消防梯救人时，安排专人做好安全防护；

（6）使用举高消防车救人时，工作平台要先升至被困点相同高度后再平移至被困点，以防被困人员直接跳至工作平台，且一次运送人员不得超过工作台载重并用安全绳保护；

（7）抢救出的被困人员，均应登记移交。

65．如何进行现场警戒？

答：现场警戒通常分为外部警戒和内部警戒。

（1）外部警戒一般由公安巡警、交警、派出所或起火单位保卫人员执行，上述人员未到位时由指挥员指定人员执行，负责疏散外围群众和车辆，维护火场外围秩序。

（2）内部警戒由战斗员兼任，负责疏散警戒事发地点附近的人员和车辆，并协助其快速撤离现场。

（3）下列人员不得进入内部警戒区域：

①未按防护等级防护的人员；

②情绪状态失控的受灾人员和亲属；

③没有安全保障的疏散救护人员；

④未经允许进入的新闻媒体人员；

⑤其他不宜进入火场内部的人员。

66. 疏散和保护物资应注意哪些问题？

答：火灾扑救中疏散和保护物资应注意：（1）疏散易燃、易爆、腐蚀性物品时，要划出警戒线，禁止无关人员靠近；（2）疏散可能发生化学反应的物品时，要在单位负责人或者技术人员的配合下有序进行，并必须分类存放；（3）疏散压缩气体钢瓶时，必须充分冷却，并在水枪掩护下进行；（4）从火场抢救出来的物资应当指定放置地点，指派专人看护，严格检查，防止夹带火种引起燃烧，并及时清点和移交。

67. 火场供水的具体要求有哪些？

答：（1）供水指挥员必须由班长骨干担任；

（2）通常情况下100m范围内直接取水，超过100m时接力供水，超过1000m宜采用运水供水或综合运用多种方法进行供水；

（3）供水干线通常应铺设双干线，优先使用$\phi$80mm以上水带；

（4）编队单独作战时应形成独立供水体系，一个力量编成作战时必须形成独立供水体系，供水任务一般由辅助车担任，也可根据火场情况由灭火编队或多辆水罐（泡沫）消防车担任；

（5）利用消火栓供水时，消防车供水一般取10～15L/s（两支水枪出水量）。

## 二、体能训练

1. 俯卧撑

训练目的：发展上肢和腰腹部肌肉力量。

场地器材：垫子若干块，或在平坦的地面上。

动作要领：双臂分开，比肩略宽；脚尖支地，用腰腹力量控制躯干成一条直线；然后双肘向两侧分开，缓慢下降身体至上身贴近地面；略作停顿，再控制还原，当肘部接近伸直时，立刻进行下一次动作。随着力量的增强，可以将双脚放在台阶上来提高难度。

要求：操作过程中，身体保持挺直姿势。

2. 仰卧起坐

训练目的：加强腹肌力量。

场地器材：垫子若干块，或在平坦的地面上。

动作要领：平仰卧于地面，五指交叉枕于头部，起坐时腹部用力，含胸缩头，使上体抬起成屈体坐（腿与上体的夹角小于90°），然后上体后倒还原成预备姿势。

要求：一是训练前按要求做好准备活动。二是起坐时，用力应充分到位；还原成仰卧时，腹肌充分放松。三是训练结束后，要进行放松整理活动。

3. 双腿深蹲起立

训练目的：主要锻炼股四头肌、腰部力量。

训练场地：不受限制。

动作要领：先成立正姿势站立，平视前方，双臂自然下垂于体侧，双脚分开与肩宽。双腿快速屈膝、屈髋下蹲，使大腿与小腿夹角介于35°～55°，挺腰，两臂前平举；蹬伸髋、膝、踝关节，双臂自然下垂，身体呈站立起踵姿势为完成一次。

要求：（1）练习者在2min内完成85（80）次为合格。（2）若下蹲时膝关节角度大于55°（下蹲不够深）不予计数。

4. 搬运重物折返跑（30kg、20m×5）

训练目的：发展协调能力和快速出击的能力，增强肢体力量等综合素质。

场地器材：在长 25m 的平地上，标出起点线和终点线。起点线上放置两个 15kg 的水桶（或重量在 30kg 的物体）。

操作程序：听到"预备"的口令，战斗员弯腰将两个 15kg 的水桶提起，听到"开始"的口令，迅速携带两个 15kg 的水桶跑向终点，随后从终点跑回起点，往返五次。

操作要求：起跑后水桶不得放下，一只脚必须踩到起、终跑线。

5. 100m 跑

训练目的：提高人的速度素质，改善心肺功能，发展反应能力、协调能力和快速出击的能力，增强肢体力量等综合素质。

训练场地：100m 跑道。

动作要领：起跑时候要注意蹲踞式的姿势，有力腿在前，双眼目视前方，注意心态，发令枪响起之后立即冲出，身体与地面成 60°角，冲出去 5~8m 之后，身体慢慢抬起，冲刺的时候最后一步要用小跳步，上身尽量前倾。跑的全过程要注意自然放松以及各部分动作的衔接。从呼吸来讲，应该是三步一呼、三步一吸；摆臂幅度不要太大，也不要夹着胳膊跑。

要求：跑步之前要热身，做正压腿、侧压腿、扭动腰等。

6. 3000m 中长跑

训练目的：增强内脏功能，发展一般耐力，培养勇敢坚强、吃苦耐劳、勇猛顽强、坚忍不拔的优良品质。

训练场地：3000m 跑道或环形跑道。

动作要领：起跑时，要猛冲一下，冲几十米就慢下来，保持自己的速度，最好是跟人跑，跟上第一、二名，加大步幅地跑动，提重心，或跟上一个与自己水平差不多的人跑。注意呼吸，要三步一呼、三步一吸或二步一呼、二步一吸。

注意事项包括：

(1) 注意跑的节奏与呼吸配合。

(2) 加强弱腿弱臂的力量，强调用前脚掌内侧着地。

(3) 多做柔韧练习，增强弱肌肉群的力量，使各部分肌肉力量发展平衡。

(4) 多练习上体保持正直的慢跑、中速跑、变速跑等专门性练习。

(5) 患有心脏病、心肌炎者不宜参加长跑。

(6) 训练时不宜过量喝水，训练后适当补充一些盐水。

(7) 不宜在较硬的水泥马路、车辆较多、空气不好的地方练习。

7. 百米负重跑

训练目的：发展反应能力、协调能力和快速出击的能力，增强肢体力量等综合素质。

场地器材：在长 100m 的平地上，标出起点线和终点线。起点线上放置两盘卷好的水带。

操作程序：听到"预备"的口令，战斗员弯腰将两盘水带拿好，听到"开始"的口令，迅速携带水带以百米速度跑向终点，将水带放置终点线。示意喊"好"。

### 三、技术训练

1. 原地着战斗服

训练目的：使战斗员学会正确穿着消防战斗服的方法

场地器材：在平地上标出起点线，起点线前 0.5m 处标出器材线。战斗服在器材线前整齐摆放成一行，间距 1m。服装叠放方法：插环式安全带（附有安全钩）折成双叠，横放在地面上；战斗服上装正叠，尼龙搭扣对齐展平，沿两侧向背后折起，拦腰折成两叠，衣领翻向两侧，衣袖缩入肩部成圆筒状，平放在安全带上；盔帽平放，帽徽朝前，帽顶朝上；下装套在消防靴上，放于上装后面，靴跟与器材线相齐。

操作程序：战斗班在起点线一侧 3m 处站成一列横队。

听到"第一名出列"的口令，战斗员行进至起点线成立正姿势。

听到"预备"的口令，战斗员做好操作准备。

听到"开始"的口令，战斗员两脚跟向搓，脱下鞋子，上体微向前倾，双手握住靴上沿两侧，双腿屈膝，抬起右（左）脚，脚尖向下绷直，踏入靴内，按同样方法着好左（右）靴；然后，双手虎口夹握背带，将背带挎上双肩的同时，挺身起立（无背带战斗裤时，双手提裤腰，并挺身起立），扣好下装纽扣、粘好尼龙搭扣（或粘链）；右（左）膝着地，右（左）手掌心向下握住头盔右后沿，左（右）手掌心向上，手指伸入帽檐下，钩住帽带，双手配合将头盔戴好，帽带贴于下颚；双手沿袖筒向外伸出，双臂将上衣由前经头顶绕至身后，使其在身上完全展开后，双手向前稍向内，由上向下扣好纽扣，粘好尼龙搭扣；左（右）手握住安全带插环，拿起安全带，绕至背后，右（左）手握住带尾，协力将安全带拉直，双手合拢于腹前，穿入插环，左（右）手将其按住，右（左）手向前方拉，束紧安全带，将插钎扣入金属扣眼内。前跨一步举手示意，立正喊"好"。

听到"卸装"的口令，战斗员卸下战斗服恢复原位，成立正姿势。

听到"入列"的口令，战斗员跑步入列。

操作要求：

（1）战斗员着装前，应着作训服（或运动服、衬衣），穿解放鞋，不戴帽子。

（2）衣带平整，前后衣襟束于安全带内，尼龙搭扣必须粘合、对齐。

（3）双脚踏到靴底，安全带扎牢，空隙不超过 10cm。

（4）盔帽戴正，帽带贴于下颚。

成绩评定：

计时从发令"开始"至战斗员完成全部操作任务，举手示意喊"好"为止。

优秀：18s。良好：20s。及格：24s。

有下列情况之一者不计成绩：安全带插钎未扣入眼内；尼龙搭扣未扣或黏合长度不到 2/3；上装或下装纽扣未扣。

有下列情况之一者加 1s：帽带未贴于下颚；腰带未系紧；脚未踏入靴底。

2. 原地穿着隔热服

训练目的：使战斗员学会正确穿着隔热服的方法。

场地器材：在平地上标出起点线，起点线前 0.5m 处标出器材线。隔热服在器材线前整齐摆放成一行，间隔 1m。服装叠放方法：消防靴与器材线相齐；下装折成三叠，放在消防靴前；安全带（折成双叠）和手套一起放在下装前面；战斗服上装正叠，纽扣对齐展平，沿两侧向背后折起，然后拦腰折成两叠，衣领翻向两侧，放于安全带上面；盔帽放在上装前面；隔热靴套放在消防靴左侧。

操作程序：战斗班在起点线一侧 3m 处战成一列横队。

听到"前两名出列"的口令，战斗员行进至起点线，成立正姿势。

听到"预备"的口令，战斗员做好操作准备。

听到"开始"的口令，第一名迅速将隔热靴套在消防靴上，第二名按原地着战斗服要求脱下解放靴，在第二名协助配合下穿好消防靴、套好下装、搭上背带、穿好上装、戴好盔帽、扎牢安全带、戴好手套，待第一名整理好服装后，举手示意喊"好"。

听到"卸装"的口令，战斗员卸下服装恢复原位，成立正姿势。

听到"入列"的口令，两名战斗员跑步入列。

操作要求：

（1）战斗员应着作训服，穿解放鞋。

（2）着装时，内带松紧适中，双脚要踏到靴底，盔帽要戴正，上下装的纽扣要完全扣齐。

成绩评定：

计时从发令"开始"至战斗员完成全部操作任务，举手示意喊"好"为止。

合格：40s。

有下列情况之一者不计成绩：尼龙搭扣未扣或黏合长度不到 2/3；上装或下装纽扣未扣。

有下列情况之一者加 1s：脚未踏入靴底。

3. 一人一盘 65mm 内扣水带连接操作

训练目的：使战斗员学会平地铺设 65mm 内扣水带的方法，掌握铺设水带、连接分水器、水枪的操作要领。

场地器材：在长 19.5m、宽 2.5m 的平地上标出起点线和终点线，在起点线前 1m、1.5m 处，分别标出器材线和分水器拖止线，器材线上放置水枪 1 支、65mm 水带 1 盘、分水器 1 只。每盘水带长度为 20m（不得超过或减少 0.5m），两接口相距约 10cm，垫圈完整，见下图。

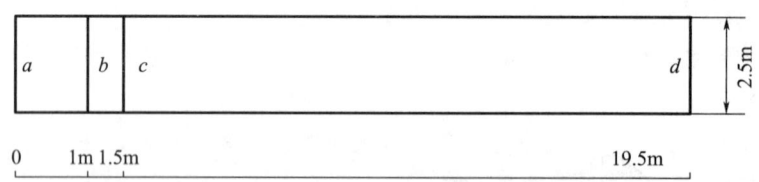

一人一盘 65mm 内扣水带连接操作场地设置
a—起点线；b—器材线；c—分水器拖止线；d—终点线

操作程序：听到"第一名出列"的口令，战斗员行进至起点线，成立正姿势。

听到"准备器材"的口令，战斗员检查器材，携带水枪，回原位站好。

听到"开始"的口令，战斗员迅速向前，手持水带，将水带甩开，一端连接分水器接口，在跑动中将另一端接口与水枪连接，冲出终点线，举手示意喊"好"，成立射姿势。

听到"收器材"口令后，战斗员收起器材，放回原位，成立正姿势。

听到"入列"的口令后，战斗员跑步入列。

操作要求：

(1) 水带不应出线、压线或扭圈360°。

(2) 接口不得脱口或卡口，分水器不应拖出0.5m。

(3) 必须在铺带线路内完成全部动作。

成绩评定：计时从发令"开始"至战斗员完成全部操作任务，冲出终点线举手示意喊"好"为止。

优秀：6s。良好：8s。及格：10s。

有下列情况之一者不计成绩：水带接口脱口、卡口；水带扭圈720°。

有下列情况之一者加1s：水带出线、压线，水带扭圈360°；分水器拖出0.5m。

4. 一人两盘65mm内扣水带连接操作

训练目的：使战斗员学会两盘65mm内扣水带铺设的方法，掌握铺设水带和连接接口的技能。

场地器材：在长37m、宽2.5m的平地上，标出起点线和终点线。在起点线前1m、1.5m、8m处分别标出器材线、分水器拖止线、水带甩开线。器材线上放置水枪1支、65mm内扣水带2盘、分水器1只，见下图。

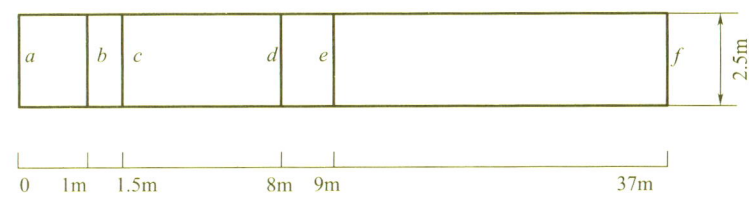

一人一盘65mm内扣水带连接操作场地设置

$a$—起点线；$b$—器材线；$c$—分水器拖止线；$d$—水带甩开线；$e$—甩带线；$f$—终点线

操作程序：战斗班在起点线一侧3m处站成一列横队。

听到"第一名出列"的口令，战斗员行进至起点线，成立正姿势。

听到"准备器材"的口令，战斗员检查器材，携带水枪，回原位站好。

听到"预备"的口令，战斗员做好操作准备。

听到"开始"的口令，战斗员迅速向前，手持水带，先甩开第一盘水带，一端接上分水器接口，另一端接上第二盘水带，然后行至甩带线甩开第二盘水带，连接好水枪，冲出终点线，举手示意喊"好"，成立射姿势。

听到"收操"口令后，战斗员收起器材，放回原位，成立正姿势。

听到"入列"的口令后，战斗员跑步入列。

操作要求：

(1) 水带不应出线、压线或扭圈360°。

(2) 接口不得脱口或卡口，分水器不应拖出0.5m。

(3) 必须在铺带线路内完成全部动作。

成绩评定：

计时从发令"开始"至战斗员完成全部操作任务，冲出终点线，举手示意喊"好"为止。

优秀：14s。良好：16s。及格：18s。

有下列情况之一者不计成绩：水带接口脱口、卡口；未接上水枪冲出终点线。

有下列情况之一者加 1s：第一盘水带未到甩开线甩开；水带出线、压线，水带扭圈 360°，分水器拖出 0.5m。

5. 一人三盘 65mm 内扣水带连接操作

训练目的：使战斗员学会三盘 65mm 内扣水带铺设的方法，掌握甩带和连接接口的要领。

场地器材：在长 55m、宽 2.5m 的平地上，标出起点线和终点线。在起点线前 1m、1.5m、8m、13m、33m 处，分别标出器材线、分水器拖止线、水带甩开线和甩带线。在器材线上放置水枪 1 支、65mm 内扣水带 3 盘、分水器 1 只，见下图。

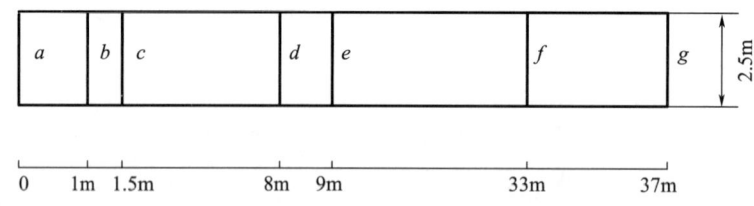

一人三盘 65mm 内扣水带连接操作场地设置

a—起点线；b—器材线；c—分水器拖止线；d—水带甩开线；e—甩带线；f—甩带线；g—终点线

操作程序：战斗班在起点线一侧 3m 处站成一列横队。

听到"第一名出列"的口令，战斗员行进至起点线，成立正姿势。

听到"准备器材"的口令，战斗员检查器材，携带水枪，回原位站好。

听到"预备"的口令，战斗员做好操作准备。

听到"开始"的口令，战斗员迅速向前，先甩开第一盘水带，一端接口连接在分水器上，另一端接口与第二盘水带连接，然后双手各持一盘水带，跑到 13m 甩带线处，甩开第二盘水带，并与第三盘水带连接。跑到 33m 甩带线处，甩开第三盘水带，连接上水枪，冲出终点线，举手示意喊"好"，成立射姿势。

听到"收器材"的口令，战斗员收起器材，放回原位，成立正姿势。

听到"入列"的口令，战斗员跑步入列。

操作要求：

(1) 水带不应出线、压线或扭圈 360°。

(2) 接口不得脱口或卡口，分水器不应拖出 0.5m。

(3) 必须在铺带线路内完成全部动作。

成绩评定：

计时从发令"开始"至战斗员完成全部操作任务，冲出终点线，举手示意喊"好"为止。

优秀：20s。良好：23s。及格：16s。

有下列情况之一者不计成绩：水带接口脱口、卡口；水带扭圈 720°。

有下列情况之一者加 1s：第一盘水带未到甩开线甩开；水带出线、压线，水带扭圈 360°，分水器拖出 0.5m。

6. 两人五盘 65mm 水带连接操作

训练目的：使消防员学会相互配合铺设 5 盘干线水带的方法，掌握铺设水带和连接水带接口的要领。

场地器材：在长 95m、宽 2.5m 的平地上，标出起点线和终点线。在起点线前 1m、1.5m、8m、35m、58m、94.5m 分别标出器材线、分水器拖止线、水带甩开线、甩带线、分水器拖止线。在器材线后，放置分水器 1 只，立放双卷 65mm 水带 5 盘，水带和分水器接口与器材线相齐，水带接口必须放在水带之上，水带朝向前。在终点线处，放置分水器 1 只，进水口朝后，与终点线相齐，见下图所示。

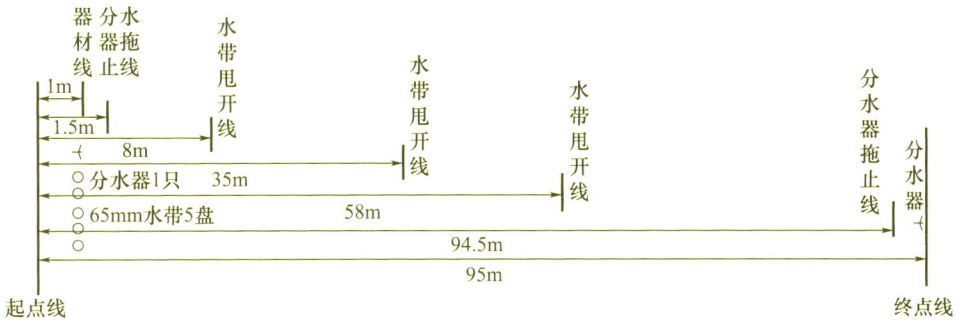

两人五盘水带连接场地器材示意图

操作程序：消防员着灭火防护服全套（不戴手套），在起点线一侧做好操作准备。

听到"开始"口令后，第二名队员携带 2 盘水带，跑到 58m 处，甩开 1 盘水带，放下 1 个接口；再甩开另 1 盘水带，连接好水带接口，跑至终点线处，将最后 1 个接口连接在集水器上，操作完毕冲出终点线喊"好"；第一名队员先甩开第一盘水带，将 1 个接口连接在分水器上，另 1 个接口与第二水带连接，然后携带 2 盘水带，在跑动中甩开第二盘和第三盘水带，连接好第三盘水带接口，并将最后 1 个接口与第二名队员放下的水带接口连接上，操作完毕冲出终点线喊"好"。

操作要求：

(1) 分水器和水带接口朝前并与器材线相齐。
(2) 听到"开始"口令前，消防员不能触动器材。
(3) 第一盘水带必须先甩开后再连接分水器接口，并应甩至 8m 甩开线。
(4) 第二名消防员必须在前脚踏入 58m 线后方能甩开第四盘水带。
(5) 水带不应出线。
(6) 接口不得脱口或卡口。
(7) 分水器不能拖出拖止线。
(8) 消防员必须在铺带线路内完成全部动作。
(9) 水枪携带可采取背水枪或将水枪插在安全带内。
(10) 灭火防护服不得去掉内衬。

成绩评定：

计时从发出"开始"信号到最后 1 名消防员操作完毕冲出终点线喊"好"为止。

优秀：28s。良好：32s。及格：36s。

评判细则：

有下列情况之一者，不计取成绩：

（1）个人防护装备不齐全或擅自改动，不符合标准要求的；

（2）水带、分水器接口脱口、卡口的；

（3）有3盘以上（含3盘）水带出线的；

（4）1人同时甩开2盘水带的；

（5）终点线处集水器拖出0.5m的；

（6）消防员冲出终点线后，未完成全部动作喊"好"的；

（7）事先将水带与水带接口、水带接口与分水器呈半连接状态的；

（8）未按规程操作的。

有下列情况之一者，做加时处理：

（1）操作过程中个人防护装备掉落并重新穿戴好的，每件装备加10s；

（2）第一盘水带未甩到8m甩开线的，加2s；

（3）消防员跑出线外操作的，每人次加2s；

（4）分水器拖出0.5m的，加2s；

（5）1盘水带出线的，加2s；

（6）第二名消防员前脚未踏入58m线甩开第四盘水带的，加2s；

（7）水带扭圈超过360°的，加2s。

7. 分水器前水带延长操作

训练目的：使战斗员学会在分水器前延长水带的方法。

场地器材：在30m长的平地上标出起点线和终点线，起点线前10m、20m、30m处分别标出延长线、枪口线和终点线。起点线至分水器1只、65mm水带1盘，分水器前预先铺设一带一枪至枪口线，见下图。

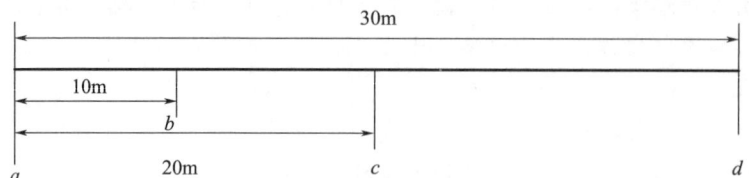

分水器前水带延长操作场地设置

a—起点线；b—延长线；c—枪口线；d—终点线

操作程序：战斗班在起点线一侧3m处站成一列横队。

听到"前两名出列"的口令，两名战斗员行进至起点线，成立正姿势。

听到"准备器材"的口令，第一名战斗员于起点线，第二名战斗员于枪口线做好器材准备。

听到"预备"的口令，战斗员做好操作准备。

听到"开始"的口令，第一名战斗员携水带向前甩开，然后右手扶住分水器，左手关闭分水器开关，拆下水带接口，将延长水带下面接口与分水器连接，另一端接口与原先的水带连接，同时喊"拖"后，将水带向前拖，待接口拖至延长线处喊"好"，然后将水带轻放于地面，整理好水带，返回至分水器处开启分水器开关，冲出终点线协助第二名战斗员控制水枪;第二名战斗员听到第一名战斗员喊"拖"后,将水带向前拖,待第一名战斗员喊"好"后停止前进,成立射姿势。

听到"收器材"口令后,战斗员收起器材,放回原位,成立正姿势。

听到"入列"的口令后,两名战斗员跑步入列。

操作要求:

(1) 铺设水带按要求实施,两盘水带不得重叠。

(2) 水带、水枪接口处不得脱口。

成绩评定:

计时从发令"开始"至战斗员完成全部操作任务,冲出终点线,举手示意喊"好"为止。

优秀:26s。良好:30s。及格:34s。

有下列情况之一者不计成绩:水带接口脱口。

有下列情况之一者加1s:两盘水带重叠;水带扭圈360°;未整理水带。

8. 水枪前水带延长操作

训练目的:使战斗员学会在水枪前延长水带、转移进攻阵地的方法。

场地器材:在38m长的平地上,标出起点线和终点线,起点线前20m处标出枪口线。起点线上放置分水器1只、65mm水带1盘,分水器前预先铺设一带一枪至枪口线,见下图。

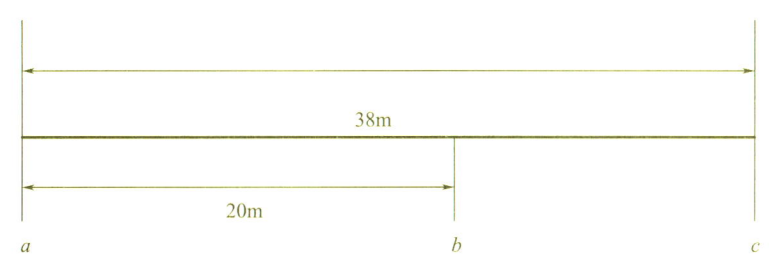

水枪前水带延长操作场地设置
$a$—起点线;$b$—枪口线;$c$—终点线

操作程序:战斗班在起点线一侧3m处站成一列横队。

听到"前两名出列"的口令,两名战斗员行进至起点线成立正姿势。

听到"准备器材"的口令,第一名战斗员于起点线,第二名于战斗员枪口线做好器材准备。

听到"预备"的口令,战斗员做好操作准备。

听到"开始"的口令,第一名战斗员携水带至水枪手左前方,将水带甩开,水带接口轻放于地,同时喊"延长",然后返回分水器处关闭分水器阀门,并喊"水枪",听到第二名战斗员喊"好"时,开启分水器阀门;第二名战斗员听到第一名战斗员喊"延长",即喊"关水",当听到第一名战斗员喊"水枪"后,拆下水枪挟于左腋,将延长水带接口与原水带接口连接,轻放于地,将另一端接口与水枪连接,冲出终点线,举手示意喊"好",成立射姿势。

听到"收器材"口令后,战斗员收起器材,放回原位,成立正姿势。

听到"入列"的口令后,两名战斗员跑步入列。

操作要求:

(1) 水带、水枪接口处不得脱口。

(2) 喊口号要准确、明亮。

成绩评定:

计时从发令"开始"至战斗员完成全部操作任务,冲出终点线,举手示意喊"好"为止。

优秀:21s。良好:25s。及格:29s。

有下列情况之一者不计成绩:水带接口脱口,水带扭圈720°。

有下列情况之一者加1秒:呼喊错误,水带扭圈360°。

9. 分水器前水带更换操作

训练目的:使战斗员学会分水器前更换支线水带的方法。

场地器材:在20m长的平地上,标出起点线和终点线。起点线上放置分水器1只、65mm水带1盘,分水器前预先铺设好一带一枪至终点线,见下图。

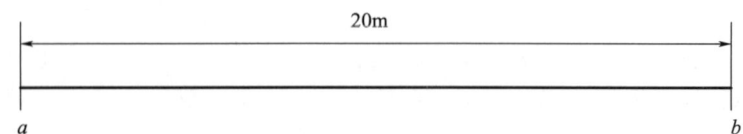

分水器前水带更换操作场地设置

$a$—起点线;$b$—终点线

操作程序:战斗班在起点线一侧3米处站成一列横队。

听到"前两名出列"的口令,两名战斗员行进至起点线成立正姿势。

听到"准备器材"的口令,第一名战斗员于起点线,第二名战斗员于水枪处做好器材准备。

听到"预备"的口令,战斗员做好操作准备。

听到"开始"的口令,第一名战斗员携水带向前甩开,右手扶分水器,左手关闭分水器开关,卸下水带接口,然后将换上的水带下面接口与分水器连接;取上面接口向前铺设的同时喊"水枪",至终点线处将接口递给第二名战斗员,然后返回至分水器处,听到第二名战斗员喊"好"后,开启分水器开关,并成立正姿势;第二名战斗员听到第一名战斗员喊"水枪",卸下水枪握于右手,左手将卸下的水带接口轻放于地面,接住第一名战斗员递交的水带接口,连接水枪,举手示意喊"好",成立射姿势。

听到"收器材"口令后,战斗员收起器材,放回原位,成立正姿势。

听到"入列"的口令后,两名战斗员跑步入列。

操作要求:

(1) 水带、水枪接口处不得脱口。

(2) 水带接口的递、接动作正确、协调,呼喊要响亮。

成绩评定:

计时从发令"开始"至战斗员完成全部操作任务,冲出终点线,举手示意喊"好"为止。

优秀:22s。良好:24s。及格:26s。

有下列情况之一者不计成绩：水带、水枪接口脱口。

有下列情况之一者加 1s：水带扭圈 360°；递、接水带动作不正确。

10. 沿楼梯铺设水带操作

训练目的：使战斗员学会沿楼梯蜿蜒铺设两带一枪的方法。

场地器材：在训练塔或楼梯出口前 5m 处标出起点线，起点线上放置分水器 1 只，65mm 水带两盘、水枪 1 支。

操作程序：战斗班在起点线一侧 3 米处站成一列横队。

听到"前两名出列"的口令，两名战斗员行进至起点线成立正姿势。

听到"准备器材"的口令，战斗员做好器材准备。

听到"预备"的口令，战斗员做好操作准备。

听到"开始"的口令，第一名战斗员迅速将水枪插于腰间（或背在肩上），左手将水带一端接口交给第二名战斗员，右手甩开第一盘水带，并握住水带上面接口，左手携另一盘水带，沿楼梯蹬至二楼平台，将水带甩开，连接水带两端接口，同时将另一接口与水枪连接，沿楼梯蹬至三楼，举右手喊"好"，成立射姿势；第二名战斗员将水带与分水器连接，听到第一名战斗员喊"好"后开启分水器阀门，负责供水。

听到"收器材"的口令，战斗员收起器材，放回原处，成立正姿势。

听到"入列"的口令，两名战斗员跑步入列。

操作要求：

(1) 水带连接处不得脱口。

(2) 水带不得扭圈，楼梯转角处水带应有机动长度。

(3) 甩第二盘水带必须在二楼平台，不得将水带甩出平台外。

成绩评定：

计时从发令"开始"至战斗员完成全部操作任务，第一名战斗员喊"好"为止。

优秀：22s。良好：26s。及格：30s。

有下列情况之一的不计成绩：水带、水枪接口脱口。

有下列情况之一者加 1s：水带甩出平台外，水带扭圈 720°。

11. 利用两节拉梯通过沟槽铺设水带操作

训练目的：使战斗员学会利用两节拉梯搭桥通过沟槽铺设水带的方法。

场地器材：在长 38m 的平地上，标出起点线和终点线。起点线前 16~20m 处标出一沟槽。起点线上放置分水器 1 只、65mm 水带 2 盘、水枪 1 支、14mm 安全绳 1 根（长 30m）、两节拉梯 1 部，见下图。

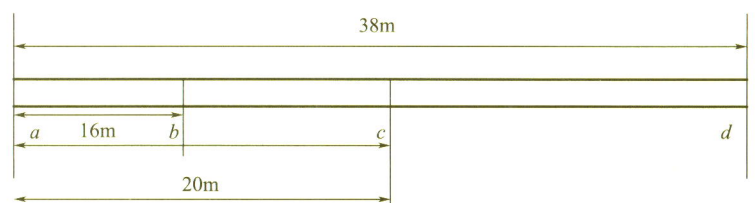

利用两节拉梯通过沟槽铺设水带操作场地设置

$a$—起点线；$b$，$c$—沟槽线；$d$—终点线操作程序：战斗班在起点线一侧3m处站成一列横队。

听到"前四名出列"的口令，四名战斗员行进至起点线，成立正姿势。

听到"准备器材"的口令，战斗员做好器材准备。

听到"预备"的口令，战斗员做好操作准备。

听到"开始"的口令，第一、二名战斗员将梯扛至沟槽边平放（外梯在下，内梯在上）。第一名战斗员待第三名战斗员于梯首系好安全绳后，双手交替用力推右侧梯梁，使梯子竖直，待内梯锁定后，拉右侧安全绳，使梯子缓缓放下，直到梯子着地；第二名战斗员在梯脚处脚踏两只梯脚，双手交替拉梯档，使梯平稳竖直，待内梯锁定后绕至梯的另一侧，面对沟槽脚踏梯脚，双手交替拉梯档向下放梯直至梯子着地。第三名战斗员取安全绳奔至梯首处放开绳索，在梯首两端系上双套节后，双手交替用力推左侧梯梁，使梯子竖直，待内梯锁定后拉左侧安全绳，使梯子缓慢放下。第四名战斗员连接分水器并铺设"两带一枪"，持枪通过提梯桥冲出终点线，举手示意喊"好"，成立射姿势。

听到"收器材"的口令，战斗员收起器材，放回原处，成立正姿势。

听到"入列"的口令，两名战斗员跑步入列。

操作要求：

（1）梯子拉开后内外要用安全绳系牢，防止内梯划出梯艚。

（2）放梯时，动作要轻缓。

（3）通过梯桥时用力要恰当。

（4）过桥水带必须铺于桥上。

成绩评定：

计时从发令"开始"至战斗员完成全部操作任务，第四名战斗员冲出终点线，举手示意喊"好"为止。

优秀：65s。良好：70s。及格：75s。

有下列情况之一者不计成绩：水带水枪脱口；梯首未系安全绳放梯；内梯滑出梯艚。

有下列情况之一者加1s：水带扭圈360°，弹簧钩未锁在第五挡。

12. 利用单杠梯过墙铺设水带操作

训练目的：使战斗员学会利用单杠梯翻越障碍铺设水带的方法。

场地器材：选择一堵高2m的单墙（也可以用2m板障代替），墙体中心线后15m处标出起点线，墙体前20m处标出终点线。起点线上放置分水器1只、65mm水带2盘、水枪1支、单杠梯1部，梯的一端与起点线相齐，见下图。

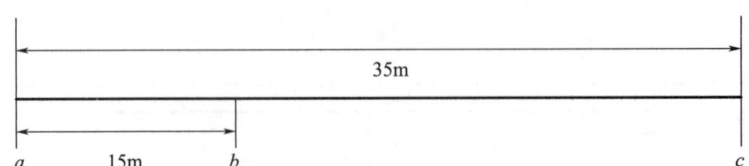

利用单杠梯过墙铺设水带操作场地设置
$a$—起点线；$b$—墙体线；$c$—终点线

操作程序：战斗班在起点线一侧3m处站成一列横队。

听到"前两名出列"的口令,两名战斗员行进至起点线成立正姿势。

听到"准备器材"的口令,战斗员做好器材准备。

听到"预备"的口令,战斗员做好操作准备。

听到"开始"的口令,第一名战斗员携带单杠梯至墙前将梯子展开,靠于墙上并保护,待第二名战斗员攀登至梯顶后,沿梯子攀登至墙顶,并将单杠梯提起倒置架于墙的另一侧,待第二名战斗员过墙后,随后过墙,至终点线,协助第二名战斗员掌握水枪;第二名战斗员将水带插于腰间(或背于肩上),甩开一盘水带,一端接口与分水器连接,另一端接口与第二盘水带相连接,携带第二盘水带至墙下,沿单杠梯上墙,将水带向墙的另一侧甩开,然后沿单杠梯下至墙的另一侧,接上水枪,冲出终点线示意喊"好",成立射姿势。

听到"收器材"的口令,战斗员收起器材,放回原处,成立正姿势。

听到"入列"的口令,两名战斗员跑步入列。

操作要求:

(1)水带要完全甩开,不得扭圈。

(2)梯子要竖牢扶稳。

成绩评定:计时从发令"开始"至战斗员完成全部操作,第2名战斗员冲出终点线,举手示意喊"好"为止。

优秀:30s。良好:35s。及格:40s。

由下列情况之一者不计成绩:水带、水枪接口脱口,水带扭圈720°。

由下列情况之一者加1s:在梯顶上未站于受力点;水带扭圈360°。

13. 利用两节拉梯过墙铺设水带操作

训练目的:使战斗员学会使用两节拉梯翻越板障、铺设水带的方法。

场地器材:选择一堵高2m的单墙,墙体后20m处标出起点线,墙体前15m处标出终点线。起点线上放置分水器1只、65mm水带2盘、水枪1支、两节拉梯1部,梯脚与起点线相齐,见下图。

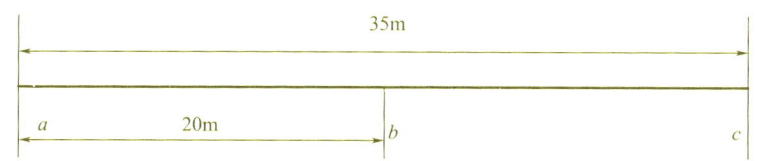

两节拉梯过墙铺设水带操作场地设置
a—起点线;b—墙体线;c—终点线

操作程序:战斗班在起点线一侧3m处站成一列横队。

听到"前三名出列"的口令,三名战斗员行进至起点线成立正姿势。

听到"准备器材"的口令,战斗员做好器材准备。

听到"预备"的口令,战斗员做好操作准备。

听到"开始"的口令,第一、二名战斗员协力将梯扛至操作区,平放梯子(内梯向上、外梯向下)。第一名战斗员卸下弹簧钩,从梯脚处拉出内梯,将外梯竖靠于墙上,并做好安全保护,然后协助第二名战斗员将内梯翻越过墙,待第三名战斗员过墙后,随之沿梯过墙，至终点线成立正姿势；第二名战斗员待第一名战斗员拉出内梯后，将内梯竖靠于外梯左侧墙上（梯脚向上），然后向上攀登，骑坐于墙上（内外梯之间），将内梯拎起翻墙，放于墙的另一侧，随后沿内梯下至地面，保护梯子，待第一名战斗员过墙后，至终点线成立射姿势。第三名战斗员按铺设"两带一枪"的要求，持枪沿梯过墙冲出终点线喊"好"，成立射姿势。

听到"收器材"的口令，战斗员收起器材放回原处，成立正姿势。

听到"入列"的口令，三名战斗员跑步入列。

操作要求：

(1) 架梯操作时要稳妥牢靠；

(2) 梯与梯之间要留有一梯之宽的距离，便于攀登操作；

(3) 水带要完全甩开，不得扭圈。

成绩评定：

从发令"开始"至战斗员完成全部操作任务，第三名战斗员冲出终点线喊"好"为止。

优秀：80s。良好：90s。及格：100s。

有下列情况之一者不计成绩：水带、水枪接口脱口；架梯位置不正确。

有下列情况之一者加1秒：水带扭圈360°；水带未能完全甩开。

14. 射水姿势

训练目的：使战斗员学会立、跪、卧式的射水动作。

场地器材：在平地上标出起点线，起点线前15m处标出射水线。起点线上铺设1盘65mm水带，并连接1支19mm口径的水枪至射水线。

操作程序：战斗班在起点线一侧3m处站成一列横队。

听到"第一名出列"的口令，战斗员行进至起点线，成立正姿势。

听到"准备器材"的口令，战斗员做好器材准备。

听到"预备"的口令，战斗员持枪做好操作准备。

(1) 立射姿势

听到"立射"口令后，战斗员右脚退后一步，双脚成"丁"字形，前腿弓，后腿直，同时左手握住水枪前部，右手扶住水带并靠于右胯，目视前方。

听到"停射"口令后，战斗员收回右脚，立正站好。

听到"枪放下"口令后，战斗员左脚向前一步，放下水枪，收回左脚，立正站好。

听到"入列"口令后，战斗员跑步入列，在左侧站好。

(2) 跪射姿势

听到"跪射"口令后，战斗员右脚退后一步跪下，脚尖蹬地，左腿弓成90°，左小臂放在左大腿上，持水枪方法同立射姿势。

听到"起立"口令后，战斗员起立，收回右脚，立正站好。

听到"枪放下"口令后，战斗员左脚向前一步，放下水枪，收回左脚，立正站好。

听到"入列"口令后，战斗员跑步入列，在左侧站好。

(3) 卧射姿势

听到"第一名，出列"口令后，战斗员出列，跑步到水枪左后侧，立正站好。听到

"持枪"口令后,战斗员左脚向前一步,右手拿起水枪,枪口朝上,收回左脚,立正站好。

听到"卧射"口令后,战斗员右脚后退半步并下蹲,双手前伸将水枪放在地上,右手按住水枪,双脚向后叉开伸直,脚尖向外,脚跟相对同肩宽;左臂肘着地,左手握住水枪前部,右手扶住水带,小臂着地,目视前方。

听到"起立"口令后,战斗员先右腿弯曲,右手按住水枪,双臂撑起身体;起立后,收回右脚,立正站好。

听到"枪放下"口令后,战斗员左脚向前一步,放下水枪,收回左脚,立正站好。听到"入列"口令后,跑步入列。

(4) 肩射姿势

听到"肩射"的口令,战斗员右脚后退一步,呈弓步,上体稍向前倾,同时左手将水枪提于右肩,并握住水枪后部,右手握住水枪前部,使水枪紧靠肩部,目视前方喊"好"。

听到"收操"的口令,战斗员左手取下水枪,交于右手,收回右脚,将水枪放回原处,成立正姿势。

听到"入列"口令后,战斗员跑步入列。

操作要求:射水姿势正确,动作迅速连贯。

成绩评定:四种射水姿势正确,动作迅速、连贯,符合操作要求评为合格。

15. 水枪射流变换操作

训练目的:使战斗员学会利用多功能水枪变换射流的方法。

场地器材:在平地上标出起点线。起点线上停靠1辆水罐消防车,起点线前15m处标出射水线。从泵浦出水口连接1盘65mm水带至射水线,并与水枪连接。

操作程序:战斗班在起点线一侧3m处站成一列横队。

听到"第一名出列"的口令,战斗员行进至起点线,成立正姿势。

听到"准备器材"的口令,战斗员做好器材准备。

听到"预备"的口令,战斗员持枪成立射姿势。驾驶员逐渐加压,控制在0.3MPa左右,向水枪供水。战斗员开启水枪,射流呈直流形状,做好操作准备。

听到"开始"的口令,战斗员左手握住水枪,右手握住多功能水枪旋转开关,根据指挥员下达的口令,进行喷雾、开花直流、双开花、大口径射流形状的变换,变换完毕,恢复到直流形状喊"好"。

听到"收操"的口令,战斗员关闭水枪,放回原处,成立正姿势。

听到"入列"的口令,战斗员跑步入列。

操作要求:

(1) 射水姿势正确。

(2) 所变换的射流形状必须与指挥员口令下达的射流形状一致,旋转开关必须旋到位,射流形状清楚直观,不能介于两者之间。

(3) 每变换一种射流形状都要还原到直流形状,在直流形状的基础上再变换另一种射流形状。

(4) 驾驶员供水时要逐渐加压,并保持0.3MPa的压力。

成绩评定：各种射流变换动作迅速、连贯，符合操作要求评为合格。

16. 操纵车载水炮操作

训练目的：使战斗员学会正确使用车载水炮的方法。

场地器材：在水源附近的平地上停放一辆配备有车载水炮的消防车。

操作程序：战斗班在车辆一侧3m处站成一列横队。

听到"第一名出列"的口令，战斗员行进至车辆左右后侧，成立正姿势。

听到"准备器材"的口令，战斗员做好器材准备。

听到"预备"的口令，战斗做好操作准备。

听到"开始"的口令，战斗员登上车顶，打开水平回旋和俯仰机构开关，调整角度，使炮管仰角约成45°，打开出水球阀，举手示意驾驶员供水，对准前方前后左右喷射并喊"好"。

听到"收操"的口令，驾驶员停止供水，战斗员将水炮放至原位固定好，下至地面在车辆左右侧，成立正姿势。

听到"入列"的口令，战斗员跑步入列。

操作要求：车载水炮使用完毕后，应放净水炮管内的积水，再关闭出水球阀。

成绩评定：计时从发令"开始"至战斗员完成操作任务，水炮前后左右喷射完毕喊"好"为止。

合格：60s。

有下列情况之一者不计成绩：水枪未作前后左右喷射。

有下列情况之一者加1s：操作顺序错误。

17. 攀登单杠梯操作

训练目的：使战斗员学会利用单杠梯登高的方法，掌握攀登单杠梯的技能。

场地器材：在平地上标出起点线，起点线前15m处标出终点线。终点线上设置3m板障一块，距终点0.5~1.5m处标出架梯区，单杠梯平放在起点线上，一端与起点线相齐，见下图。

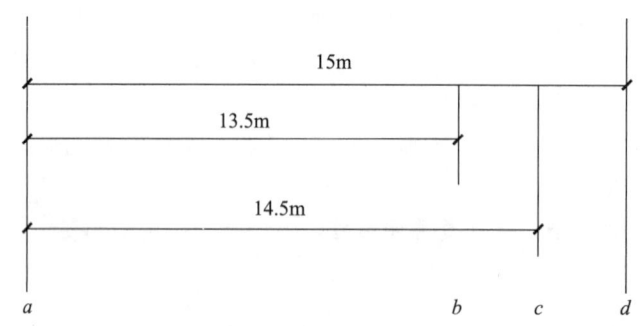

攀登单杠梯场地图

a—起点线；b，c—架梯区；d—塔基

操作程序：战斗班在起点线一侧3m处站成一列横队。

听到"第一名出列"的口令，战斗员行进至起点线处，成立正姿势。

听到"准备器材"的口令，战斗员做好器材准备。

听到"预备"的口令,战斗员面向单杠梯做好操作准备(手不得触及器材)。

听到"开始"的口令,战斗员双手协力将梯子提放于右肩,右手扶住梯梁,保持梯子平衡;至架梯区将单杠梯在架梯区竖直,双手握两侧梯梁并下拉将梯子展开,使两梯脚着地,梯首靠住板障,然后逐级攀登至梯首第三级,举手示意喊"好"。

听到"收操"的口令,战斗员收起梯子,放回原处,成立正姿势。

听到"入列"的口令,战斗员跑步入列。

操作要求:

(1) 竖梯时不要用力过猛,防止梯子损坏。

(2) 梯脚竖于架梯区内,方可攀登。

(3) 终点线处须设1名保护人员。

成绩评定:

计时从发令"开始"至战斗员完成全部操作任务,举手示意喊"好"为止。

优秀:15s。良好:18s。及格:20s。

有下列情况之一者不计成绩:梯脚未竖于架梯区内;手预先触及器材。

有下列情形之一者加1s:手握(脚踩)梯磴不正确;未逐级攀登。

18. 佩戴空气呼吸器

训练目的:使战斗员学会原地佩戴空气呼吸器的方法。

场地器材:在平地上标出起点线,起点线前1m处标出器材线。器材线上放置空气呼吸器1具(背托朝上,气阀手轮朝后,面罩放于背托上)。

操作程序:战斗班在起点线一侧3m处站成一列横队。

听到"第一名出列"的口令,战斗员行进至起点线,成立正姿势。

听到"准备器材"的口令,战斗员检查调整呼吸器,做好器材准备。

听到"预备"的口令,战斗员做好操作准备。

听到"开始"的口令,战斗员左脚向前一步,右膝跪地,右手提起呼吸器于右侧肩带,左手伸进左侧肩带的同时右手伸进右侧肩带,背好呼吸器,调整肩带长度,扣牢腰带,放松盔帽带,将盔帽推至颈后,然后开启气瓶开关,拿起面罩,取下防尘袋,戴好面罩,收紧系带,深呼吸,使空气供给阀启动,待呼吸正常后,戴上盔帽,系好盔帽带,完毕后立正举手示意。

听到"收操"的口令,战斗员右脚后退一步,右膝跪地,卸下呼吸器,成立正姿势。

听到"入列"的口令,战斗员跑步入列。

操作要求:

(1) 检查时要认真细致,并开启空气供给阀,放出残留气体。

(2) 戴面罩时,不要用力过大,系带松紧应适度。

(3) 肩带、腰带长度要合适,呼吸器应紧贴身体。

(4) 呼吸器戴上后,要随时注意气压变化情况。

成绩评定:佩戴方法正确,动作迅速、连贯评为合格。

19. 徒手背式救人操作

训练目的:使战斗员学会徒手救人的方法。

场地器材：在平地上标出起点线，起点线前15m处标出折返线。起点线、折返线前各铺设一张垫子，见下图。

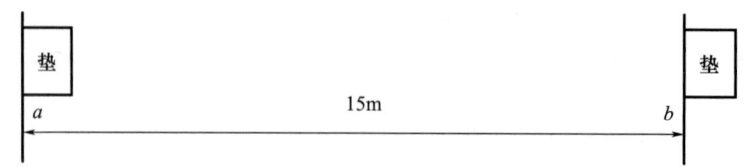

徒手背式救人操作场地设置
$a$—起点线；$b$—折返线

操作程序：战斗班在起点线一侧3m处站成一列横队。

听到"前两名出列"的口令，两名战斗员行进至起点线，成立正姿势。

听到"准备器材"的口令，战斗员做好器材准备。

听到"预备"的口令，第2名战斗员解开安全带，脱下盔帽，整齐地放在地上，然后跑至折返线，头朝起点线仰卧在垫子上，充当被救者；第一名战斗员充当救护者做好操作准备。

听到"开始"的口令，第一名战斗员跑至折返线侧卧在被救者左侧，两人背胸相靠，右手握其右手腕，右腿插入其右膝下，转体使被救者俯卧在背上，左臂支撑地面的同时右腿屈膝跪地，左腿向前跨步，右脚蹬地挺身起立，双手抱住其双腿，救至起点线垫子处，然后身体下蹲，使被救者双脚着地，左手抓住其右臂，身体向后转180°，面对被救者，右手从其左腋下伸向背部，同时左脚在其右侧向前跨一步，将其臀部着地坐下，左手扶其头后部，将其轻放在垫子上，立正喊"好"。

听到"收操"的口令，被救者起立，戴好盔帽，扎好安全带，与救护者一起成立正姿势。

听到"入列"的口令，两名战斗员跑步入列。

操作要求：

(1) 严肃认真、救人动作要正确。

(2) 被救者着地要轻放。

成绩评定：各种救人方法正确、动作迅速、连贯符合要求，评为合格。

20. 徒手抱式救人操作

训练目的：使战斗员学会徒手抱式救人的方法。

场地器材：在平地上标出起点线，起点线前15m处标出折返线。起点线、折返线前各铺设一张垫子，见下图。

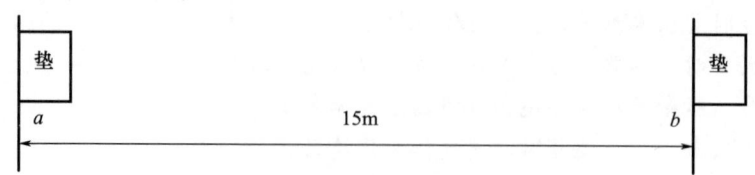

徒手抱式救人操作场地设置
$a$—起点线；$b$—折返线

操作程序：战斗班在起点线一侧3m处站成一列横队。

听到"前两名出列"的口令，两名战斗员行进至起点线，成立正姿势。

听到"准备器材"的口令，第二名战斗员解开安全带，脱下盔帽，整齐地放在地上，然后跑至折返线，头朝起点线仰卧在垫子上，充当被救者；第一名战斗员充当救护者做好器材准备。

听到"预备"的口令，战斗员做好操作准备。

听到"开始"的口令，第一名战斗员跑至折返线垫子处，单膝跪地，一只手伸入被救者头后部，将其上体扶起，让被救者一只手搭在自己肩上，然后左手搂其背部，右手抱其双腿救回起点线垫子处，单膝跪地，将其轻放于垫子上，立正喊"好"。

听到"收操"的口令，被救者起立，戴好盔帽，扎好安全带，与救护者一起成立正姿势。

听到"入列"的口令，两名战斗员跑步入列。

操作要求：

（1）严肃认真，救人动作要正确；

（2）被救者着地要轻放。

成绩评定：各种救人方法正确、动作迅速、连贯符合要求，评为合格。

21. 徒手抬式救人操作

训练目的：使战斗员学会徒手抬式救人的方法。

场地器材：在平地上标出起点线，起点线前15m处标出折返线。起点线、折返线前各铺设一张垫子，见下图。

徒手抬式救人操作场地设置
a—起点线；b—折返线

操作程序：战斗班在起点线一侧3m处站成一列横队。

听到"前三名出列"的口令，三名战斗员行进至起点线，成立正姿势。

听到"准备器材"的口令，第三名战斗员解开安全带，脱下盔帽，整齐地放在地上，然后跑至折返线，头朝起点线仰卧在垫子上，充当被救者；第一、二名战斗员充当救护者，做好器材准备。

听到"预备"的口令做好操作准备。

听到"开始"的口令，第一、二名战斗员跑至折返线垫子处，第一名战斗员至被救者两脚中间下蹲，将双手插入其两膝下抱住；第二名战斗员至被救者头部下蹲，双手从背后插入其腋下，然后两人协力将其抬起，救回起点线，轻放于垫子上，立正喊"好"。

听到"收操"的口令，被救者起立，戴好盔帽，扎好安全带，与救护者一起成立正姿势。

听到"入列"的口令，三名战斗员跑步入列。

操作要求：

(1) 严肃认真，救人动作要正确。

(2) 轻抬轻放。

成绩评定：各种救人方法正确、动作迅速、连贯符合要求，评为合格。

22. 徒手背负式救人操作

训练目的：使战斗员学会徒手肩负式救人的方法。

场地器材：在平地上标出起点线，起点线前15m处标出折返线。起点线、折返线前各铺设一张垫子，见下图。

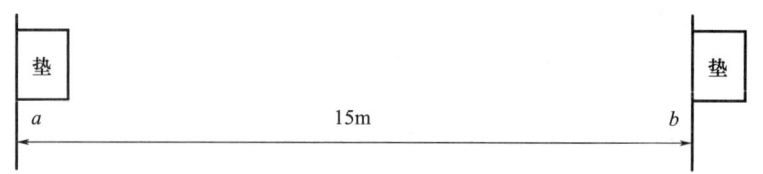

背带救人操作场地设置
$a$—起点线；$b$—折返线

操作程序：战斗员在起点线一侧3m处站成一列横队。

听到"前两名出列"的口令，两名战斗员行进至起点线，成立正姿势。

听到"准备器材"的口令，第二名战斗员解开安全带，脱下盔帽，整齐地放在地上，然后跑至折返线，头朝起点线仰卧在垫子上，充当被救者；第一名战斗员充当救护者做好器材准备。

听到"预备"的口令，战斗员做好操作准备。

听到"开始"的口令，第一名战斗员跑至折返线垫子处，将被救者两脚并拢，右手平直紧靠身体的右侧，左手手心向外，手背压在两眼上。第一名战斗员左手抓被救者右侧裤子，右手抓被救者肩部右侧衣服，将其转身为俯卧，然后单膝跪地，身体前倾，两臂前伸，两手插入被救者的两腋下，双手扶其背部，挺身起立，使其上身靠在左肩并骑坐左大腿上，然后上体前倾右手握住其左手腕向前拉紧，左手从两腿之间穿过，并抱住其左大腿，两腿同时用力，直体起立，左手握住其左手腕，肩负至起点线垫子处，成弓步上体前倾，使被救者双脚着地，右手握住被救者左手，左手从其腋下伸向背部，左前臂挽住其上体，右腿前跨一步，右手扶其头后部，使其平卧在垫子上，立正喊"好"。

听到"收操"的口令，被救者起立，戴好盔帽，扎好安全带，与救护者一起成立正姿势。

听到"入列"的口令，两名战斗员跑步入列。

操作要求：

严肃认真，救人动作要正确。

成绩评定：各种救人方法正确、动作迅速、连贯符合要求，评为合格。

23. 佩戴空气呼吸器救人操作

训练目的：使战斗员学会在佩戴空气呼吸器的情况下实施救人的方法。

场地器材：在平地上标出起点线，起点线前15m处标出折返线。起点线、折返线前各铺设1张垫子，空气呼吸器放在起点线上，见下图。

佩戴空气呼吸器救人操作场地设置

*a*—起点线；*b*—折返线

操作程序：战斗班在起点线一侧3m处站成一列横队。

听到"前两名出列"的口令，两名战斗员行进至起点线成立正姿势。

听到"准备器材"的口令，第二名战斗员迅速解开安全带，脱下盔帽，整齐地放在地上，然后跑至折返线，头朝起点线仰卧在垫子上，充当被救者；第一名战斗员佩戴好空气呼吸器，戴好盔帽，充当救护者，战斗员做好器材准备。

听到"预备"的口令，战斗员做好操作准备。

听到"开始"的口令，第一名战斗员跑至折返线处，按徒手抱式救人的方法，将被救者抱至起点线，轻放于垫子上，然后脱下盔帽及面罩，关闭气瓶，立正喊"好"。

听到"收操"的口令，两名战斗员收起器材，放回原处，戴好盔帽，扎好安全带，成立正姿势。

听到"入列"的口令，两名战斗员跑步入列。

操作要求：

(1) 佩戴空气呼吸器方法正确。

(2) 被救者不得与救护者配合。

成绩评定：动作准确，安全平衡着地，评为及格。

24. 利用单杠梯救人操作

训练目的：使战斗员学会利用单杠梯做担架救人的方法，掌握其操作要领。

场地器材：在平地上标出起点线，起点线前15m处标出折返线。起点线、折返线前各铺设1张垫子，起点线前纵放单杠梯一部，梯后端与起点线相齐，见下图。

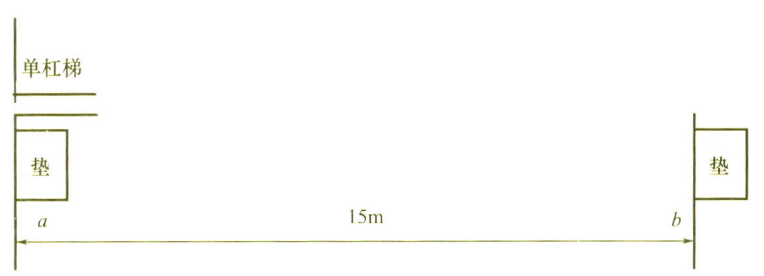

利用单杠梯救人操作场地设置

*a*—起点线；*b*—折返线

操作程序：战斗班在起点线一侧3m处站成一列横队。

听到"前三名出列"的口令，三名战斗员行进至起点线成立正姿势。

听到"准备器材"的口令，第三名战斗员解开安全带，脱下盔帽，整齐地放在地上，然后跑至折返线，头朝起点线仰卧在垫子上，充当被救者；第一、二名战斗员充当救护者，做好器材准备。

听到"预备"的口令，战斗员做好操作准备。

听到"开始"的口令，第一名战斗员持单杠梯同第二名战斗员一起跑至折返线处，将单杠梯展开放下，并解开各自的安全带放于单杠梯下的适当位置，第一名战斗员解开被救者上衣第一粒扣，然后同第二名战斗员按徒手抬式救人的方法，将被救者仰放在梯子上，并分别将两根安全带系在被救者的胸部和膝部，抬起单杠梯跑至起点线处，将单杠梯轻放在垫子一侧，解开安全带，第一名战斗员按徒手抱式救人的动作，将被救者仰放在垫子上，立正喊"好"。

听到"收操"的口令，被救者起立，戴好盔帽，扎好安全带，成立正姿势。

听到"入列"的口令，三名战斗员跑步入列。

操作要求：

（1）救人时被救者上衣第一粒纽扣应解开。

（2）安全带要切实扎牢，并轻抬轻放。

（3）行进中战斗员应步伐协调一致。

成绩评定：各种救人方法正确，动作迅速、连贯符合要求，评为合格。

25. 利用上衣、木杆做急救担架救人操作

训练目的：使战斗员学会在特殊救援条件下，利用现场物品迅速组成急救担架实施救人的方法。

场地器材：在平地上标出起点线，起点线前 15m 处标出折返线。起点线前铺设 1 张垫子、长约 3m 的木杆 2 根，折返线前放置 1 张垫子，见下图。

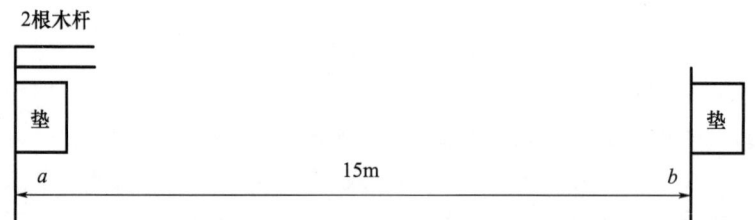

利用上衣、木杆作急救担架救人操作场地设置

*a*—起点线；*b*—折返线

操作程序：战斗班在起点线一侧 3m 处站成一列横队。

听到"前三名出列"的口令，三名战斗员行进至起点线，成立正姿势。

听到"准备器材"的口令，第三名战斗员解开安全带，脱下盔帽，整齐地放在地上，然后跑至折返线，头朝起点线仰卧在垫子上，充当被救者；第一、二名战斗员充当救护者，做好器材准备。

听到"预备"的口令，战斗员做好操作准备。

听到"开始"的口令，第一名战斗员手持木杆与第二名战斗员一起跑至折返线处，在被救者一侧解开安全带，脱下盔帽。第一名战斗员双手分别握住木杆的一端，上体前倾；第二名战斗员将其上衣从头部脱出，两袖和衣片套入木杆内；然后两人交换，将另一件上衣套入木杆的另一端，组成急救担架。两名战斗员按徒手抬式救人的方法，将被救者仰放在担架上，并迅速抬至起点线垫子处，放下担架，第一名战斗员按徒手抱式救

人的动作将被救者仰放在垫子上，立正喊"好"。

听到"收操"的口令，三名战斗员收起器材，放回原处，戴好盔帽，扎好安全带，成立正姿势。

听到"入列"的口令，三名战斗员跑步入列。

操作要求：

（1）组成担架时两名战斗员动作配合要协调、准确。行进中步伐要一致。

（2）操作中要注意保持担架的平衡，防止被救者脱口。

（3）选择的木杆要有足够的强度。

成绩评定：计时从发令"开始"至战斗员完成全部操作任务喊"好"为止。

优秀：55s。良好：60s。及格：65s。

有下列情况之一者不计成绩：担架失衡，被救者吊至地面；

有下列情形之一者加1s：战斗员配合不协调，行进中步伐不一致。

### 四、驾驶员训练

#### （一）消防车的日常技术保养

目的：使驾驶员掌握各种消防车的日常保养方法。

1. 水罐消防车的技术保养

除了按原车底盘说明的要求保养底盘及发动机外，一般水罐车分下述两种技术保养。

（1）出勤后归队保养

①清洁车辆，排除故障。

②添加燃油、润滑油、冷却水，水泵累计运转3～6h，应加注润滑油一次。

③如使用了海水、矿泉水或污水，每次使用后应进行水泵、水罐及其管路的冲洗工作。

④整理或更换各类灭火器材及附件。

⑤排除冷却器、水泵、管路、球阀等处积水。

（2）执勤保养

①停放车辆的车库应清洁干燥，寒冷季节应有保温设施。

②离心泵及引水装置：

a. 用完后及时清洗，放尽存水，防止腐蚀和冻裂；

b. 不能长时间（超过3min）无水空转，以防过热而加剧磨损；

c. 冬季水环泵引水，小水箱应添加防冻剂；

d. 定期清除排气引水装置的积灰；

e. 定期检查水泵及引水装置的性能。

（3）经常检查吸水器、水带、水枪及其他消防器材的完好性。

2. 泵浦消防车的技术保养

同水罐消防车的技术保养。

3. 泡沫消防车的技术保养

（1）按照底盘使用说明书的要求保养消防车的底盘。

（2）按照水罐消防车的维护保养要领，保养泡沫消防车的水路系统及一般消防器材。

（3）按标准定期检测泡沫液，不合格的要及时更换。

(4) 每次使用泡沫灭火后，必须认真清洗管道、比例混合器和水泵。注意不能让清水进入还存有泡沫液的罐中去。

(5) 泡沫液罐要定期清洗，清除沉积物；若发现泡沫液罐有腐蚀现象，应及时修补，无法修补的，应更换新罐。

4. 高倍泡沫排烟消防车的技术保养

(1) 经常检查离心风机轴承上的油位（打开车厢中部凸台上的铁板），油面应保持在两根标线之间，低于下限的应加注润滑油。

(2) 每半年应从车底部检查一下风机的传动轴、万向节、过渡轴承，加注润滑油（黄油）。

(3) 每年更换一次风机轴承的齿轮油。方法是将车厢中部凸台上侧和左侧面板打开，将风机运转10min后，卸下轴承左下方的放油螺栓和顶部的加油螺栓，将废油放净；拧紧放油螺栓后，再将新油加至规定油位，然后拧上加油螺栓。

(4) 发泡网系在发生器上之前，应先检查喷头是否灵敏。

(5) 火场使用后，应清洗发泡网、水带、送风筒和输泡管，并晾干以待下次使用，对风机壳内和过渡接口处的油烟、灰垢进行清除。

5. 干粉消防车的技术保养

(1) 按底盘维修保养说明书的要求定期维修干粉消防车底盘。

(2) 氮气钢瓶瓶头阀、供气阀、减压阀、散粉装置、滤清器等均应保持工作正常；各连接处应连接牢固、密封可靠；各受压零件应无裂痕、破损、碰撞或永久性变形和影响强度的现象。

(3) 干粉罐、氮气钢瓶（$CO_2$钢瓶）、燃气发生器和各种压力管道，每隔3年做一次水压强度试验，每隔6年至少进行一次全面检查，试验和测试应按照有关标准的规定执行。

(4) 采用干粉-燃气系统的干粉消防车，每次灭火后应及时清除燃气发生器和点火器内部的黑色燃烧生成物，检查燃气发生器的点火器本体电极尖周围的塑料、接线等有无损坏或异常现象，并更换燃气发生器出口的石棉橡胶垫；每3次灭火后，应及时清除发生器出口管道中段的过滤器中的燃气沉淀物，更换损坏的过滤器芯片。

(二) 吸水管连接吸水

训练目的：在长37m的平地上标出起点线和终点线，起点线处停放一辆水罐消防车。车上器材齐全，消防车出水口一侧放置盛水槽。

操作程序：一名驾驶员、两名战斗员在车内坐好，关好车门。

听到"开始"的口令，驾驶员迅速下车，卸下泵浦进水口闷盖和两节吸水管，将一节吸水管放在地上，另一节吸水管与泵浦车进水口连接，并迅速将第二节吸水管与第一节吸水管连接，用吸水管扳手将各连接处扳紧，取下滤水器与第二节吸水管连接好，抛入水源，系好滤水器拉绳，进入驾驶位置吸水供水；1号战斗员携带65mm口径水带、1支19mm口径的水枪，跑到15m处甩开水带，接上水枪，冲出终点线成立射姿势；2号战斗员在消防车出水口甩开1盘65mm口径水带，连接好消防出水口，并接上1号战斗员放下的接口，待消防车引上水后，打开出水阀；1号战斗员当水枪出水后喊"好"。

操作要求：

①吸水管连接处要紧密。

②滤水器要全部投入水槽内,并系好拉绳。
③必须待引上水后,方可开启泵浦出水口出水。
④水带各接口不得脱口、卡口。

成绩评定:计时从发令"开始"至完成全部操作任务出水后,喊"好"为止。

优秀:40s。良好:45s。及格50s。

### (三)吸水管连接消火栓吸水

训练目的:使受训人员熟悉掌握利用吸水管连接消火栓吸水的操作方法。

场地器材:在平地上停放一辆消防泵浦车,车上放置2节100mm的吸水管,车厢内放置吸水管扳手、消火栓钥匙各1副,水带、水枪齐全,泵浦进水口前4m处设置一个消火栓。

操作程序:一名驾驶员、三名战斗员在车内坐好。

听到"开始"的口令,战斗员迅速从两侧下车,1号战斗员携带65mm水带、水枪,在155m处甩开水带,接上水枪,在适当位置做好射水准备;2号战斗员在消防车出水口甩开水带,一接口与车上的出水口连接好,另一接口与1号战斗员铺设的水带接口连接;3号战斗员卸下第一节吸水管,连接滤水器,并放入水槽内;驾驶员卸下第二节吸水管并与泵浦的进水口连接,同时接上3号战斗员的吸水管接口,迅速启动泵浦;1号战斗员看到水枪出水时,喊"好"。

操作要求:
①吸水管各连接处要紧密,吸水管各接头不得与地面碰撞。
②必须待消火栓放出水后,方可实施出水。
③各接口不得卡口、脱口。

成绩评定:计时从发令"开始"至全部完成操作任务出水后,1号战斗员喊"好"为止。

优秀:50s。良好:55s。及格:60s。

### 五、战斗班训练

#### 1. 着装登车

训练目的:使战斗员学会穿着消防战斗服、佩戴个人装具,按照分工和乘车位置,登车出动的方法。

场地器材:在平地上停放一辆水罐消防车。距车尾2m、3m、20m处,分别标出器材线、脱鞋线和起点线。战斗服按战斗员登车方位,整齐地叠放在器材线前,叠放要求同原地着装。

操作程序:战斗班在距起点线3m处,站成一列横队。列队顺序,从右到左:班长、1号战斗员、2号战斗员、3号战斗员、4号战斗员、5号战斗员、驾驶员。

听到"预备"的口令,战斗员至起点线,按各自登车方向,做好准备。

听到"开始"的口令,战斗员跑进脱鞋线,脱下解放鞋,穿好战斗服,然后登车,按照规定位置坐好,关好车门;驾驶员登车后,做好发动机车准备;班长进入驾驶室,检查各号战斗员登车情况,到齐后喊"好"。

听到"下车"的口令,战斗员按照顺序下车,在车后器材线处成横队集合,班长检查着装情况。

操作要求:战斗员进入脱鞋线方可脱鞋,必须按原地着装要求,穿戴齐全后方可登车（驾驶员可不着战斗服）；乘车位置正确，车门关好。

成绩评定：

计时从发令"开始"至战斗班全部完成操作任务，班长喊"好"为止。

优秀：35s。良好：40s。及格：45s。

2. 车操

（1）轻型泵浦车单干线出两支水枪操作。

训练目的：使战斗员熟练掌握轻型消防车所配器材的操作方法。

场地器材：在长95m的场地两端分别标出起点线和终点线。起点线上停放一辆装备齐全的轻型泵浦车。消防车的出水口与起点线相齐，在进水口一侧设有水源，距起点线58m处标出分水器放置线。

操作程序：战斗员按规定在车内坐好。

听到"开始"的口令，班长持分水器，跑步至分水器放置线，将其放下后，冲出终点线；1号战斗员、2号战斗员各携带两盘65mm水带和一支水枪跑步至分水器处，连接分水器、水带和水枪，冲出终点线成立射姿势；3号战斗员铺设一盘80mm水带与分水器连接后，并操纵分水器；4号战斗员铺设两盘80mm水带，与消防车出水口和3号战斗员放下的水带口连接后，负责干线水带看护；5号战斗员协助驾驶员连接两节吸水管和滤水器；驾驶员操纵泵浦并向前方供水；当两支水枪出水达到15m充实水柱时，班长喊"好"。

操作要求：

①班长喊"好"后，战斗员不准再进行操作；

②水枪充实水柱不得小于15m；

③滤水器绳要挂好。

成绩评定：

计时从发令"开始"至战斗班全部完成操作任务，班长喊"好"为止。

优秀：85s。良好：90s。及格：95s。滤水器绳没有挂好加2s。

（2）手抬机动泵单干线出一支水枪操作。

训练目的：使战斗员熟练掌握手抬机动泵的操作方法。

场地器材：在长95m场地的两端分别标出起点线和终点线，起点线上放置1台手抬机动泵，1节吸水管，5盘65mm水带和1支水枪，在起点线一侧设有水源。

操作程序：全班人员在起点线前站成一列横队。

听到"开始"的口令，班长指挥全班跑到终点线；驾驶员连接吸水管、滤水器，启动泵浦，向水带线路供水；1号战斗员背上水枪，手提两盘水带，铺设第四、五盘水带，连接水枪，进入终点线，成立射姿势；2号战斗员铺设第一至三盘水带，并连接第四盘水带。战斗员进入位置，完成动作水炮达到有效射程正常出水后，班长喊"好"。

操作要求：

（1）手抬机动泵一次发动，运转正常；

（2）水带、水枪连接迅速、牢靠，水枪射流保证规定射程。

成绩评定：

计时从发令"开始"至水枪正常出水达到有效射程后，班长喊"好"为止。

优秀：45s。良好：50s。合格：55s。

## 26. 相关方消防安全管理制度

### 26.1 目的

为了规范对主办方、参展方、服务方等相关方的消防安全管理,防止因相关方出现消防安全事故而影响本重点单位的消防安全,特制定本制度。

### 26.2 范围

适用于与本重点单位消防安全绩效有关或受其影响的个人或团队,如主办方、参展方、服务方、供应商等相关方的管理。

### 26.3 职责

26.3.1 消防安全归口部门负责对主办方、参展方、服务方、供应商等相关方进行资格预审,协助消防管理人对相关方进行选择,建立合格相关方的名录和档案。

26.3.2 消防负责人、消防管理人等负责对主办方、参展方、服务方等相关方进行选择。

### 26.4 程序

26.4.1 资格预审

26.4.1.1 消防安全归口部门负责对主办方、参展方、服务方进行预审,审查内容包括:资质证书;消防安全管理机构;消防安全规章制度;消防安全操作规程;以往业绩表现;经营范围和能力;负责人、消防安全管理人员、特种作业人员持证情况等。

26.4.1.2 对没有相应资质证书、没有设立消防安全管理机构、没有健全的消防安全规章制度和安全操作规程、安全事故发生率高、业绩不佳、人员持证不齐全的相关方,坚决不录用。

26.4.1.3 审查完毕,选取符合要求的相关方上报重点单位相关负责人。

26.4.2 选择

选择好相关方后,应与相关方签订合同,合同中应有消防安全管理要求及约定双方的消防安全职责范围,与相关方消防安全责任归属的合同应纳入消防档案管理。

26.4.3 实施

26.4.3.1 重点单位和主办方、参展方、服务方等相关方都应遵守消防法律、法规、规章(以下简称消防法规),贯彻"预防为主、防消结合"的消防工作方针,履行各自的消防安全职责,保障重点单位的消防安全。

26.4.3.2 消防安全归口部门向主办方、参展方、服务方等相关方发放《相关方告知书》《外来人员安全告知书》,其中包含重点单位的安全承诺、消防安全文化,并被从业人员和相关方所知晓和理解,必要时应要求主办方、参展方、服务方等相关方提供相应的安全承诺。

26.4.3.3 重点单位应对可能进入重点单位的相关方,如服务方、施工方的作业人员和主办方、参展方的相关人员及实习生等提出消防安全教育培训的要求并监督培训效果。

26.4.3.4 消防设施管理:

(1)消防安全归口部门负责协调生产厂家、工程保修单位、消防设施维保单位等相关方,通过投保安责险的方式,分担或化解因处置不确定性火灾风险导致的气体灭火系统误喷放等消防相关损失。

（2）消防安全归口部门协调系统设备生产厂家做好培训与交底，并组织相关设备生产厂家、工程保修单位、消防设施维保单位等相关方，针对消防设施维修保养过程中可能出现的，重点单位不可接受的消防相关事故风险的全部内容进行梳理，形成消防设施作业安全规程，并以此作为附件，与相关方签订消防作业安全责任书。

26.4.3.5 消防归口部门负责人在布、撤展，大型活动和现场施工前，参加相关方召开的消防安全工作会议，向相关方告知场馆消防设施安全状况和重点单位消防安全要求，保持与相关方的工作协调。

26.4.4 消防安全归口部门负责在布、撤展，大型活动和现场施工前进行监督检查，内容包括：

26.4.4.1 是否符合消防实际要求；

26.4.4.2 是否对所有人员进行安全培训教育的情况；

26.4.4.3 是否对作业相关的消防安全设施进行检查、检查；

26.4.4.4 是否为施工项目配备消防安全管理人员和管理机构。

26.4.5 若发现相关方没有做好上述消防安全要求或没有遵守重点单位相关的规章制度，消防安全归口部门应立即与相关方进行交涉，停止其现场作业，并对不符合要求的方面提出整改建议，监督其改正，相关方整改完成并经验收通过后方可继续。

26.4.6 消防安全归口部门负责在布、撤展，大型活动和现场施工的过程进行监督，确保满足本重点单位的消防要求。

26.4.7 在布、撤展，大型活动期间和施工现场，划定巡查人员责任区，检查巡查人员在岗在位情况，汇总所发现的违章违规和消防隐患，及时向上级汇报并与相关方沟通，督促相关方制定消防隐患整改措施，确保及时消除隐患。

26.4.8 表现评价与续用

26.4.8.1 在布、撤展，大型活动期间和施工项目完工后，消防安全归口部门结合监督考核情况对相关方的消防安全表现作出评价。

26.4.8.2 消防归口部门对合格的相关方录入合格相关方的名录，作为是否续用的依据，并建立相关方档案，内容应包括：

（1）相关方资质证书复印件；

（2）过去3年的安全业绩；

（3）消防安全管理机构；

（4）特种作业人员证书复印件；

（5）消防安全管理制度及其他有关资料。

26.4.9 消防安全归口部门负责对合格相关方名录和档案的存档、保管和定期更新工作，并将相关方的消防安全纳入重点单位内部管理。

26.5 相关文件

《相关方告知书》（略）

《相关方名录及档案》（略）

《相关方协议清单一览表》（略）

《外来人员安全告知书》

# ＊＊＊重点单位文件

【202＊】第＊＊＊号

# 外来人员安全告知书

尊敬的来宾：

欢迎您访问＊＊重点单位。

为确保您访问过程中的安全和健康，在进入重点单位前，敬请仔细阅读和遵循以下的安全须知：

◆外来人员进入重点单位应注意事项：

1. 重点单位任何区域严禁烟火。
2. 携带自有物品进入时须进行安检，事先声明并进行登记。
3. 严格遵守各项警告标志及告知牌之注意事项。
4. 为了您的安全，请不要触摸任何危险化学品。
5. 如遇紧急疏散警报，请随陪同人员到指定地点集合。
6. 如您遇到事故或危险，请立即报告陪同人员。

◆车辆进入应注意事项：

1. 无阻火器的车辆或有故障的车辆不得进入。
2. 车辆进入厂区后须服从接卸人员的指挥。
3. 车辆停放须在指定区域，不得随意停放，要始终保持消防通道畅通。
4. 外来车辆，完成任务后必须立即离开，不要逗留。

接受告知人（签字）：　　　　　　　　年　月　日

## 27. 警示标志管理制度

### 27.1 目的
为了规范消防安全的告知和安全警示工作，对重大安全隐患进行控制，保证文物、人身财产、馆舍安全，加强监督管理，特制定本制度。

### 27.2 范围
重点单位消防的安全警示标志的设置和管理。

### 27.3 职责
27.3.1 各相关部门负责针对本区域的火灾风险特点，对风险源进行评估标示汇总。

27.3.2 相关人员负责对警示标志进行安装。

### 27.4 程序
27.4.1 按照有关规定和场所的火灾风险特点，在有较大危险因素的部位，设置明显的、符合有关规定要求的消防安全警示标志。

27.4.2 在有重大隐患的部位，标明治理责任、期限及应急措施。

27.4.3 消防安全标志的设置：

27.4.3.1 公共消防设施、器材要设置指示标识；

27.4.3.2 疏散通道、安全出口要设置指示标识；

27.4.3.3 使用的警示标识、警示信号、报警装置，应当符合要求；

27.4.3.4 设置的警示标识应当醒目、保持完整，使用的警示信号、报警装置保持功能完好。

27.4.4 重点单位应在公共部位的醒目位置设置警示标志，公布举报电话，提示公众对重点单位存在的下列违法行为有投诉、举报的义务：

27.4.4.1 开放期间锁闭疏散门；

27.4.4.2 封堵或占用疏散通道或消防车道；

27.4.4.3 开放期间违规进行电焊、气焊等动火作业或施工；

27.4.4.4 开放期间违规进行建筑外墙保温工程施工；

27.4.4.5 疏散指示标志错误或不清晰。

27.4.5 检查与维护

按 GB 2894、GB 13495.1 定期对警示标志进行检查维护，确保其完好有效。

27.4.5.1 保持警示标识牌整洁、清晰。

27.4.5.2 至少每半年检查一次，如发现有破损、变形、褪色等不符合要求时，应及时修整或更换。

### 27.5 相关文件
《各类警示标志》（略）

## 28. 其他现场管理制度

### 28.1 目的
为加强本重点单位消防安全管理，减少火灾危险，特制定本制度。

**28.2 范围**

本制度适用于除施工现场外的其他现场管理。

**28.3 职责**

**28.3.1** 相关职能部门负责重点单位装饰材料的选取。

**28.3.2** 相关职能部门负责对其他现场进行日常检查巡查。

**28.4 内容**

**28.4.1** 重点单位内部使用的宣传条幅、广告牌等临时性装饰材料应采用不燃或难燃材料制作。

**28.4.2** 电动自行车集中存放、充电场所应独立设置在室外,并与其他建筑、安全出口保持足够的安全距离。

**28.4.3** 电动自行车存放如确需设置在室内,应满足防火分隔、安全疏散等消防安全要求。

**28.4.4** 相关部门应加强巡查巡防或采取安排专人值守、加装自动断电、视频监控等措施。

**28.4.5** 设有建筑外墙外保温系统的重点单位,应在主入口及周边相关醒目位置设置提示性和警示性标志,标示外墙保温材料的燃烧性能、防火要求。建筑外墙外保温系统不燃保护层出现破损、开裂或脱落等情况的,应及时修复.

**28.5 相关文件**

《现场检查记录》引用检查记录

《外墙外保温系统说明牌》(略)

《外墙外保温系统检查(修复)记录》引用检查记录

## 29. 风险管控及隐患排查治理制度

**29.1 目的**

为了加强和规范重点单位风险管控,从展品文物受损、人员伤害、不良公众及社会影响和财产损失等方面的可能性和严重程度进行风险管控及隐患排查。

**29.2 范围**

适用于本重点单位参展方、服务方、供应商等相关方在馆舍内的活动。覆盖重点单位的所有部门、科室、岗位的全部活动、全部区域及所涉及的消防相关设施,并针对各自现场的实际情况,考虑正常、异常和紧急三种状态及过去、现在和将来三种时态。

**29.3 职责**

消防归口主管部门和各职能部门,组织本单位全体从业人员对火灾和消防相关风险、隐患进行全面、系统的辨识与评估。规定辨识与评估的范围、时限、频次、准则和工作程序等。

**29.4 程序**

**29.4.1** 重点单位应对相关资料进行统计、分析和分类整理,形成针对具体岗位的风险和隐患清单,发放到各部门、各岗位人员,并适时开展相应的宣传贯彻与培训。

**29.4.2** 重点单位应通过培训和提供及时的、有针对性的辅导与协助,使各部门、科、室人员明确各自岗位职责范围以及火灾和消防相关隐患的排查责任和判断准则,并落实到人。

29.4.3 重点单位开放期间，应至少每2小时对开放区域进行一次防火巡查，对重点部位应加强夜间巡查。

29.4.4 消防安全归口部门应在管理和技术两个方面对重点单位风险管控和隐患排查制度的落实情况进行巡查和检查，落实巡查、检查责任人。防火巡查和检查应如实填写纸质或电子化记录，巡查、检查和复查人员应在记录上签署并可追溯。

29.4.5 重点单位应至少每月进行一次防火检查，此外可结合自身特点和管理的需要，采用综合检查、专业检查、季节性检查、节假日检查、日常突击检查等不同方式进行风险及隐患排查。应及时记录排查结果，并对可能存在的重大消防隐患作出认定，建立信息档案。

29.4.6 重点单位消防管理人每季度应对单位消防安全管理制度的落实情况，部门负责人和从业人员的防火意识、消防知识和技能的掌握情况、日常消防巡查情况进行一次检查。重点单位应将监管部门等相关方排查出的隐患统一纳入本单位隐患管理。

29.4.7 重点单位消防归口职能部门每季度应至少组织1次防火检查。

29.4.8 重点单位应根据风险评估、隐患排查的结果，制定防控治理方案，选择适合的工程技术措施、管理控制措施、文物展品防护措施、个体防护措施等，对火灾和消防相关风险、隐患进行管控与治理。

29.4.9 重点单位应按照责任分工立即或限期组织整改一般隐患。消防安全责任人应组织制定并实施重大隐患治理方案。治理方案至少应包括目标和任务、监督与执行的机构和责任人、方法和措施、经费和物资、时限、验收标准与应急预案等方面的要求。

29.4.10 重点单位应针对各岗位消防风险评估结果和所应采取的防控、整改措施或反馈流程告知相关人员，并开展有针对性的线上和线下培训与实操训练。对其中典型的风险和隐患应通过制作电子化或纸质简明提示卡等方式，使从业人员熟练掌握岗位工作环境中存在的常见火灾和消防相关风险及应对措施。

29.4.11 重点单位在管控治理过程中，应采取相应的监控防范措施。隐患排除前或排除过程中可能危及文物、展品安全的，应移至安全区域或采取保护措施，可能危及的人员，设置警戒标志，暂时停止使用该区域。

隐患整改完毕，重点单位应按照有关规定对整改情况进行评估、验收。重大隐患整改完成后，重点单位应组织本单位的安全管理人员和有关技术人员进行验收或委托依法设立的为消防安全提供技术、管理服务的机构进行评估。

一般消防隐患治理完成后，相关部门或者人员应根据隐患的原因，制定相应的预防措施，消防归口部门应定期汇总提交消防安全管理人，根据实际情况组织培训并修订相关管理制度和工作规程等文件，建立并完善同类隐患防治的长效机制。

重大消防隐患治理完成后，各级人员应遵循"视隐患如事故"的原则，将重大隐患纳入重点单位的事故管理，形成调查报告，提交消防安全管理人和责任人，并及时组织修订重点单位消防安全管理标准化体系文件，建立并完善类似隐患防治的内生机制。

29.5 相关文件
《重点单位各部位火灾和消防风险辨识资料清单》（略）
《隐患排查治理台账》（略）

《隐患排查治理记录》（略）

《隐患治理情况验证及效果评估表》（略）

《隐患限期整改通知书》（略）

《纠正与预防措施实施、跟踪记录表》（略）

《风险辨识和对应可控措施》（略）

## 30. 变更管理制度

**30.1 目的**

为实现对重点单位人员、制度、流程或工作规程等所做的永久性或暂时性的变更进行有计划的控制管理，防止因变更管理失控而引发事故，以确保体系有效运行，特制定本制度。

**30.2 适用范围**

本制度适用于重点单位消防安全管理标准化体系范围内的变更管理。

**30.3 职责**

30.3.1 消防安全归口部门负责本程序的制定、修订及解释。

30.3.2 重点单位安全责任人是变更管理的第一责任人。

30.3.3 重点单位安全管理人负责对权限范围内变更管理的审批或审核。

30.3.4 各职能部门负责管理范围内的变更管理，包括变更项目的申请、实施及监督工作。

**30.4 程序**

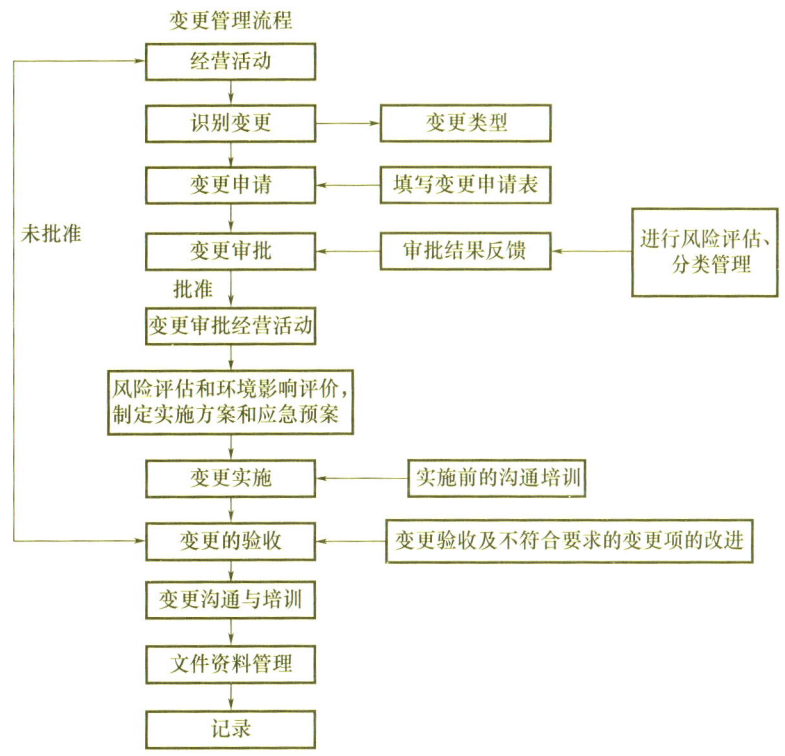

### 30.4.1 变更类型

在重点单位的消防管理中，凡与原有的管理规定要求不同，已经或将对消防安全管理产生影响的事项，均应申请办理变更，变更的类型见下表。

| 变更类型 | 审核人 | 批准人 | 具体实施部门 | 需要沟通的部门 |
|---|---|---|---|---|
| 工作规程 | 消防安全归口部门 | 消防安全管理人 | 消防安全归口部门 | 相关业务部门 |
| 对消防设备设施的变更 | 消防安全归口部门 | 消防安全管理人 | 消防安全归口部门 | 相关业务部门 |
| 管理制度、工作程序的变更 | 消防安全归口部门 | 消防安全责任人 | 申请变更的部门 | 相关业务部门 |
| 法律法规、规范的变更 | 消防安全归口部门 | 消防安全责任人 | 消防安全归口部门 | 相关业务部门 |
| 对消防安全管理产生重要影响的人员变更 | 职能部门 | 消防安全责任人 | 申请变更部门 | 相关业务部门 |

### 30.4.2 变更申请和审批

**30.4.2.1** 由发生变更的部门提出变更申请，办理变更申请时，应填写变更申请单，并按变更的分类向相应的专业主管部门申报。

**30.4.2.2** 变更审批部门和人员在接到变更申请表后，应根据变更项目的重要程度、影响范围、投资情况等，对变更及其实施可能导致的消防安全风险隐患进行辨识和评估，变更申请表、评审记录、变更安全隐患控制表由消防安全责任人审批。

**30.4.2.3** 变更项目审批部门都应将审批结果及时反馈给申请人及所在的部门，并在变更信息传递记录上确认签字。

### 30.4.3 变更的实施

**30.4.3.1** 变更申请经审核批准后，按审批后的主要内容组织实施。实施前要重新进行火灾和消防相关风险隐患的辨识与评估，分析并制定防控措施，实施变更的方案应考虑相关管理规定、程序的适宜性。

**30.4.3.2** 实施方案和应急预案必须经相关领导审批后方可实施。

**30.4.3.3** 不经过审查和批准，任何临时性的变更都不得超过原批准范围和期限。

**30.4.3.4** 变更实施前必须对变更事项的消防安全责任人及具体操作者进行培训或告知，以保证实施变更与变更方案的符合性，并形成变更实施记录。

### 30.4.4 变更项目的验收

**30.4.4.1** 变更实施结束后，应由变更项目实施部门或负责人提请相关职能部门、消防安全归口部门等，对变更的实施情况进行验收，验收的主要内容应包含变更项目的完整性、适用性、有效性，以及对消防安全的可靠性。

**30.4.4.2** 验收组应对变更的实施作出验收评价，以确定变更是否符合要求，对不符合要求的变更，提出改进项，由实施部门整改，重新走验收程序。验收后的项目由各相关部门、消防安全归口部门纳入正常管理范围进行管理。

### 30.4.5 变更的沟通与培训

**30.4.5.1** 本重点单位变更项目的沟通通过日常信息化管理进行。

**30.4.5.2** 消防安全归口部门对相关人员进行培训，使其掌握新的工作程序和方法，并进行培训考核，具体执行《消防教育培训制度》。

30.4.5.3 变更引起文件资料的更改具体执行《文件控制程序》。

30.4.6 由于变更而产生的各项资料均应交消防安全归口部门存档。

30.4.7 任何职工在未得到许可的条件下，不得擅自进行任何变更，否则重点单位将视为违章作业，严肃处理。

30.5 相关文件

《风险管控及隐患排查治理制度》（参考本手册制度）

《消防教育培训制度》（参考本手册制度）

《变更申请表》（略）

《变更信息传递记录表》（略）

《变更实施记录表》（略）

《变更安全隐患控制表》（略）

《变更培训记录表》（略）

## 31. 信息记录、通报和报送管理制度

31.1 目的

为及时、全面、准确地统计隐患排查治理的工作情况，实现隐患排查治理信息统计常态化，总结治理经验，特制定本制度。

31.2 范围

适用于本重点单位隐患排查治理信息的记录、通报和报送。

31.3 职责

31.3.1 各职能部门负责记录本部门的隐患排查治理情况。

31.3.2 消防安全归口部门负责隐患排查治理的统计分析。

31.3.3 消防安全归口部门负责每月向从业人员通报隐患排查治理情况。

31.3.4 消防安全归口部门负责定期向上级部门报送隐患排查治理和本重点单位消防安全标准化建设情况。

31.4 程序

31.4.1 隐患排查治理完毕，负责整改的部门或者人员应当将整改情况记录报送消防安全责任人或者消防安全管理人签字确认后存档备查，形成隐患排查治理统计表。

31.4.2 消防安全归口部门每月对各部门的隐患排查治理表进行一次统计分析，并适时向从业人员通报隐患排查治理情况。

31.4.3 本重点单位拟用信息系统实现隐患自查、自改、自报活动，各级管理人员可以通过信息系统对隐患排查的报告、挂账、治理、验收和销账等过程进行电子化管理和统计分析。

31.4.4 消防安全归口部门按照文物部门和安全监管等主管部门的要求，定期报送隐患排查治理与消防安全标准化建设的情况。

31.5 相关文件

《月度隐患排查治理统计表》（略）

《隐患排查治理分析表》（略）

《隐患排查治理与消防安全标准化建设情况上报表》（略）

## 32. 预测预警管理制度

消防安全预警指数系统工作流程见下图。

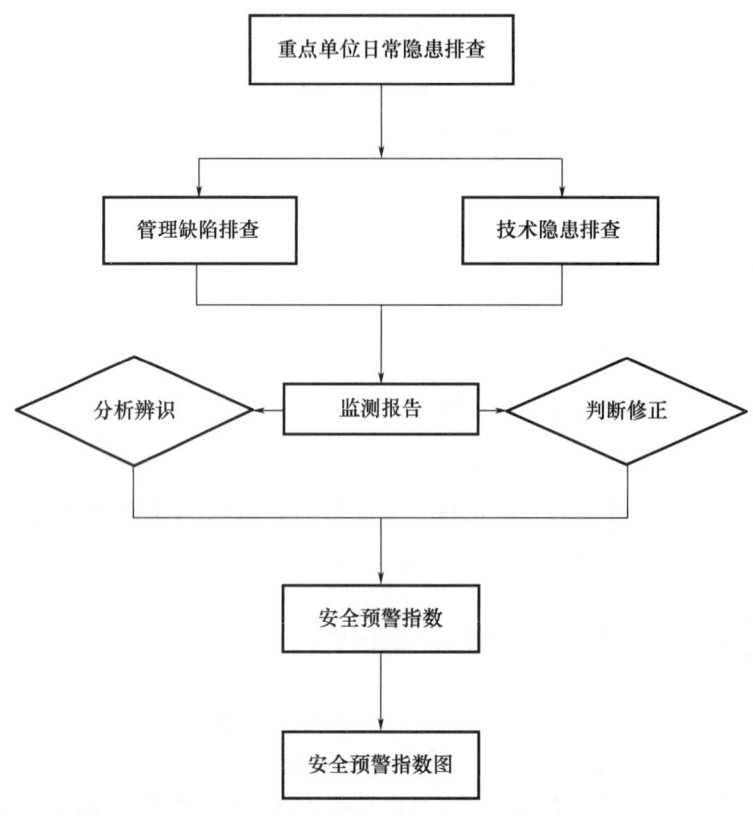

### 32.1 消防安全预警指数系统的定义

消防安全预警指数系统是以管理缺陷隐患排查结果和技术隐患排查为基础，辨识和提取有效信息，分析其可能产生的后果并予以量化，将有关信息录入《消防安全预警指数管理系统》软件，通过软件进行统计、系数修正、计算，得出消防安全预警指数，形成直观、动态地反映重点单位消防安全现状的消防安全预警指数图；运用预测理论，建立数学模型，对未来的消防安全趋势进行预测，形成消防安全趋势图。

（1）以重点单位日常隐患排查工作为基础，发现工作场所存在的隐患，并及时纠正，使活动过程中人的不安全行为和物的不安全状态及管理缺陷处于被监测、识别、诊断和干预的监控之下。

（2）通过对隐患排查数据、监测信息的分析，可以确定各种信息可能造成的后果，辨明造成伤害的严重程度如何，确定是否处于安全状态，其主要任务是应用适宜的识别指标判断可能造成的后果，这对整个预警系统的活动至关重要。将分析得出的不安全因素进行量化，以"视隐患为事故"的原则，运用"事故当量"的概念，对可能造成的后果，进行量化统计分析，加以系数修正，计算得出当期的消防安全预警指数，通过消防安全预警指数曲线的升高和降低，直观反映当前安全状况是安全、注意、警告或是危险。

（3）利用系统分析、信息处理、建模、预测、决策、控制等主要内容的预测理论，定量计算未来消防安全发展趋势，警示生产过程中将面临的危险程度，提请重点单位采取有效措施防范事故的发生。

（4）根据消防安全预警指数数值大小，对事故征兆（险肇事件）的不良趋势采取不同的措施，进行矫正、预防与控制。

（5）对可能造成损失的事件及时进行整改，分析规律，防范同类事件的发生。

**32.2 消防安全预警指数系统的特点**

（1）定量。用数值表示隐患可能造成的结果，运用数学模型，定量化表征重点单位消防安全形势及发展趋势。

（2）直观。将历史消防安全预警指数值用折线进行连接，形成消防安全预警指数图，直观反映重点单位当前的消防安全状况及重点单位未来消防安全发展趋势。

（3）实时。通过消防安全预警指数所处图形的区域，能够实时反映重点单位的消防安全状况。

（4）公开。将可能导致事故发生的原因、事件和重点单位当前消防安全形势、发展趋势向社会、重点单位和职工公开发布。

（5）预报。结合消防安全实际，运用时间序列预测法和适当的预测法，利用历史消防安全预警指数值，对可能导致事故发生的征兆进行事先预报，及时采取有针对性的措施，进行事前预防。

（6）无量纲。具有无量纲、相对性的特点，满足重点单位（行业）间、地区间的可比性。

**32.3 消防安全预警指数系统的建立**

（1）领导重视组织保障。由重点单位安委会负责人亲自参与，对重点单位消防安全预警指数报告予以确认并公布，及时采取相应措施，并监督落实整改。同时，也需要定期提交个人安全预警报告，并将该项工作纳入年底考核指标。

安全管理部门全面指导各组成部门的"预警"工作，优化日常隐患排查内容，检查、汇总各部门安全预警情况报告，完成重点单位消防安全预警指数报告。

其他组成部门根据具体情况，任命本部门的安全网格员，可以为专（兼）职安全员，其职责在于根据系统产生的部门安全预警情况报告，与同部门其他人员沟通、落实整改。

（2）消防安全预警员参与培训。消防安全预警主要依靠隐患排查来进行，强调全员参与，需做到隐患排查工作常态化。持续不断的安全培训、学习交流等可以提高职工发现问题的能力，互相排查和自检可以使职工发现问题，并分享自己的发现。因此，所有职工特别是安全预警员必须进行消防安全预警指数相关内容的培训。

根据不同阶段消防安全的特点，结合消防安全预警的需求，日常隐患排查的内容应包括：人员的确认时间、到位时间，文物保护行动的效果与效率、相关消防设施的有效利用、组织疏散能力等。

（3）收集数据分析判断。消防安全预警的基础是数据的收集，数据来源有两个方面：管理缺陷排查和技术隐患排查。在管理缺陷的排查中，主要通过传统的管理体系与大数据分析软件发现，包括：岗位从业人员在教育培训、消防安全意识和隐患排查能力等方面的不足、各种消防安全管理制度执行不到位的情况、应急准备不充分与应急处置效果不佳和持续改进制度的机制不完善等隐患；在技术隐患的排查中，主要通过火灾自动报警与联动系统和物联网信息等大数据平台监测重点单位的火灾和消防相关灾害的预警参数，并通过对历史数据、即时数据的整理、分析、存储，建立安全预警数据档案。对收集到的信息、数据进行分析，判断已经发生的异常征兆及可能发生的连锁反应，评价事故征兆可能造成的损失。对分析的结果进行分类统计，录入软件系统，形成部门安全预警情况报告，上报重点单位消防安全归口管理部门，汇总分析后，得出当前消防安全预警指数报告。

（4）系数修正生成图形。消防安全预警指数报告是对各类隐患排查、监测数据的统计分析，是生成预警指数数值的基础。但最终预警指数的数值大小，还要与消防安全工作的方方面面相结合，因此要考虑对其进行系数修正。

消防安全预警修正系数是能够敏感地反映危险状况及存在问题的一系列指标，是能够体现重点单位消防安全状况客观量的综合体系。选择修正系数后，按照建立的数学模型，计算得出安全预警指数数值，并按照时间顺序，绘制图形。

### 32.4 消防安全预警指数图及趋势图的生成

消防安全预警指数的计算是以规定时间段内的各部门安全预警情况报告为基础，进行报告份数、演练、培训、事故、隐患整改率等系数修正，计算得到消防安全预警指数值，并生成消防安全预警指数图；根据消防安全预警指数值，运用预测理论进行数学建模，生成消防安全趋势图。其计算过程如下。

#### 32.4.1 原始数据判断

各部门对隐患排查情况、监测检测数据中，运用判断指标，对可能造成的文物损害、人员伤害、不良社会影响的状况或行为，分为"不安全状况"或"不安全行为"进行统计。

#### 32.4.2 风险等级判断

将不安全行为、不安全状况可能导致的文物、人员损害和不良社会影响分为：A 严重、B 重大、C 一般、D 轻微、E 可忽略 5 个等级。采用"事故当量"的概念，量化可能造成的风险等级。

#### 32.4.3 统计值计算

根据原始数据的分类统计值与所对应的伤害等级，加权得出周或月伤害统计值。

（1）系数修正

①报告份数修正。为了消除规定时间内安全预警情况报告数量不同对消防安全预警指数的影响，按每周（月）适合本重点单位的平均数来修正周（月）风险统计值。

②事故修正。事故的发生会造成消防安全预警指数值的升高，另外，每次事故发生后都会对一定时期内的消防安全工作产生影响，因此，系数修正要考虑不同级别事故及事故发生后一段时期内的影响。

③隐患整改率修正。隐患整改率的高低直接影响重点单位消防安全状况，因此，要根据不同的隐患整改率，进行修正。

④培训及演练修正。

a. 消防安全教育培训是提高职工安全意识和安全素质，防止产生不安全行为，减少人员失误的根源途径。因此，培训能够降低重点单位安全风险，降低消防安全预警指数值。不同级别（重点单位、部门级、科室级）的培训对从业人员的影响不同，修正值不同。

b. 应急演练可以在事故真正发生前暴露各类应急预案及个人与组织协调能力方面存在的问题，提高应急人员的熟练程度和技术水平，提高整体应急反应能力，降低事故发生造成的损失，降低消防安全预警指数值。

c. 考虑每次培训、演练后都会对一定时期内的消防安全状况产生的影响。

（2）消防安全预警指数计算

公式为

$$\text{消防安全预警指数} = \text{安全预警修正值} + \text{事故修正值} + \text{隐患排查率修正值} + \text{培训、演练修正值} + \text{其他修正值}$$

（3）预警指数图生成

消防安全预警组织机构每周或每月进行消防安全预警指数计算，将一段时间内的消防安全预警指数连接后，即构成了消防安全预警指数图，从而直观反映重点单位整体安全形势。

（4）预警趋势图生成

运用预测理论，对历史消防安全预警指数进行整理、修正后，消除影响因素，建立数学模型，并生成消防安全趋势图，直观预测重点单位消防安全趋势。

消防安全归口管理部门通过消防安全预警系统实时或每月对重点单位消防安全相关数据进行统计分析，测算出重点单位消防安全指数，并绘制消防安全预警指数图。

## 33. 应急管理制度

### 33.1 目的

为预防和控制本重点单位潜在的事故或紧急情况发生，作出应急预警和响应，最大限度地减少可能产生的事故后果，特制定本制度。

### 33.2 范围

适用于本重点单位各部门应急救援预案的制定和可能及已发生的消防安全事故的预防和处理。

### 33.3 职责

**33.3.1** 消防责任人负责应急机构、应急计划的审批，担任应急期间的总指挥，如果紧急状态期间消防责任人不在重点单位，由消防安全管理人、消防安全归口部门负责人依次担任应急期间的总指挥。

**33.3.2** 消防安全归口部门负责组织编制应急预案演练方案，建立应急管理制度。

**33.3.3** 相关部门负责识别本部门潜在的事故或紧急情况，制订相应的应急计划，并进行应急计划的培训、演习和修订。

### 33.4 内容

**33.4.1** 应急管理方针和原则

应急管理方针：火灾风险与消防相关风险并重。

应急管理原则：以人为本、文物优先、依法依规、注重实效。

33.4.1.1 实行主要领导负责下的分级管理制：在重点单位安委会的统一领导下，建立健全"统一领导，分级管理，分线负责"的应急救援制度。健全应急救援组织体系，建立应急救援队伍，制定完善应急预案，开展应急救援演练。重点单位领导和管理人员各司其职、各负其责，充分发挥应急响应的指挥作用。

33.4.1.2 以人为本，文物优先：把保障职工的生命安全和身体健康、最大限度地减少事故造成的人员伤害和文物损失作为首要任务。切实加强应急救援人员的安全防护。

33.4.1.3 依法依规，注重实效：坚持预防与应急相结合、常态与非常态相结合，常抓不懈，在不断提高安全风险辨识、防范水平的同时，加强现场应急基础工作，做好常态下的风险评估、物资储备、队伍建设、完善装备、预案制定和演练等工作。消防等各级应急预案每年演练一次，修订一次，强化一线一员的应急处置和逃生能力，"早发现、早报告、迅捷处置、居安思危、预防为主"。

33.4.1.4 科学实用：应急预案具有针对性、实用性和可操作性。通过危险源辨识、风险评估进行编制；应急对策简练实用，通过演练不断完善改进。依法规范，加强管理。

33.4.2 管理机构及职责

重点单位成立应急救援领导小组（指挥部）。由消防安全责任人为组长（总指挥）；消防安全管理人为副组长（副总指挥）；设备管理部、后勤物业管理部、消防安全归口部门、财务部等部门负责人为成员，负责本重点单位应急救援工作的组织和指挥，其职责如下。

33.4.2.1 总指挥：重点单位消防负责人

负责组织相应救援预案的启动、实施及其演练，根据总结、评估的结果及时修改，不断完善更新预案，根据事故情况需要，调动各种应急救援力量和物资，及时掌握事故现场的形式，全面指挥救援工作。

33.4.2.2 副总指挥：重点单位消防管理人或消防安全归口部门负责人

负责协助总指挥做好各级应急救援预案制定和启动以及事故应急救援工作。做好成员之间的联络、协调、配合工作，遇突发事故时因总指挥不在单位的，由副总指挥代行全面指挥应急救援工作。

33.4.2.3 工作机构

重点单位消防安全归口部门依据相关管理制度和各自的职责权限，负责相关类别突发事故的应急管理工作。具体负责相关类别的突发事故专项和各类应急预案的起草与实施，贯彻落实重点单位有关决定事项。

33.4.3 应急准备

33.4.3.1 应急预案的编制

应急救援预案的编制应当遵循"以人为本、文物优先，以练促防、快速反应，符合实际、注重实效"的原则，符合下列基本要求：

①符合有关法律、法规、规章和标准的规定；
②结合本重点单位的安全生产实际情况；
③结合本重点单位的危险性分析情况；
④应急组织和人员的职责分工明确，并有具体的落实措施；

⑤有明确、具体的事故预防措施和应急程序，并有具体的落实措施；
⑥有明确的应急保障措施，并能满足本重点单位的应急工作要求；
⑦预案基本要素齐全、完整，预案附件提供的信息准确；
⑧预案内容与相关应急预案相互衔接。

**33.4.3.2 应急预案的分级分类**

预案根据灾情设定的严重程度和场所的危险性，从低到高依次分为五级，见下表。

| 预案分级 | 事故类型 | | | 事故发生部位 |
|---|---|---|---|---|
| | 火灾但未见明火 | 火灾可见明火 | 消防相关事故 | 是否有公众或有文物展品存放 |
| 一级 | 否 | 否 | 是 | 否 |
| 二级 | 否 | 否 | 是 | 是 |
| 三级 | 是 | 否 | / | 否 |
| 四级 | / | 是 | / | 否 |
| 五级 | / | 是 | / | 是 |

注：发生在重点部位、特殊作业和大型活动现场的事故，预案等级（除五级外）应提升一级。

按照重点单位规模大小、功能及业态划分、管理层次等要素，可分为总预案、分预案和专项预案三类。

（1）总预案

针对本重点单位存在的各种风险，由消防安全负责人组织编制本重点单位的总应急预案。总应急预案包括本重点单位的应急组织机构及其职责、预案体系及相应程序、事故预防及应急保障、应急培训及预案演练等主要内容。

（2）分预案

对于某一种类的风险，由消防安全归口部门组织编制相应的应急预案。

（3）专项预案

对于危险性较大的重点岗位包括关键岗位、重点部位（包括重大危险源）。

总应急预案、分预案、专项应急预案之间应当相互衔接，并与所涉及的其他单位的应急预案相互衔接。

应急预案应当包括应急组织机构和人员的联系方式、应急物资储备清单等附件信息。附件信息应当经常更新，确保信息准确有效。

**33.4.3.3 应急预案的评审**

预案编制完成后，重点单位消防安全责任人应组织有关部门和人员，依据国家有关方针政策、法律法规、规章制度以及其他有关文件对预案进行评审。

（1）评审方法

应急预案评审采取形式评审和要素评审两种方法。形式评审主要对于应急预案的备案时的评审，要素评审用于应急预案评审工作。应急预案评审采用符合、基本符合、不符合三种意见进行判定。对于基本符合的项和不符合的项，应该提出具体修改意见或者建议。

（2）评审程序

应急预案编制完成后，应对应急预案进行评审。

①评审准备。成立应急预案评审工作组，成员包括本重点单位领导、职能部门负责

人及涉及单位负责人及技术人员。

②组织评审。评审工作由消防安全负责人主持，应急预案评审工作组讨论并提出会议评审意见。现场处置方案的评审，采取演练的方式对应急预案进行论证。

③修订完善。应急预案编制组织者应认真组织分析研究评审意见，按照评审意见对应急预案进行修订和完善。

④批准印发。应急预案经评审或论证、符合要求的，由重点单位消防安全责任人签署发布，以正式文本的形式发放到每个部门。

**33.4.3.4 应急预案的管理**

（1）应急预案的修订工作由消防安全归口部门负责，根据文物、展品的储存性质、功能分区的改变和日常检查巡查、应急处置过程中发现的问题，及时修订预案，确保预案适应重点单位实际情况。

（2）消防安全归口部门负责预案的调整和完善，对可能发生的情况进行补充，应急机构人员的变化进行应及时更新，对预案归档管理。

**33.4.3.5 应急预案的实施**

（1）重点单位采取多种形式开展应急预案的宣传教育，普及消防安全事故预防、避险、自救和互救知识，提高职工的消防安全意识和应急处置技能。

（2）定期组织开展本单位的应急预案培训活动，使有关人员了解应急预案内容，熟悉应急职责、应急程序和岗位应急处置方案。

（3）应急预案的要点和程序应张贴在应急地点和应急指挥场所，并设置明显的标志。

（4）重点单位在制定年度消防安全工作计划时，同时制定应急预案演练计划，每半年至少组织一次应急预案演练。

（5）应急预案演练结束后，应急预案演练组织单位应当对应急预案演练效果进行评估，撰写应急预案演练评估报告，分析存在的问题，并对应急预案提出修订意见。

（6）若发生事故，应当及时启动应急预案，组织有关力量进行救援，并按照规定将事故信息及应急预案启动情况报告相关管理部门和其他负有消防安全管理职责的部门。

**33.4.4 应急处置**

预案实施原则：预案的实施应遵循分级负责、综合协调、动态管理的原则，全员参与学习培训、定期根据实际情况进行桌面演练和实战演练、不断修订完善。从假想灾情开始至演练结束，均应按预案规定的分工、程序和要求进行。

**33.4.4.1 预案的培训**

在预案中承担相应任务的所有人员，均应参加培训。承担任务的人员发生调整，新入职人员应在消防工作归口职能部门的指导下及时熟悉预案内容；调整幅度较大的，应组织集中培训。

培训应包含预案的全部内容，职责、个人角色及其意义，应急演练及灭火疏散行动中的注意事项，各行动组的相互协调与配合，文物防护、应急抢修、防火灭火、常见消防设施的功能及操作使用方法等应急处置的基本技能。

对培训效果进行考核和评估，保存相关记录，应建立日常线上线下培训考评与集中培训相结合的机制，集中培训周期不应超过1年。

**33.4.4.2　预案实施条件检查**
（1）检查目的
通过检查发现可能使预案难以执行或发生错误的问题，发现预案中不切实际的内容，以便及时修订。
（2）检查内容
重点单位应定期组织检查保证预案实施所必需的各类条件，并书面记录保存。检查应包括但不限于以下内容：
①消防设施、装备、器材是否正常有效，并处于应急准备状态；
②应急抢修设施、工器具、材料是否齐全可用；
③文物防护措施和相关专业人员的准备情况；
④疏散通道是否畅通，疏散通道上的防火门、防火卷帘等设施是否完整好用；
⑤预案涉及人员是否具备承担相应任务的知识和能力；
⑥日常应急组织机构值班人员是否在岗在位；
⑦各行动组的通信联络设备是否完好有效并且处于随时可用的状态。

**33.4.4.3　演练的组织**
重点单位应至多每半年，针对各部门责任区域的风险评估与隐患排查情况，分别组织开展一次分预案应急演练；重点单位各部门应每季度适时组织一次由相关科室参加的专项预案应急演练，并做到全员参与、常备不懈。演练应确保安全有序，注重实效。
（1）演练的准备
制定实施方案，确定假想事故或起火部位，明确重点检验目标。
重点单位可以通知组织演练的大概时间，但不应告知具体的演练时间，实施突击演练，真实检验人员处置突发事件的能力。
设定假想事故或起火部位时，应选择人员集中、火灾危险性较大、可能危及文物和重点部位、特殊作业区域等作为演练情景，根据实际情况确定模拟形式。
重点单位应充分利用消防设施反馈信息、视频监控、物联网、区块链、室内定位记录等方式作为演练效果评价的客观依据，并配合观察岗位，指定专人记录演练参与人员的关键行为。
组织演练前，应在建筑入口等显著位置设置"正在消防演练"的标志牌并公告。
模拟火灾演练中应落实火源及烟气控制措施，防止造成人员伤害。
疏散路径的楼梯口、转弯处等容易引起摔倒、踩踏的位置应设置引导人员，应有针对老人、儿童或行动不便人员的专项措施及方案。
演练会对公众造成影响的，应提前一定时间作出有效公告，避免引起不必要的惊慌。
（2）演练的实施
演练应在现场发现火情和系统发现火情两种情景设定下分别实施，并按照下列要求及时处置：
①由现场人员发现的火情，发现人应立即通过火灾报警按钮或通信器材向消防控制室报告火警，并使用现场灭火器材扑救初起燃烧；
②消防控制室值班人员通过火灾自动报警系统、视频监控系统或其他物联网系统或平台发现火情的，应立即通过通信器材通知现场岗位人员到场确认，并向重点单位应急

指挥部报告，同时根据实际情况启动相应等级的应急预案。

应急指挥部负责人接到报警后，应按照下列要求及时处置：

①确认事故后，重点单位应根据预案要求，立即启动相应级别应急预案，并按照有关规定报告事故情况，并开展先期处置；

②通知各行动机构按照职责分工实施抢修或灭火、文物防护和应急疏散行动。预案启动后，现场人员应首先采取阻断或隔离事故源、危险源等措施；危及人身安全时，现场人员采取必要的或可能的应急措施后快速撤离危险区域；

③指挥部根据火灾现场情况，决定采取切断发生火灾部位的非消防电源、燃气阀门，停止通风空调，启动气体灭火系统、雨淋系统、定位射流灭火系统、消防应急照明和疏散指示系统、消防水泵和防烟排烟风机等一切有利于火灾扑救及人员疏散的措施；

④应急指挥部负责人应及时按照有关规定和程序报告重点单位负责人，负责人应立即将事故发生的时间、地点、当前状态等简要信息向所在地县级以上文物部门和应急救援机构报告，并根据灾情按照有关规定及时补报、续报的有关情况；情况紧急时，事故现场有关人员可以直接向有关部门报告；对可能引发的次生事故灾害情况，也应及时报告；

⑤研判事故危害及发展趋势，将可能危及文物、周边生命、财产、环境安全的危险性和防护措施等告知相关单位与人员；遇有重大紧急情况时，应立即封闭事故现场，通知本单位从业人员和周边人员疏散，采取防护、转移文物展品等避免或减轻危害等措施；

⑥请求周边应急救援队伍参加事故救援，维护事故现场秩序，保护事故现场证据。准备事故救援技术资料，做好向所在地应急救援机构、文物部门移交救援工作指挥权的各项准备；

⑦指挥机构、行动机构及其承担任务的人员按照抢修、灭火和疏散等任务需要开展工作，对现场实际发展超出预案预期的部分，随时作出调整；

⑧模拟火灾演练中应落实火源及烟气控制措施，加强人员安全防护，防止造成人身伤害。对演练情况下发生的意外事件，应予妥善处置；

⑨对演练的关键过程、环节应采取必要的拍照、摄录及物联网信息验证手段，并妥善保存演练相关的数据、文字、图片、录像等记录资料。

33.4.4.4 现场总结讲评

演练结束后应进行现场总结讲评。

总结讲评宜由消防工作归口职能部门组织，所有承担任务的人员均应参加讲评。

现场总结讲评应根据消防设施反馈信息、视频监控、物联网、区块链、室内定位记录、电子地图等客观依据和各观察岗位发现的问题进行通报，对表现好的方面予以肯定，并指出所发现的实际抢修、文物防护、灭火和疏散行动中的重要缺失。

33.4.5 应急评估

33.4.5.1 基本要求

重点单位应在每次总预案实战演练结束后，集中对前次应急评估以来，本单位从业人员参与的相关各级各类预案的准备和实施情况进行评估，形成评估报告，以此为依据，根据各岗位的职责分工与考核标准，量化各角色应急准备与应急处置绩效，并汇总纳入重点单位整体应急管理工作考核。

（1）评估目的

通过评估发现应急预案、应急组织、应急人员、应急机制、应急保障等方面存在的问题或不足，提出改进意见或建议，并总结演练中的经验与教训等。

（2）评估依据

①有关法律、法规、标准及有关规定和要求；

②演练活动所涉及的相关应急预案和演练文件；

③重点单位的相关技术标准、操作规程或管理制度；

④视频监控、物联网、消防设施运行记录、室内定位记录和观察记录等信息；

⑤相关事故应急救援典型案例资料；

⑥其他相关资料。

（3）评估原则

实事求是、客观考评、依法依规、以评促改。

（4）评估程序

评估准备、评估实施和评估总结。

#### 33.4.5.2 演练评估准备

（1）评估组

评估组由应急管理方面专家和相关领域专业技术人员和相关代表组成，并确定总体负责人及各小组负责人。负责对演练准备，组织与实施等进行全过程、全方位地跟踪评估。演练结束后，及时向重点单位提出评估意见、建议，并撰写演练评估报告。

按照对评估组的要求，成立演练评估组和确定评估人员，评估人员应有明显标识。

依据评估依据的要求，收集演练评估所需要的相关资料和文件。

演练评估主要是通过对演练活动或参演人员的表现进行检查、比对、验证、实测等获取客观证据，比较演练实际效果与目标之间的差异，总结演练中好的做法，查找存在的问题。

（2）编写评估方案和评估标准

根据演练需要，准备评估工作所需的相关材料、器材，主要包括演练评估方案文本、评估表格、记录表、文具、通信设备、计时设备、摄像或录音设备、计算机或相关评估软件等。

#### 33.4.5.3 演练评估实施

根据演练评估方案安排，评估人员提前就位，做好演练评估准备工作。

演练开始后，演练评估人员通过观察、记录和收集演练信息和相关数据和资料，观察演练实施及进展、参演人员表现等情况，及时记录演练过程中出现的问题。

#### 33.4.5.4 演练评估总结

（1）演练点评

演练结束后，对演练中发现的问题及取得的成效进行现场点评。

（2）参演人员自评

演练结束后，重点单位应组织各参演小组或参演人员进行自评，总结演练中的优点和不足，介绍演练收获及体会。演练评估人员应参加参演人员自评会并做好记录。

(3) 评估组评估

参演人员自评结束后，演练评估组负责人应组织召开专题评估工作会议，综合评估意见。分析相关信息资料，明确存在问题并提出整改要求和措施等。

(4) 编制演练评估报告

(5) 整改落实

演练组织单位应根据评估报告中提出的问题和不足，制订整改计划，明确整改目标，制定整改措施，并跟踪督促整改落实，直到问题解决为止。同时，总结分析存在问题和不足的原因。

### 33.4.6 应急保障

有关部门要按照职责分工和相关预案做好突发事故的应对工作，同时根据总体预案切实做好应对突发事故的人力、物力、财力、运输、医疗卫生及通信保障等工作，保证应急救援工作的需要，以及恢复重建工作的顺利进行。

#### 33.4.6.1 人力资源

重点单位安全管理部、消防安全归口部门是应急救援的专（兼）职队伍和骨干力量。要加强应急救援队伍的业务培训和应急演练，建立联动协调机制，提高装备水平；动员全员有组织的参与应急救援工作。

#### 33.4.6.2 财力保障

财务部要保证所需突发事故应急准备和救援工作资金。对受突发事故影响较大的单位和个人要及时研究提出相应补偿或救助政策。

#### 33.4.6.3 物资保障

办公室要建立健全应急车辆和应急物资储备、调拨及紧急配送体系，完善应急工作程序，确保应急车辆及所需物资和生活用品的及时供应，并加强对物资储备的监督管理，及时予以补充和更新。

#### 33.4.6.4 医疗卫生保障

相关部门要及时联系医疗机构，确保医院能在发生事故后能及时赴现场开展医疗救治、疾病预防控制等医疗卫生应急工作。

#### 33.4.6.5 交通运输保障

要保证紧急情况下应急交通工作的优先安排、优先调度、确保运输安全畅通；要建立紧急情况交通运输工具的调用程序，确保抢险救灾物资和人员能及时、安全送达。

#### 33.4.6.6 人员防护

要指定或建立人员相适应的应急避险场所，完善紧急疏散管理办法，明确各级责任人，确保在紧急情况下职工安全、有序疏散。要采取必要的防护措施，严格按照程序开展应急救援工作，确保作业人员和应急救援人员的安全。

### 33.4.7 监督管理

#### 33.4.7.1 预案管理

安全管理部要结合实际，有计划、有重点地组织对相关预案的演练。每年至少进行一次，并做好演练过程的原始记录。

#### 33.4.7.2 培训教育

由消防安全归口部门负责组织，进行应急法律法规和预案、避险、自救、互救、减灾等常识的培训，增强职工的忧患意识、社会责任意识和自救、互救能力。对应急救援和管理人员进行专业培训，提高其应急专业技能。保存培训记录。

#### 33.4.7.3 责任与奖惩

突发事故应急处置工作实行责任追究制。对突发事故应急管理工作中作出突出贡献的先进集体和个人要给予表彰和奖励。对迟报、谎报和瞒报突发事故重要情况或者应急管理工作中有其他失职、渎职行为而丧失应急的最佳计划，造成人员伤害或重大经济损失的，对有关责任人给予处罚或行政处分。

### 33.5 相关文件

《应急预案演练方案》（略）
《应急预案演练效果评估报告》（略）
《应急救援预案培训记录》（略）
《应急队伍的训练计划》（略）
《应急队伍训练记录》（略）
《应急救援预案演练记录》（略）
《应急救援预案培训、演练记录》（签到表）（略）
《应急救援器材台账》（略）

# 应急预案范例

重点单位消防应急预案包括火灾和消防相关事故应急预案的目的、编制依据、编制原则、预案准备、预案情景构成、组织结构及职责、响应措施、预案要点、后期处置组成。

**一、预案编制程序**

成立预案编制工作组→资料收集→风险评估→资源调查→预案编制→桌面推演→评审修正→发布实施→协调备案→改进完善

**二、预案正文**

**（一）预案目的**

通过编制消防应急预案，检查对应突发事件所需应急队伍、物资、装备、技术等方面的准备情况，发现不足及时调整补充，做好应急准备工作；通过消防应急情景设置，进一步明确重点单位各级部门和人员的职责任务，理顺工作关系，完善应急机制，提高人员的安全防范意识和自救互救等火灾应对能力。

**（二）编制的依据**

《中华人民共和国消防法》
《中华人民共和国安全生产法》
《机关、团体、企业、事业单位消防安全管理规定》
《重点单位消防安全管理标准化示范文件》

**（三）预案编制原则**

重点单位应急预案编制应当遵循保护文物、以人为本、依法依规、注重实效的应急管理原则，以应急处置为核心，体现自救互救和先期处置的特点，做到职责明确、程序规范、措施科学，尽可能简明化、图表化、流程化。

### （四）预案准备

1. 预案编制组应收集下列相关资料

（1）法律法规、标准规范、重点单位相关制度及文件等

（2）重点单位基本情况

重点单位的名称、地址、使用功能、建筑面积、建筑结构及主要人员等情况，还应包括反映重点单位全貌的总平面图、分区平面图、立面图等。

（3）重点单位内消防情况

①重点单位消防平面图：

应体现本单位的总体布局，标明其地理位置，周边 300～500m 范围内的重要建筑、公共消防设施、专职消防队或微型消防站、区域联防组织等情况说明，内部主要建筑、设备、消防车道、回车场、救援场地的毗连情况，应急避难场所、燃气控制阀、消防水源及总控制阀、供热总控制阀、室外消火栓、接合器、消防箱分布以及其他重要部位的情况，对不同危险级别的区域应以不同颜色标示区分。

②重点单位分区平面图：

应反映总平面图内消防安全重点部位灭火、应急和疏散行动部署情况，主要包括消防安全重点部位及周围环境的平面布局，应急避难空间、各级消防水源、各级供水燃气供热管网的主要控制阀、各级配电箱、各种灭火设施器材的数量分布，水带铺设路线和人员物资疏散路线等。

③重点单位立面图：

应以正面和侧面投影图形式标明消防安全重点部位的外貌和应急行动部署情况，主要包括建筑和消防设施的立面布局，救援窗、登高救援面、水带铺设路线以及应急救援箱、专职消防队或微型消防站位置等内容。

④重点单位剖面图：

应标明建筑内部比较复杂的结构或部位的应急行动部署的情况，主要包括建筑内部的分层和连通情况。

⑤疏散示意图：

应标明各防火分区安全出口、避难空间、避难场所、疏散通道位置以及相应的疏散路线指示等情况说明。

⑥消防设施分布图：

包括各类主要设施的类型、数量、性能、主要参数、联动逻辑关系等内容。

⑦风险评估资料：

说明重点单位的火灾危险源情况，包括火灾危险源的位置、名称、性质和危险程度，明确危险源区域的责任人员和防护手段措施等。

（4）收集并借鉴国内外，特别是同类型行业的火灾教训和应急工作经验、教训。

（5）属地政府及周边单位的应急预案。

2. 风险评估

重点单位应加强现场管理制度及风险管控和隐患排查治理等，要求全面分析本单位火灾危险性、可能发生的消防相关事故类型及危害程度，确定消防安全重点部位和风险

源,并形成消防风险评估报告。

3. 资源调查

重点单位从业人员的应急处置能力和消防相关设施、器材的完好有效状况;

重点单位可调用的应急队伍、装备、物资、场所情况;

针对展陈与库房内的文物风险,可采取的检测、监控、报警手段;

上级单位、当地政府及周边单位可提供的应急资源和可协调使用的医疗、消防以及文物方面的力量,形成应急资源调查报告。

4. 重点单位应急预案编制工作要点

预案应针对可能发生的各种火灾和消防相关事故的影响分类分级编制,明确应急机构人员组成及工作职责、事故的处置程序以及预案的培训和演练要求。预案根据灾情设定的严重程度和场所的危险性,从低到高依次分为五级,见下表。

| 预案分级 | 事故类型 | | | 事故发生部位 |
|---|---|---|---|---|
| | 火灾但未见明火 | 火灾可见明火 | 消防相关事故 | 是否有公众或有文物展品存放 |
| 一级 | 否 | 否 | 是 | 否 |
| 二级 | 否 | 否 | 是 | 是 |
| 三级 | 是 | 否 | / | 否 |
| 四级 | / | 是 | / | 否 |
| 五级 | / | 是 | / | 是 |

注:发生在重点部位、特殊作业和大型活动现场的事故,预案等级(除五级外)应提升一级。

按照重点单位规模大小、功能及业态划分、管理层次等要素,可分为总预案、分预案和现场处置方案。

(1) 预案应对文物的隔离作出规定,包括隔离区的设定,事故现场隔离区的划定方法,隔离与防护措施等。

(2) 重点单位应编制总预案,重点单位内各部门应结合岗位消防危险性编写分预案,消防安全重点部位、特殊作业部位应编写专项预案。针对火灾和消防相关风险较大的重点部位、特殊作业部位应制定现场处置方案,并编制岗位人员应急处置卡,发放并培训到人。

(3) 重点单位应针对开放和非开放等不同时间段,分别编制预案。

(4) 重点单位宜应用室内电子地图、建筑信息化管理(BIM)、大数据、物联网、区块链、移动通信等信息技术,制定数字化预案和应急处置辅助决策系统。

(5) 按照有关规定和要求,确定事故信息报告、响应分级与启动、指挥权移交、警戒疏散方面的内容,落实与相关部门和单位应急预案的衔接。

**(五) 预案情景构成**

预案应明确最有可能发生火灾或消防相关事故的情景列表,包含地点、性质以及影响范围、状况等。

预案应分析不同情景下的事故情况,包括常见引火源、可燃物的性质、蔓延可能性、爆炸可能性及消防相关事故的类别、控制最小延迟时间、危及范围、次生灾害导致文物受损的可能性等内容，可能影响预案组织实施的主、客观条件等也应考虑在内，包括但不限于：

①预案应考虑发生在重点单位举办大型活动时，特别是文物与公众同时存在时的复杂情景，并应将公众中存在行动不便人员和不熟悉疏散路径等最不利情况考虑在内；

②预案应考虑发生在布撤展期间可燃物较多的情况；

③预案应考虑事故发生在文物展厅或档案室等场所时的情况；

④预案应考虑天气因素，分析在大风、暴雨、高温、寒冬等恶劣气候下对应急救援、消防设施设备、人员疏散造成的影响，并制定有针对性的措施。

**（六）组织机构及职责**

预案应明确重点单位的指挥机构，并宜由消防安全责任人任总指挥，消防安全管理人任副总指挥，消防工作归口职能部门负责人具体组织实施。

预案宜建立在重点单位消防安全责任人或者消防安全管理人不在位的情况下，由在场的其他消防安全责任人或第三人替代指挥的梯次指挥体系。

1. 指挥部

重点单位应急指挥部一般由消防安全负责人、消防安全管理人及各个部门归口负责人组成。重点单位应急指挥部一般应设在消防控制室，对于消防控制室空间较小、没有现场视频监控、未设消防控制室或属室外火灾的情况，应急指挥部的选址应考虑具备相应耐火等级、符合规定的疏散方式、良好的观察视线和通风等条件的场所。

组长：消防安全责任人。

副组长：消防安全管理人。

指挥部职责如下：

指挥部负责人员、资源配置，应急队伍指挥调动，协调事故现场等有关工作，批准预案的启动与终止，组织应急预案的演练，组织保护事故现场，收集整理相关数据、资料，对预案实施情况进行总结讲评。

具体内容包括：

①正确组织指挥各个分工小组，有效开展工作和人员调配；

②分析火势发展形势变化情况，采取有效的灭火措施；

③根据救人、疏散物资和灭火等具体任务有计划、适时、准确地向火场调集灭火力量；

④组织好本单位应急分队与公安消防部门协同作战紧密配合。

2. 通信联络组

通信联络组由现场工作人员及消防控制室值班人员组成，负责与指挥机构和当地应急救援机构、区域联防单位及其他应急行动涉及人员的通信、联络。

通信联络组具体职责如下：

①服从应急救援指挥部的领导，负责与消防、医院、公安等有关部门的联系，确保通信畅通；

②视事故严重程度，按照总指挥的决策及时通知周边单位、居民；

③在事故发生时，通信联络组负责通信工作，根据事故紧急情况通知急救120、火警119及治安110，并将情况上报给总指挥；

④拨打火警119电话时候说明火灾详细地点和起火部位及单位的建筑结构，说明火灾燃烧类型、火势大小、人员受困情况、有无存储易燃易爆危险物品及可能危害文物性质，说明报警人的姓名、单位及电话号码；

⑤保障各个分组的通信器材保持畅通，对总指挥的及各个分组的信息做好记录，将接收到的信息准确清晰地传达到各个分组。

3. 灭火行动组

灭火行动组由消防实施操作员、指定的一线岗位人员和专职或志愿消防员或微型消防站队员组成，负责在发生火灾后立即利用重点单位内的消防设施、器材就地扑救初起火灾。

灭火行动组具体职责如下：

①根据火情情况制定相应的对策，及时形成有效的灭火方式；

②根据火情确定是否需要文物保护及疏散人员；

③立即组织秩序维护应急抢修组参加灭火，并保证消防用水的供应；

④在火情难以控制时，及时下达拨打119报警的命令；

⑤根据火势情况，是否需要成立指挥组、通信联络组、文物防护组、疏散引导组、应急抢修组、防护救护组、安全保卫组及后勤保障组；

⑥根据火势情况决定是否启用紧急广播进行人员疏散及播放应急消防广播；

⑦根据火势情况决定是否采用部分或全部断电、断气、打开排烟装置等措施；

⑧消防队到达后，及时向消防队领导准备提供火灾情况和水源情况，引导消防队进入现场，协助消防队灭火，并协助维护现场秩序，安顿疏散人员；

⑨确认火灾扑灭后，灭火行动组向指挥部反馈信息。

4. 文物防护组

文物防护组由文物专业技术人员、指定的工作人员和安保人员组成，负责在发生火灾或消防相关事故后立即采取防护、转移、监控、保管等措施，将文物的受损程度降到最低。

文物防护组的具体职责如下：

①在人员保证安全前提下，对火灾中的文物进行抢救，转移文物到安全位置；

②对大型、易碎且不能移动的文物和遇火、遇水会发生损坏的文物应采取隔离防护措施，将文物损失降到最低；

③在人员保证安全前提下，抢运可转移的场区内文物，将文物转移到安全区域；

④火灾确认扑灭后，立即对文物进行防护、转移、监控、保管等措施，将文物的受损情况降到最低；

⑤文物的损坏、缺少做好相应的记录并留存。

5. 应急抢修组

应急抢修组由工程技术人员、自动消防系统操作员、指定的工作人员和专职或志愿消防队员组成，负责在发生消防相关事故后立即控制不良影响并组织抢修。

应急抢修组的具体职责如下：

①抢修组接到报警后迅速穿戴防护服，装载充足的抢险救援物资赶赴事故现场，必须在规定时间内赶到，抢险作业服从命令，听从指挥迅速查明事故性质、类别、影响范围，研究制定应急救援措施，报告指挥部；

②关闭气源（直径100mm以下的天然气管道泄漏，关闭就近阀门，切断气源；直径100mm以上的天然气管道泄漏，关闭就近阀门2/3保持正压，用水冷却着火出管道，用干粉和蒸汽灭火，通入蒸汽打开末端放散，缓慢关闭阀门，切断气源。小于或等于100mm的天然气管道，可直接关闭天然气阀门灭火；天然气隔断装置设施指派专人控制；

③清除、隔离事故现场易燃易爆物品；

④做好事故现场设施设备抢修、堵漏、稀释、灭火工作，站在上风向灭火，火焰扑灭后，专人控制，防止二次起火；

⑤火势较大时，应先堵截火势蔓延，控制燃烧范围，然后逐步扑灭火势。若事故发展势态扩大，超出重点单位应急能力范围，及时拨打119火警电话；

⑥抢修完毕，使用手持式可燃气体检测仪检测无泄漏，做好相应的保护措施，并做好标识；

⑦报告指挥部抢险结束，请求指示；

⑧指挥部宣布演练结束后，方可整理好抢险工具，有序离开。

6. 疏散引导组

疏散引导组由指定的一线岗位人员和专职或志愿消防队员组成，负责引导人员正确疏散、逃生。

疏散引导组具体职责如下：

①接到疏散通知后，消防广播第一时间自动播放中文或英文（包括方言）的应急广播；

②根据当天风向，选择有利条件张贴印有文字或箭头的疏散指示标志；

③要熟悉疏散区域的安全通道及安全出口，指示标志，清理疏散通道上的杂物，保证疏散通道畅通无阻；

④引导来往车辆远离事故现场，保证救援交通顺畅；

⑤劝阻、疏散事故可能波及区域的民众，引导其有序进入安全警戒区域；

⑥消防疏散人员分部站位到安全的疏散通道及疏散出口，确保被疏散人员到达指定的安全区域；

⑦利用小喇叭将指挥部的命令，事故情况、抢险情况、救援情况以及疏散情况进行实时广播，并用镇定的语气劝说观众消除恐慌心理，稳定情绪，使大家能够积极配合，按照指定的路线有条不紊地进行疏散；

⑧接应消防、环境检测等车辆，以及外部紧急增援力量，配合进行救援；

⑨消防疏散人员用言语对现场人员进行引导，明确要求佩戴防毒面具，用湿毛巾捂住口鼻等；

⑩疏散区域责任人确保负责区域没有人员，对检查过的位置做好标识；

⑪演练结束。协助恢复现场，并组织相关人员有序离场。

7. 防护救护组

防护救护组由指定的具有医护能力的人员组成，负责协助抢救、护送受伤人员。

防护救护组具体职责如下：

①防护救护组本着"先救命后治伤，先救重后就轻"的原则积极开展救治，确保安全，并及时向指挥中心汇报救援情况；

②对已检查伤员分类，待送的伤员进行复查，对有活动性大出血或者转送途中有生命危险的危机病人，应就地先抢救治疗，做好必要的处理再进行转送；

③在运送伤员过程中要科学搬运，避免造成二次损伤，在转送中，救护人员必须密切观察病伤员的情况，并确保医疗持续进行；

④合理转送伤病员，或按现场医疗救护领导小组定的指定地方转送；

⑤对于防护救护组有能力救治的伤员，任何防护救护组人员不得以任何理由推诿拒收伤病员，对于需要及时送往医院的伤员，任何防护救护组人员不得以任何理由延误或拒转伤病员。

8. 安全保卫组

安全保卫组由保安人员组成，负责现场秩序维护、阻止无关人员进入现场，事后现场保护，协助消防部门开展火灾调查。

安全保卫组具体职责如下：

①接到指挥部命令后，迅速携带警示带、警戒桩赶赴现场；

②根据现场情况，以及风向确定警戒区域，利用警示带、警示桩将警戒区域划分危险区域和安全区域、文物保护区域及可以实施紧急救护的场地，并设立警戒标志，在安全区视情况设立隔离带；

③合理设置出入口，并在出入口安排人员值守，严格控制各区域进出人员、车辆、物资、并进行安全检查，逐一登记；

④协助转移事故现场重要物资及资料至安全区域；

⑤负责事故现场秩序，做好安全警戒，治安保卫工作。

9. 后勤保障组

后勤保障组由相关物资保管人员组成，负责抢险救援物资、器材器具的供应和其他后勤保障工作。

后勤保障组具体职责如下：

①负责救援物资的准备、保管工作，组织、运送救援物资（如施救器材、药品、毛巾、饮用水、干粮等），建立应急经费操作程序，根据相关需求做好应急状态下的应急备用经费；

②协助文物防护组对文物转移及重要物资、文件资料的转移。

（七）响应措施

①消防控制中心接到火情报警信息后，第一时间通知距离火情报警处最近的在岗人员和专（兼）职消防队员（第一响应人）迅速到现场确认报警信息；

②第一响应人收到火情报警信息后，应第一时间就近拿起的灭火器材赶赴现场确认报警信息；

③现场工作人员发现初起事故时，立即通过手动报警器按钮、电话等方式报警，第一时间将消息传送到消防控制中心，并就近拿起灭火器材进行扑灭初起火情；

④消防控制中心接到现场人员的报警信息后，同时通知专（兼）职消防队员和消防责任人，由消防责任人确认分析火情的分级分类及处置措施；

⑤重点单位应根据现场情况确定预案等级，明确现场指挥人员职责和缺位时的递补规则，并与辖区应急救援机构预案密切配合。

## 34. 事故管理制度

### 34.1 目的

为进一步规范消防安全事故报告和调查处理，全面落实消防安全事故责任追究制，防止和减少消防安全事故，明确各部门在事故调查分析处理和统计报告工作中的职责，规范事故调查、分析、定性、处理和统计、报告工作，查清事故经过，分析事故原因，查找暴露问题，研究事故规律，总结经验教训，制订防范措施，避免事故重演，特制定本制度。

### 34.2 范围

适用于本重点单位事故调查、分析、处理和统计报告工作。

### 34.3 职责

**34.3.1 消防安全责任人**

34.3.1.1 全面贯彻落实本制度的各项要求，确保事故、事件的处置所需要的资源；

34.3.1.2 担任事故、事件调查小组的负责人或授权专人为负责人。

34.3.1.3 批准或授权分管安全负责人向主管部门、有关部门报送事件信息、事故报告。

34.3.1.4 发生事故后，消防安全责任人应立即到现场组织抢救，采取有效措施，防止事故扩大，并保护事故现场及有关证据。

**34.3.2 消防安全归口部门**

34.3.2.1 组织制定突发事故/事件处置的制度、规定。

34.3.2.2 审核向有关主管部门报送的事故/事件调查报告。

34.3.2.3 担任一般及以上事件事故处置小组的负责人或授权专人为负责人。

34.3.2.4 主持召开内部事故教训交流会议和内部事故问责会议。

34.3.2.5 确保本制度的各项要求得到有效执行，负责协调事故调查和处理有关事宜。

**34.3.3 安全领导小组**

34.3.3.1 协助消防安全责任人或分管领导策划、建立、维持重大突发事故/事件处置的组织。

34.3.3.2 负责突发事故/事件的处置归口管理，根据事故性质和严重程度，按要求及时、如实向有关主管部门报告。

34.3.3.3 参与一般及以上事故的调查和处置，查明事故原因，编制事故调查报告，落实整改措施和提出对事故责任人员的处理意见。

34.3.3.4 参加组织的内部事故调查会议和安全问责会议，并监督落实相关防范措施；防止事故重复发生。

34.3.3.5 参与或组织突发事故/事件应急处置。

34.3.3.6 组织制定事故事件调查、处置管理程序，检查、督促程序的有效落实。

### 34.4 程序

34.4.1 事故发生后，有关责任部门要积极组织进行事故处理。除立即汇报外，应立即通知相关部门及人员赶到现场,负责对事故现场的保护,收集原始资料并妥善保管,为事故调查分析提供第一手资料和依据。

**34.4.2** 各应急救援小组按照职责分工开展事故救援工作。

**34.4.3** 由重点单位领导组织相关人员,对事故原因进行调查,分析事故原因,制定防范措施,并负责填写事故调查报告书。

**34.4.4** 依据事故调查程序,按照"四不放过"原则组织事故调查、分析;事故调查组负责事故的定性并提出处理意见,负责事故调查报告的审核、上报工作;负责向上级部门或地方政府安全与环保监察部门提供有关事故分析材料和图片资料。

**34.4.5** 由相关人员组织调查的事故,事故调查组写出《事故调查报告书》后,应当报送组织事故调查的单位。经事故调查的组织单位同意后,事故调查工作即告结束。

**34.4.6** 事故报告、报表的报送原则

按照分级管理、逐级上报的原则执行,按规定的报告时限将事故报告、报表上报上级主管部门。

**34.4.7** 事故调查报告书报送

一般以上人身事故、设备事故、火灾事故、组织调查的事故,应当在事故发生后×天内将《事故调查报告书》报送上级主管部门。

**34.5** 相关文件

《事故台账》(火灾和消防相关)(略)

《"四不放过"登记表》(略)

《事故整改措施跟踪验证单》(略)

《事故调查记录》(略)

《事故统计分析表》(略)

《事故调查报告》(略)

## 35. 消防安全管理标准化绩效评定制度

**35.1** 目的

为验证本重点单位各项消防安全制度措施的适宜性、充分性和有效性,确保消防安全目标、指标的全面完成,特制定本制度。

**35.2** 范围

适用于本重点单位消防安全管理标准化绩效评定管理工作。

**35.3** 职责

**35.3.1** 重点单位安全责任人全面负责组织自评工作。

**35.3.2** 重点单位安全管理人负责绩效评定工作的实施、落实、组织、协调。

**35.3.3** 消防安全归口管理部门负责绩效评定计划的拟订、收集并提供绩效评定所需的资料,负责对绩效评定的纠正、预防和改进措施进行跟踪和验证。

**35.3.4** 各部门负责人负责报告消防安全管理标准化体系执行情况、消防安全目标完成情况。各相关部门负责提供绩效评定所需资料。

**35.3.5** 责任部门负责实施纠正、预防措施。

35.4 程序

**35.4.1 绩效评定频次和周期**

每年至少进行一次消防安全管理标准化绩效评定,相邻两次绩效评定的间隔时间不超过12个月。当发生以下事故时,应重新进行评定:

①重大消防隐患;

②火灾和消防相关事故;

③主办方、参展方和服务方等相关方在重点单位内发生的事故。

**35.4.2 绩效评定输入**

(1) 职责内容。

(2) 消防安全归口管理门负责收集日常评定考核的结果,纠正、预防措施的跟踪验证方面的信息。

(3) 安全管理人负责收集消防安全管理制度执行,消防安全目标完成情况的信息。

(4) 安全管理人提供上次绩效评定提出的纠正、预防措施实施的跟踪情况。

(5) 消防安全管理人负责收集法律法规合规性评价信息。

(6) 消防安全责任人收集消防安全文化建设信息。

(7) 数据中心负责收集信息化建设的相关信息。

(8) 人力归口部门负责收集教育培训管理方面的信息。

(9) 消防安全归口部门负责收集消防设备设施管理方面的信息。

(10) 消防安全管理人收集相关方管理方面的信息。

(11) 消防安全归口管理部门收集文件管理、消防档案的信息。

(12) 消防安全归口管理部门收集现场管理(特殊作业)的相关信息。

(13) 消防安全归口管理部门收集风险管控及隐患排查治理的相关信息。

(14) 消防安全收集应急管理的相关信息。

(15) 消防安全负责人收集事故管理的相关信息。

(16) 各职能部门收集相关标准、制度实施、消防安全目标完成情况的信息。

**35.4.3 输入依据**

积极运用物联网、区块链、大数据平台等信息化技术手段。

**35.4.4 绩效评定准备**

35.4.4.1 上述部门应将收集的信息提交消防安全归口管理部门,整理后交分管负责人审核,在绩效评定会上报告安全标准化执行情况,消防安全工作目标完成情况及绩效评定计划的依据。

35.4.4.2 在绩效评定会议两周前,消防安全归口管理部门将绩效评定计划报消防安全责任人审批,并发至各相关部门。

**35.4.5 绩效评定实施**

35.4.5.1 消防安全责任人主持绩效评定会议。

35.4.5.2 消防安全管理人汇报消防安全标准化执行,消防安全工作目标完成情况和上次评定会议提出的纠正、预防措施实施情况。

35.4.5.3 各相关部门就绩效评定内容进行汇报并提出改进/变更或纠正/预防措施建议交会议讨论。

35.4.5.4 参加会议人员应在《会议签到表》上签字。办公室负责做会议记录。

35.4.6 绩效评定内容

35.4.6.1 消防安全目标完成情况。

35.4.6.2 消防安全状况与标准化条款的符合情况。

35.4.6.3 安全管理实施计划的落实情况。

35.4.6.4 上次评定结论的处理情况等。

35.4.7 绩效评定输出

35.4.7.1 安全责任人对评定会议讨论情况作出结论。就消防安全标准化制度对消防安全标准化的适宜性、充分性、有效性作出正式评价，分清和落实存在问题的责任部门，确定改进/变更或纠正/预防措施。

35.4.7.2 消防安全归口部门上根据绩效评定会议记录编写《消防安全标准化评定报告》，经安全管理人审核，安全负责人批准后，按文件发放形式发放至各部门。

35.4.7.3 消防安全标准化的评定结果要明确下列事项：系统运行效果；系统运行中出现的问题和缺陷，所采取的改进措施；统计技术、信息技术等在系统中的使用情况和效果；系统各种资源的使用效果；绩效监测系统的适宜性以及结果的准确性；与相关方的关系。

35.4.7.4 消防安全归口管理部门将消防安全标准化工作评定报告向所有部门、所属单位和从业人员通报。

35.4.8 绩效评定结果跟踪、验证

35.4.8.1 责任部门根据《消防安全标准化绩效评定报告》上的要求，负责实施改进/变更或纠正/预防措施。

35.4.8.2 消防安全归口管理部门负责对改进/变更或纠正/预防措施的实施情况跟踪、检查、验证、记录，并负责向分管负责人报告。

35.4.8.3 所有与绩效评定有关的记录由消防安全归口管理部门整理、归档保存。

35.4.9 绩效评定结果考核

35.4.9.1 对取得成绩的单位或个人及未按要求完成标准化工作的责任单位或个人，执行《消防安全奖惩制度》的规定。

35.4.9.2 对未按纠正/预防措施要求进行整改的责任单位或个人加重处罚。

35.5 相关文件

《消防安全标准化绩效评定报告及评定计划》（略）

《消防安全标准化实施考评表》（略）

《绩效评定与持续改进报告》（略）

《消防安全标准化持续改进实施表》（略）

《消防安全标准化持续改进工作评定报告》（略）

《消防安全标准化持续改进实施表绩效评定记录清单》（略）

《会议签到表》（略）

# 附录 A  重点单位场所安全风险初步筛查标准

1. 本标准的目的是指导风险评估责任单位开展安全风险初步筛查使用。

2. 为实现对各行业领域单位安全风险快速、客观评价,本标准以人员、物料、设备设施、工艺及作业、内部环境以及相关外部环境等客观因素为指标,并赋予相应的分值。

3. 各类行业风险初步筛查标准,需充分考虑该行业主要高风险设备工艺、作业活动、化学反应等,以模块的方式进行打分。

4. 风险等级判定标准:$L<30$ 的单位不纳入本次全市风险评估之中,$L \geqslant 30$ 的单位应开展进行危险源辨识、分析、评估、上报工作。

# 附录 B　重点单位行业领域风险等级评定指引（示例）

本附录摘取了重点单位行业领域风险等级评定指引及管控措施，风险评估责任单位可参照本附录来划分出适合本单位的评估单元、确认具体风险点、辨识危险源、制定管理措施、评定极端风险等级、评估现实风险等级。

# 附录C 故障类型和影响分析（FMEA）

故障类型和影响分析（Failure Mode Effects Analysis，FMEA）是一种系统故障的事前考察技术，是安全系统工程中重要的分析方法之一，其目的是辨识单一设备和系统的故障模式及每种故障模式对系统或装置造成的影响。评价人员通常提出增加设备可靠性的建议，进而提出工艺安全对策。

以厨房气瓶单元可能发生的事故为例，采用故障类型和影响分析评价方法进行分析，并提出相应的对策措施。